KB274301

萬物
一體

국역 주자기선

국역 주자시선

萬物一體

주희 원작

서정기 초역

한국학술정보㈜

머리말

나는 어려서부터 주자학(朱子學)의 전통 속에서 자랐기 때문에 3강5륜(三綱五倫)과 권학시(勸學詩), 주자10회(朱子十悔), 주자가훈(朱子家訓), 주자가례(朱子家禮) 등은 일상적인 생활철학으로서 외워서 말할 정도였고, 젊어서 대학에 다닐 때에는 주자의 4서집주(四書集註)를 기초로 연구하여 대학서문과 중용서문을 암송하면서 성리학(性理學)의 기초를 세웠으며, 주역본의(周易本義)를 더듬어 도덕세계의 실상을 탐구하고 있었는데 서기 1977년 1월 10일 경암(敬菴) 조용승(曹龍承) 선각이 90줄의 모유(耄儒)로 사재를 털어 영조47년 전라도 관찰사 윤동승(尹東昇)이 칙명(勅命)으로 간행한 주자대전(朱子大全) 100권과 속집(續集) 11권, 유집(遺集) 2권, 부록(附錄) 11권을 영인하여 100부 한정판을 간행보급함으로써 직접 두 손으로 받들며 밤낮으로 성학(聖學)의 두터운 생각 속에 들어가서 한 몸의 생명력이 용솟음치고, 한 마음의 정신력이 번쩍번쩍하여 도저히 책을 덮을 수 없었다.

이에 몇 해를 읽고는 이 소식을 혼자만 가슴에 담고 있을 수 없어 제자들에게 전할 요량으로 대강 뽑아 번역을 하고 보니 첫째 위대한 시를 경솔하게 간추린 것이 미안하고, 다음으로는 재능도 여건도 성숙되지 못했기에 부분적으로 복사하여 강의의 자료로만 응용하여 온 지가 30여 년이 흘렀는데, 금년 봄에 동양문화연구소 이사회에서 출판하여 세상에 알리기로 합의 요청하므로 부득이 출판하는 바이다.

　끝으로 제유(諸儒)에게 당부하건대 도학시(道學詩)는 진실한 삶의 현장에서 지극한 정성과 간절한 뜻을 담아 인간의 정서를 표출한 것이므로 그 감동이 읽을수록 더욱 깊고, 오래 가면서 점점 기운을 북돋아서 활기가 넘치게 하니 몸소 체득할지어다.

단기 4343년 4월 19일
동양문화연구소장 서정기 삼가 씀

朱子大全을 읽고

서정기 지음

소년은 늙기 쉽고, 학문은 이루기 어려운데
선생이 양기(陽氣)를 발동하여 쇠와 돌을 꿰뚫고
정신을 오로지 하나로 모아 하늘의 축을 돌리면서
예절집단을 조직하여 도덕문명 되살렸도다

애당초 하느님이 천지를 창조하사
만물이 융성한 길을 우주에 펼쳤나니
요순(堯舜)이 천명(天命)을 받들어 천하를 다스렸거늘
공맹(孔孟)이 인성(人性)을 밝혀 성학(聖學)을 집대성했네

정주(程朱)가 낡은 경전을 새롭게 풀어서
성리학(性理學)을 집대성하고, 선비를 격려하니
영원한 태극(太極)이 본체의 중심이요
무궁한 태허(太虛)가 현상의 본질이라

사람은 하늘이 낸 만물의 영장으로
이 세상을 경영하는 어진 주인이로다
타고 난 본성을 간직하면 지선(至善)의 도덕이요
순수한 기질을 기르면 신성한 인격이로세

해와 달이 빛나는 장엄한 하늘
춘하추동이 차례로 도는 아름다운 땅
인생의 본의를 찾아 있는 힘 다 할 제
우주가 쾌활하고, 만물이 한 덩어리라오

소학(小學)으로 효도하니 정체(正體)도 분명한데
대학(大學)으로 충성하니 주체(主體)를 확립했네
부부가 화합하여 아들 딸 가르칠 때
어른 공경, 어린이 사랑에 가슴벅차도다

높은 스승 받들어 예악사어서수(禮樂射御書數) 익히고
가까운 벗을 사귀어 관혼상제(冠婚喪祭) 거행하며
사농공상(士農工商)의 직업선택은 재능과 처지를 따르되
젊어서 한때 노력하여 늙음에 영화를 누리도록

스스로 성실하여 일찍기 그침이 없거늘
저절로 화합함에 어찌 밖이 있으랴
사랑, 정의, 예절, 지식, 믿음으로
하늘, 땅, 귀신, 사람, 만물을 섬기도다

반드시 할 일이 있으니 떳떳한 책무요
진실한 삶의 가치에 걱정이 따르누나
눈앞의 크고, 작은 일에 옳은 것 찾되
형편따라 있고, 없는 물건 쓸모도 많아라

현실위에 높은 이상(理想) 홀로 그리며
생활속에 즐거운 마음을 길이 간직해
부귀하면 예절을 보고, 빈천하면 뜻을 보면서
죽고, 사는 운명이야 하늘에 맡기도다

벼슬하고 은퇴함엔 춘추대의(春秋大義)를 드날리고
길흉(吉凶)과 화복(禍福)은 주역(周易)의 점이로다
중화(中和)의 천덕(天德)이 아주 성대하니
대동(大同)의 왕도(王道)라야 억조만민이 융성한저!

어와, 태평성대를 언제 다시 볼까?
시경(詩經)의 300편으로 심성을 바로잡고
예기(禮記)의 3,300조로 모양을 갖추어야
봉황이 노래하고, 기린이 춤춘다네

目次 ｜

국역 주자시선

宿篔簹鋪　　　　숙운당포

庭陰雙樹合　　마당 그늘에는 두 나무가 서로 합쳤고
窓夕孤蟬吟　　창문은 어두워지는데 외로이 매미가 노
　　　　　　　래하네
盤礴解煩欝　　넓고도 큰 세계에 번울증을 풀어 버리면
超揺生道心　　높고도 멀리 도덕의 양심 솟아 나오리

宿山寺聞蟬作　　숙산사문선작

林葉經夏暗　　나뭇잎은 여름을 지나면서 어우러졌는데
蟬聲今夕聞　　매미소리가 오늘 저녁에 들리도다
已驚爲客意　　이미 나그네 되는 생각에 놀랐거늘
更値夕陽曛　　다시 저녁 해가 어둑어둑한 때로세

新竹　　　　　신죽

春雷殷巖際　　봄 알리는 우렛소리 꽝 하는 때에
幽草齊發生　　그윽한 풀잎이 모두 터져 나오도다
我種南窓竹　　나는 남쪽 창에 대나무를 심었노니
戢戢已抽萌　　여기저기서 죽순이 솟아 나왔네
坐獲幽林賞　　앉아서 그윽한 숲 경치 얻으니
端居無俗情　　평범하게 살아도 속세 생각 없도다

讀道書作六首　　　　　독도서작6수

巖居秉貞操　　　바위틈에 살면서 곧은 지조 잡았노니
所慕在玄虛　　　사모하는 바는 하늘 속에 있도다
淸夜眠齋宇　　　맑은 밤에 집에서 잠자고
終朝觀道書　　　아침에는 도서를 보도다
形忘氣自冲　　　형체를 잊으면 기분 스스로 화기롭고
性達理不餘　　　성품을 통달하면 이치 남지 아니하나니
於道雖未庶　　　도에는 비록 완전하지 못할지나
已超名跡拘　　　이미 명리의 굴레는 벗어나리라
至樂在襟懷　　　지극한 즐거움은 품은 생각에 있나니
山水非所娛　　　뫼와 물이야 즐기는 바 아니로세
寄語狂馳子　　　미쳐 날뛰는 이에게 말 묻노니
營營竟焉如　　　어지러이 경영하여 마침내 무엇 하는가?

其二　　　　　　2

失志墮塵網　　　뜻을 잃고 먼지 그물에 떨어졌어도
浩思屬滄洲　　　생각은 넓어 신선 사는 곳 붙어 있네
靈芝不可得　　　영지를 얻을 수 없으니
歲月逐江流　　　세월만 강물을 따라 흐르도다
碧草晩未凋　　　푸른 풀은 느직이 시들지 않았는데
悲風颯已秋　　　슬픈 바람소리는 이미 가을이어라
仰首鸞鶴期　　　머리를 들고 난학을 기다리거늘
白雲但悠悠　　　흰 구름만 한가하여라

其三　　　　　　3

白露墜秋節　　　하얀 이슬이 떨어지는 가을철

碧陰生夕涼　　　　푸른 그늘이 생기는 저녁 서늘하구나
起步廣庭內　　　　일어나 넓은 뜰 안 거닐다가
仰見天蒼蒼　　　　우러러보니 하늘도 푸르러라
東華綠髮翁　　　　동화의 파란머리 늙은이여
授我不死方　　　　나에게 죽지 않는 방법 가르쳐 주오
願言勤修學　　　　원컨대 말하노니 부지런히 학문 닦아
接景三玄鄕　　　　3현의 마을 경치 접해 보소

其四　　　　　　　4

四山起秋雲　　　　4방의 산에 가을 구름 일어나는데
白日照長道　　　　밝은 해는 긴 길을 비춰 주네
西風何蕭索　　　　서쪽 바람이 어찌도 그리 쓸쓸하여
極目但煙草　　　　눈에 보이는 건 다만 연기와 풀이로다
不學飛仙術　　　　신선 되는 방법을 배우지 못하면
日日成醜老　　　　날로 날로 추잡하게 늙어 가나니
空瞻王子喬　　　　부질없이 왕자교가 푸른
吹笙碧天杪　　　　하늘 끝에서 피리 부는 것만 쳐다보리

其五　　　　　　　5

鬱羅聳空上　　　　빽빽하게 펼쳐 솟은 공중 위에
靑冥風露凄　　　　푸른 하늘 바람 이슬 처량하도다
聊乘白玉鸞　　　　애오라지 흰 옥 같은 난새를 타고
上與九霄期　　　　올라가 하늘 끝에 가려고 하네
激烈玉簫聲　　　　격렬한 옥피리 소리
夭嬌餐霞姿　　　　아리따운 안개 먹은 모습
一回流星盼　　　　한 번에 흐르는 별처럼 돌아보는 걸
千載空相思　　　　천년 동안 부질없이 서로 생각하도다

其六　　　　　　6

王喬吹笙去	왕자교는 피리 불며 가 버리고
列子御風還	열자는 바람 몰고 돌아왔네
至人絶華念	지극한 사람은 화려한 생각 끊고서
出入有無間	있고 없는 사이에 들고 나나니
千載但聞名	1,000년 동안 오직 이름만 들리고
不見冰玉顔	하얀 옥 같은 얼굴 보이지 아니하거늘
長嘯空宇碧	길이 푸른 공중에 휘파람 분다고
何許蓬萊山	어찌 봉래산 신선을 허락하리오

秋雨　　　　　　추우

一雨散林表	한 줄기 비가 숲 위에 뿌려지니
淸陰生廣庭	맑은 그늘이 넓은 뜰에 생기도다
喜玆新秋夜	이 새 가을밤이 즐거워서
起向高齋行	일어나 높은 집으로 향해 가도다
煩歊獲暫祛	번거롭고 시끄러움 잠시 소매로 가렸더니
凉氣集華纓	서늘한 기운이 흰머리에 모이도다
沈沈遠林氣	그윽하고 고요한 먼 숲 속 기운
愜此端居情	이 단정하게 사는 정취에 알맞아라
節物坐如此	철 따라 나는 사물 앉아 있어도 이와 같은데
撫世襟方盈	세상사람 어루만져 편안히 하려는 회포 가득하여라
歸當息華念	돌아갈 제 마땅히 화려한 생각 끊고
超遙悟無生	높고 멀리 빛깔 없는 물건 깨달아야지

即事偶賦　　　　　　　즉사우부

白煙竟日起　　　　하얀 노을이 하루 종일 일고
雨晦蒼山深　　　　빗속에 어두워진 푸른 산도 깊어라
老菊不復姸　　　　늙은 국화가 다시 피지 않으니
丹楓滿高林　　　　붉은 나뭇잎만 높은 숲에 가득하네
抱病寢齋房　　　　병을 안고 방에 누웠노니
窓戶結愁陰　　　　창문에 근심방울 맺히도다
起望一舒情　　　　일어나 한 번 바라보고 감정을 풀려니
遐眺豁煩襟　　　　멀리 골짝을 내려다봄에 생각도 번거로워라

人生亦已勞　　　　사람이 사는 게 또한 이미 수고로웠거늘
世路方崎嶔　　　　세상 살아가는 길 바야흐로 기구하도다
且詠招隱作　　　　또한 숨어 살자는 글 지어 노래하노니
無爲名跡侵　　　　명리의 자취에 침노당하지 말라

寄題咸淸精舍淸暉堂　　기제함청정사청휘당

山川佳麗地　　　　뫼와 내 아름다운 땅에
結宇娛朝昏　　　　집을 지어 아침저녁 즐기도다
朝昏有奇變　　　　아침저녁 기묘하게 변함이 있거니
超忽難具論　　　　멀리서 갑자기 다 이야기하기 어렵도다
千嵐蔽夕陰　　　　1,000 안개가 저녁 그늘 가리면
百堚明晨暾　　　　100 봉우리 새벽 해돋이에 밝도다
穹林擢遙景　　　　높은 숲에 아름다운 경치 솟아 있고
回澗盪秋氛　　　　돌아가는 골짝 물에 가을 기운 어리어라
覽極慚未周　　　　극치를 보고도 두루 못 본 것 부끄럽더니

窮深遂忘喧　　깊은 데를 살핌에 드디어 시끄러움 잊었네
欲將身世遺　　장차 몸과 세상도 잊으려는데
況託玄虛門　　하물며 현묘 허무한 문에 의탁하리오
境空乘化往　　지경은 비었어도 자연변화 타면 가고
理妙觸目存　　이치 오묘하여도 눈 대는 데 있도다
珍重忘言子　　진중한 말 잊은 사람이여
高唱絶塵紛　　크게 먼지세상 끊는 노래를 부르소

春日卽事　　춘일즉사

郊園卉木麗　　들 동산에 꽃나무도 고운데
林塘煙水淸　　숲 속 연못에 아지랑이 물도 맑아라
閒棲衆累遠　　한가히 사노니 뭇 얽힘 멀리 가고
覽物共關情　　사물을 훑어봄에 함께 인정 맺어지네
憩樹鳥啼幽　　나무에 쉬노니 새 울음소리 그윽한데
緣原草舒榮　　언덕에 기대니 풀 자람도 무성해라
悟悅心自遣　　깨달아 즐거우면 마음 자유롭거니
誰云非達生　　누가 인생을 달관 못 했다 말하리오

誦經　　송경

坐厭塵累積　　앉아서 먼지 쌓이는 것 싫어해
脫躧味幽玄　　신발을 벗으니 맛도 그윽하고 깊어라
靜披笈中素　　고요히 빈 책상 펼치고
流咏東華篇　　동화 편을 외워 내려가도다
朝昏一俯仰　　아침저녁으로 한 번 둘러보나니
歲月如奔川　　세월이 냇물처럼 달리네

世紛未云遣　　　　세상이 어지러워 말해 보내지 못하고
仗此息諸緣　　　　여기에 서서 모든 인연 끊어 버리도다

春日言懷　　　　춘일언회

春至草木變　　　　봄이 오니 풀 나무 변하였는데
郊園猶掩扉　　　　들 동산에 아직 사립문 닫혔네
玆晨與心會　　　　오늘 아침이 마음에 들어서
覽物偏芳菲　　　　만물을 훑어보니 모두 아름다워라
桃萼破淺紅　　　　복숭아 꽃망울 불그레하게 터지고
時禽悅朝暉　　　　때 만난 새들은 아침햇살을 반기는데
泉谷暖方融　　　　샘물 골짜기는 따뜻이 녹아 흐르니
原田水初肥　　　　들판 논에 물이 처음 가득하네
東作興庶甿　　　　봄철 농사에 뭇 농부 일어나니
歲功始在玆　　　　한 해의 일이 여기에서 비롯하네
端居適自慰　　　　단정히 사는 것 마침 스스로 위로하고
世事復有期　　　　세상일은 다시 기약함 있을지나
終然心所尙　　　　마침내 마음에 숭상한 바는
農畝當歸還　　　　농촌으로 마땅히 돌아옴일네라

同安客舍夜作二首　　　　동안객사야작2수

官署夜方寂　　　　관청에 밤이 되니 아주 고요한데
幽林生月初　　　　그윽한 숲 사이에 달이 처음 뜨도다
閒居秋意遠　　　　한가히 사니 가을 근심 아득하고
花香寒露濡　　　　꽃향기는 찬 이슬에 젖었도다
故國異時節　　　　우리 나라에 시절이 달라졌으니

欲歸懷簡書　　　　돌아가서 책을 품고 싶어라
聊從西軒臥　　　　애오라지 서쪽 마루에 누워
塵思一蕭疏　　　　티끌 생각에 한 번 쓸쓸하도다

其二　　　　　　　2

窓戶納涼氣　　　　창문에 서늘한 기운 드는데
吏休散朱墨　　　　관청을 쉬니 붉은 먹이 흩어졌도다
無事一儵然　　　　일 없음도 한순간 언뜻 가 버리나니
形神罷拘役　　　　형체와 정신이 얽혀 끌려다님 그만두어야지
暫愒豈非閒　　　　잠시 쉼도 어찌 한가함 아니리오
無論心與跡　　　　마음과 자취를 모두 논하지 마소

寄山中舊知七首　　기산중구지7수

結茅雲壑外　　　　구름 골짝 밖에다 띳집을 짓고
石澗流淸泉　　　　바위틈에 흐르는 물, 맑은 우물에서 나오네
澗底采菖蒲　　　　골짜기 아래서 창포를 캐노니
顔色永芳鮮　　　　모양 길이 아름다워라
超世慕肥遯　　　　세상을 초월하여 깊이 숨고자 하여
鍊形學飛仙　　　　형체를 단련하며 신선 되는 길 배우도다
未諧物外期　　　　사물 밖을 기약하여 짝하지는 못하였지만
已絶區中緣　　　　이미 세속의 인연이야 끊었도다

其二　　　　　　　2

客子歸來晩　　　　나그네 돌아옴이 늦어지니
江湖欲授衣　　　　강물과 호수가 옷을 주고자 하도다

路岐終寂寞	길이 갈라지면 마침내 쓸쓸하나니
老大足傷悲	늙은 노인 더욱 아프고 슬퍼라
忼慨平生志	평생의 뜻에 북받치어 분개하여도
冥茫造物機	만물을 창조하는 기틀은 아득한 것
淸秋鵰鶚上	맑은 가을 독수리가 올라와
萬里看橫飛	10,000리 하늘에 가로 나는 것 보도다

其三　　　　　3

晨興香火罷	일찍 일어나 향불이 꺼지니
入室披仙經	방에 들어 신선책을 펼치도다
玄默豈非尙	깊이 생각함 어찌 숭상 않으리오만
素餐空自驚	반찬 없는 밥에 부질없이 스스로 놀라도다
起興塵事俱	일어나 일 갖추는데 먼지 일어나나니
是非忽我營	이것은 나의 경영을 소홀히 함이 아니로다
此道難坐進	이 길은 앉아서 나아가기 어려우니
要須悟無生	요체는 모름지기 빛깔 없는 물건 깨달아야지

其四　　　　　4

故園今夜半	옛 동산에서 이제 한밤중이니
林影澹逾淸	숲 그림자도 담박하고 맑도다
曳杖南溪路	지팡이를 끌고 남쪽 시내 길에
君應獨自行	그대는 응당 홀로 가겠지
潺湲流水思	졸졸졸 흐르는 물 생각하며
蕭索早秋聲	쓸쓸히 이른 가을 소리 듣겠네
盡向琴中寫	모두 가야금 속의 모습으로 향할지니
焉知離恨情	어찌 떠나는 한을 알리오

其五

5

采藥侵晨入亂峯
宿雲無處認行蹤
歸來應念塵中客
寄與玄芝手自封

약을 캐려고 새벽에 높은 봉우리에 드니
자고 가는 구름 자취도 없도다
돌아올 때 응당 티끌 속에 나그네 생각하여
맑은 난초 보내 주면 손수 심겠네

其六

6

凄涼梧葉變
芬馥桂花秋
日夕湖皐勝
哦詩憶舊遊

처량하게 오동잎 물들고
향기롭게 계수나무 꽃 피는 가을
해 저녁에 호수 언덕이 아름다울 제
시를 읊조리며 옛날 노닐던 일 추억하리

其七

7

秋至池閣靜
天高林薄疏
西園有佳處
那得與君俱

가을이 깊어지면 연못집이 고요하고
하늘은 높아 나뭇잎은 떨어지는데
서쪽 언덕에 아름다운 곳 있나니
어떻게 그대와 함께 할꼬

述懷

술회

夙尚本林壑
灌園無寸資
始懷經濟策

일찍이 숭상하는 것은 본래 숲 속 골짜기였으나
동산에 물 대려니 한 치 자본도 없어라
비로소 경제의 대책을 생각하였지만

復愧軒裳姿	다시 수레 타고 관복 입은 모습 부끄러워라
効官刀筆間	관직을 다하려니 서리들 틈이요
朱墨手所持	붉은 먹은 손에 간직한 바이라
謂言殫蹇劣	말을 하자니 어렵고, 용열함 두렵거니
詎敢論居卑	어찌 감히 낮은 자리 논하리
任小才亦短	작은 벼슬 맡아도 재주 또한 짧아
抱念一無施	생각한 것 하나도 베풀지 못하였네
幸蒙大夫賢	다행히 대부의 어짊 입어
加惠寬箠答	은혜를 더해 채찍을 용서했네
撫己實已優	자기를 어루만짐 실로 이미 너그러웠나니
於道豈所期	도에 어찌 기약한 바이리오
終當反初服	마침내 마땅히 처음 일로 돌아가
高挹與世辭	높이 잔 들고 세상을 하직하리

憶齋中二首　　억재 중2수

高齋一遠眺	높은 집에서 한 번 멀리 내려다보니
西南對秋山	서남쪽으로 가을 산이 보이네
景翳夕陰起	볕이 가리어 저녁 기운 일어나고
竹密幽禽還	대나무가 울창한데 그윽한 새 돌아오네
賞愜慮方融	감상이 시원하니 생각 곧 녹아 버리고
理會心自閒	이치가 통하니 마음 스스로 한가로워
誰料今爲客	이제 나그네 되어 쓸쓸히
寥落一窓間	한 창문 사이에 있을 줄 누가 짐작하리오

其二　　2

| 蟋蟀亂秋草 | 귀뚜라미가 가을 풀을 노래하는데 |

故園風露深　　　옛 동산에 바람 이슬 깊었도다
何因不歸去　　　어찌하여 돌아가지 않고
坐思百憂侵　　　앉아서 생각하여 일백 근심에 잠겼는가

秋夕　　　추석

秋風桂花發　　　가을바람에 계수나무 꽃 피고
夕露寒螿吟　　　저녁 이슬에 찬 쓰르라미 울도다
歲月坐悠遠　　　세월은 앉아 있어도 아득히 흘러가는데
江湖亦阻深　　　강물과 호수가 또한 막아 깊도다
紛思寧復整　　　생각을 어지럽히면 어찌 다시 바로잡히며
離憂信難臨　　　근심을 떠남이란 참으로 임하기 어려워라
終遣誰爲侶　　　마침내 누구로 하여금 짝이 되리
獨此澹沖襟　　　홀로 이에 담박한 기운 품도다

濯足萬里流　　　탄족만리류

褰裳緣碧澗　　　치마를 걷어 올리고, 파란 골짝 물을 인
　　　　　　　　연하여
濯足憩淸幽　　　발을 씻으며 맑고 그윽이 쉬도다
卻拂千巖石　　　문득 1,000바윗돌 뛰어넘어
聊乘萬里流　　　애오라지 10,000리 흐름을 타 볼까
氛埃隨脫屣　　　더러운 먼지는 신발 벗은 데서 털고
步武欲橫秋　　　힘찬 걸음으로 가을을 비끼고 싶어라
極目滄江晚　　　한없이 푸른 강물 쳐다보니
煙波殊未休　　　저녁노을도 유달리 그치지 않네

孤鶴思太淸　　고학사태청

孤鶴悲秋晩　　외로운 학이 가을 깊어 감을 슬퍼하니
凌氣絶太淸　　싸늘한 기운이 하늘에 아득하여라
一爲棲苑客　　한 번 동물원에 사는 손이 되어
空有叫群聲　　부질없이 떼 지어 소리 지르도다
夭矯千年質　　아리따운 1,000년의 자질로
飄飆萬里情　　나부끼며 펄럭이는 10,000리의 생각
九皋無枉路　　깊은 언덕으로 돌아갈 길이 없나니
從遣碧雲生　　쫓아서 하여금 푸른 구름만 일도다

夜雨二首　　야우2수

擁衾獨宿聽寒雨　　이불을 껴안고 홀로 자며 찬비 소리 듣노니
聲在荒庭竹樹間　　소리는 거친 뜰 대나무 숲 사이에서 나도다
萬里故園今夜永　　만 리 옛 동산을 오늘밤 길이 생각하니
遥知風雪滿前山　　아득히 바람과 눈이 앞산에 가득하겠네

其二　　2

故山風雪深寒夜　　옛 산에 바람 눈 깊은 찬 밤에
只有梅花獨自香　　오직 매화 있어 홀로 스스로 향기로워라
此日無人問消息　　이날 사람에게 소식 물을 길 없어도
不應憔悴損年芳　　응당 초췌하여 한 해의 꽃다움 덜지 말아야지

安溪書事　　　　안계서사

清溪流不極　　　맑은 시냇물이 흘러 끝이 없는데
夕霧起嵐陰　　　저녁 안개 일어나 산기운 어두워라
虛邑對寒水　　　빈 읍은 찬물을 대하고
悲風號遠林　　　슬픈 바람은 먼 숲을 호령하네
函山日欲晦　　　산을 안고 날이 저물고자 하는데
窺閣景方沈　　　집을 엿보니 볕이 어두워 가도다
極目無遺眺　　　오래도록 빠짐없이 보려거니
空令愁寸心　　　부질없이 하여금 한 치 마음만 괴롭혔네

梅花兩絶句　　　매화양절구

溪上寒梅應已開　　시내 위에 찬 매화 응당 이미 피었겠지
故人不寄一枝來　　친구가 아무도 한 가지 보내오지 않네
天涯豈是無芳物　　하늘 끝에 어찌 아리따운 물건 없으리
爲爾無心向酒杯　　그대를 위하여 무심히 술잔을 드노라

其二　　　　　　2

幽壑潺湲小水通　　그윽한 골짜기 졸졸졸 작은 물 흘러가고
茅茨煙雨竹籬空　　띳집에 안개비 대나무 울타리도 비었는데
梅花亂發籬邊樹　　매화가 울타리 가에서 활짝 피었노니
似倚寒枝恨朔風　　마치 찬 가지에 기대어 북쪽 바람을 한
　　　　　　　　　탄함 같네

感事有嘆　　　　　감사유탄

榮華久難恃	영광스럽고 화려함 오래 믿기 어려우니
代謝安可量	돌고 도는 것을 어찌 가히 헤아리리
宿昔堂上飮	어제는 대청 위서 마시더니
今歸荒草鄕	오늘은 거친 풀숲으로 돌아가네
高臺一以傾	높은 누대도 한 번은 쓰러지고
繐帳施空房	늘어진 장막도 빈방이 되나니
繁弦旣闋奏	번거로운 음악 이미 연주 아니하고
緩舞亦輟行	느려진 춤도 또 거두어 갔도다
桃李自姸華	복숭아와 오얏은 스스로 아리따이 꽃 피우지만
春風自飄揚	봄바람이 스스로 흩어 날려 버리도다
戀幄靡遺思	장막에 연연하여 생각 두지 말고
更衣有餘芳	옷을 고쳐 입으면 남은 아리따움 있으리
身徂名亦滅	몸이 죽으면 이름 또한 없어지거늘
事往恨空長	일이 지나갔는데 한탄만 부질없이 길도다
寄語繁華子	말 일러두거니 번화한 사람들
古今同一傷	예나 이제나 다 같이 한 번 다치도다

秋夜歎　　　　　추야탄

秋風淅瀝鳴淸商	가을바람 쓸쓸히 맑은 소리를 내고
秋草未死啼寒螿	가을 풀은 죽지 않고, 찬 쓰르라미 울리도다
幽人幽人起晤歎	그윽한 사람이 그윽한 사람과 일어나 마주 보고 탄식하여

仰視河漢天中央　　　우러러보니 은하수가 하늘 가운데 왔도다
河漢西流去不息　　　은하수물이 서쪽으로 흘러 그치지 않으니
人生辛苦何終極　　　인생의 고통도 어찌 끝이 있으리
蒼山萬疊雲氣深　　　푸른 산 10,000겹에 구름도 깊으니
去鍊形魂生羽翼　　　가서 형제와 혼 단련하면 신선 날개 날까

茅舍獨飲　　　모사독음

出身從吏役　　　출신이 서리로부터 시작하니
驅車涉窮山　　　수레를 몰고 산골을 돌았도다
日落陰景晦　　　해가 지니 어두운 경치 희미한데
天高風氣寒　　　하늘 높아 바람 기운도 차도다
豈無斗酒資　　　어찌 한 말 술 살 돈 없으리오만
獨酌誰爲歡　　　혼자 마심에 누구와 기뻐하리
一杯且復醉　　　한 잔 술에도 다시 취하여
百念中闌干　　　100생각 속에 난간에 앉아 있네

寄諸同寮　　　기제동료

把酒江頭煙雨時　　　술잔 잡고 강 머리에 가랑 비 오는 때
遙知江樹已芳菲　　　멀리 강둑에 나무 벌써 꽃 피는 것 알겠네
應憐倦客荒茅裏　　　괴로운 나그네가 거친 띠풀 속에서
落盡梅花未得歸　　　다 떨어진 매화를 얻어 가지 못한 것 응
　　　　　　　　　당 불쌍히 여겨야지

之德化宿劇頭舖夜聞之規   지덕화숙극두포야문지규

王事賢勞秪自嗤   나랏일은 어진 이가 수고하여야 하거늘
                      오직 스스로 어리석어
一官今是五年期   한 벼슬자리에 이제 5년이 되었네
如何獨宿荒山夜   어찌하여 홀로 거친 산속에 자는 밤
更擁寒衾聽子規   또다시 찬 이불 안고 두견새 소리 듣는고

次韻傅丈題呂少衛敎授   차운부장제려소위교수
藏書閣   장서각

西樓誰與共閒居   서쪽 누대에 누구와 함께 한가히 살까
茂樹婆娑淸晝餘   무성한 나무 엉성한 맑은 날 끝에
大隱秪今同一壑   크게 숨은 이 지금 한 골짜기 있으나
行吟非昔似三閭   거닐며 읊조리는 건 옛 굴원과 같지 않네
揣摩心事惟黃卷   마음과 일을 헤아려 추리함은 오직 경전
                      이요
料理家傳亦素書   집에 전한 것 헤아려 처리함은 또한 소서라
更鑿寒泉供漱石   다시 찬 우물 파서 입 씻는 물 쓰나니
世紛不擬問焉如   세상 어지러운데 어디 가느냐고 묻
                      지 마소

次旬父韻   차순보운

五字何人寄   다섯 글자를 어느 사람에게 부칠까
鏘鳴滿袖金   쟁그랑 소매에 돈도 가득

劇知多暇日　　　한가한 날이 많은 줄 너무나 잘 알지만
誰與共幽尋　　　누구와 함께 그윽한 곳 찾아가리
簿領淹窮海　　　홑옷 깃을 바다 끝에 던지고
鶯花遶故林　　　관복에 어사화 꽂고 옛 고향을 찾도다
功名終好在　　　공과 이름 마침내 좋음도 있으나
且莫負初心　　　또한 처음 먹은 마음 저버리지 말아야지

次祝澤之表兄韻　　　차축택지표형운

裸裎相向但悠悠　　　옷 벗고 서로 쳐다봐도 다만 유유하여
信道乾坤日夜浮　　　하늘땅이 밤낮으로 떠다니는 진리 믿고
此去安心知有法　　　이렇게 살면 마음 편하여 법 있는 줄 알
　　　　　　　　　지니
向來示病不難瘳　　　지난번에 보여준 병 고치기 어렵지 않도다
優游靜室閒窓底　　　이럭저럭 고요한 방 한가한 창 아래요
放浪東阡南陌頭　　　이리저리 동쪽 들판 남쪽 논두렁이로다
萬事何由到懷抱　　　만사는 무엇을 말미암아 회포에 이르는고
夕陽芳草自春秋　　　저녁볕에 꽃 풀은 스스로 봄가을이어라

次祝澤之表兄韻　　　차축택지표형운
送劉子晉歸省　　　송유자진귀성

之子眞吾友　　　그 아들이 참으로 나의 벗이로세
心期到古人　　　마음으로 옛사람에게 이르기를 기약하고
慇懃來講學　　　은근히 와서 학문 강론하였나니
迢遞遠辭親　　　높은 뜻 가지고 어버이 멀리 이별했네
黃卷工夫妙　　　경전은 공부가 오묘하고

斑衣夢想頻　　색동옷은 꿈 생각도 잦아라
今朝首歸路　　오늘 아침 돌아가는 길로 머리 하니
何處問知津　　어느 곳에 물어 나루터를 알까

知郡傅丈載酒幞被過憙　　지군부장재주복피과희
於九日山夜泛小舟弄月　　어9일산야범소주농월
劇飮二首　　　　　　　　극음2수

扁舟轉空闊　　조각배는 돌아 공간도 넓고
煙水浩將平　　안개물은 넓어 아득히 평평하여라
月色中流滿　　달빛이 가운데 물결에 가득한데
秋聲兩岸生　　가을 소리는 양쪽 언덕에서 나도다
杯深同醉極　　술잔이 깊어 가니 함께 취흥이 좋으나
嘯罷獨魂驚　　휘파람 그치니 홀로 넋이 놀라도다
歸去空山黑　　갈수록 빈산은 어두운데
西南河漢傾　　서남쪽으로 은하수 기울었네

其二　　　　　2

誰知方外客　　세상 밖의 나그네도 또한
亦愛酒中仙　　술 가운데 신선 사랑한 줄 그 누가 알았
　　　　　　　는가
共踏空林月　　함께 빈 숲을 달빛 속에 걷고자
來尋野渡船　　찾아와 들판에서 배를 건넜네
醉醒非各趣　　취하고 깨는 것은 혼자 취미 아니니
心跡兩忘緣　　마음과 자취 모두 인연 잊어야지
江海情何限　　강과 바다에 노는 정 어찌 한이 있으리오

| 秋生蓬鬢邊 | 가을이 덥수룩한 구레나룻 가에서 생기도다 |

敎思堂作示諸同志　　교사당작시제동지

吏局了無事	직무에 일이 아무것도 없으니
橫舍終日閒	사랑채에서 종일 한가롭도다
庭樹秋風至	마당에 나무는 가을바람 불어오고
凉氣滿窓間	서늘한 기운은 창 사이에 가득하네
高閣富文史	높은 집에 문학 역사책도 많으니
諸生時往還	여러 학생이 때로 왔다 가도다
縱談忽忘倦	마음 놓고 이야기할 제 홀연히 게으름 잊고
時觀非雲慳	때로 둘러봄은 아껴서가 아니로세
詠歸同與點	시 읊고 돌아오면 증점과 같으며
坐忘庶睎顔	앉아 있는 것 잊으면 안자를 바라보리니
塵累日以銷	티끌에 얽힌 것 날로 녹이려고
何必棲空山	어찌 반드시 빈산에 살리오

再得古木　　재득고목

靑山一何深	푸른 산 한 줄기 어찌도 깊은지
上下盡雲木	위아래가 모두 구름과 나무로세
中有千歲姿	가운데에 있는 천 년의 모습
偃蹇臥寒谷	꾸부정 위태롭게 찬 골짝에 누웠네
明堂不微材	천자가 재목을 징발하지 아니하니
大匠肯回目	큰 목수도 눈을 돌려 버리도다
樵斧莫謾尋	나무꾼의 도끼는 장난으로 찾지 말라
從渠媚幽獨	커 가면서 그윽이 홀로를 가꾸도다

示諸同志　　　　　　시제동지

夏木已云暗　　　여름의 나무가 이미 어우러졌는데
時禽變新聲　　　때 만난 새들도 소리 새로 바뀌었도다
林園草被徑　　　숲 동산에 풀이 지름길을 덮었노니
端居有餘淸　　　단정히 살아도 남은 맑음 있도다
端居亦何爲　　　단정히 살아서 또한 무엇 하는가
日夕掩柴荊　　　해 저녁에 사립문을 닫는도다
靜有絃誦樂　　　고요하여도 가야금 음악은 있어
而無塵慮幷　　　티끌 생각에 빠짐이 없고
良朋肯顧予　　　좋은 벗이 나를 들여다보면
尙有夙心傾　　　아직도 익숙히 마음 기울이지만
深慚未聞道　　　도를 듣지 못함 깊이 부끄럽고
折衷非所寧　　　이것저것 절충하는 것 편안치 못해
眷焉撫流光　　　돌아보고 흐르는 세월만 어루만지노니
中夜歎以驚　　　한밤에도 탄식하여 놀라도다
高山徒仰止　　　높은 산을 부질없이 우러러만 보거니
遠道何由征　　　먼 도를 어떻게 말미암아 가리오

再至同安假民舍以居　　　재지동안가민사이거
示諸生　　　　　　　　　시제생

端居託窮巷　　　단정히 살면서 깊은 산골에 의탁하여
廩食守微官　　　봉급을 타 먹고 미미한 관직 지키도다
事少心慮怡　　　일이 적으니 마음 생각 즐겁고
吏休庭宇寬　　　관리들이 노니 집 마당도 넓어라
晨興吟誦餘　　　새벽에 일어나 글을 읽고 나서

體物隨所安	만물을 주재하여 편한 바를 따르도다
杜門不復出	문을 잠그고 다시 나가지 아니하니
悠然得眞歡	유연하게 참기쁨 얻었네
良朋夙所敦	어진 벗과는 익히 돈독하여
精義時一殫	정밀한 뜻을 때로 한 번 다하도다
壺餐雖牢落	항아리에 담은 밥 비록 쓸쓸하여도
此亦非所難	이는 또한 어려운 바가 아니로다

秋懷二首 　　추회2수

秋風吹庭戶	가을바람이 마당 문으로 불어오니
客子懷故鄕	나그네 고향생각 품도다
矧此臥愁疾	하물며 이에 누워 질병 근심하며
徘徊守空房	이리저리 거닐며 빈방을 지키는 신세로다
佇想澗谷居	우두커니 산골에 살 것 생각노니
林深慘悲涼	숲이 깊어 처량하고 쓸쓸해라
鶗鷄感蕭晨	장닭이 쓸쓸한 새벽 느끼어
拊翼號風霜	날개를 치고 바람서리 호령하네
氛雜無留氣	더러운 먼지에 머무르는 기운 없고
悄蒨有餘芳	조용히 우거진 곳에 남은 꽃 있도다
幸聞衛生要	다행히 위생의 요체를 들었거니
招隱夙所臧	숨은 이 찾는 글은 일찍 감춘 바이네
終期謝世慮	마침내 세상근심 끊기로 기약하고
矯翮玆山岡	아리따이 이 산언덕을 높이 날아 볼까

其二 　　2

| 懷痾坐竟日 | 깊은 병을 안고 하루 종일 앉았노니 |

晚色散幽樹　　　늦은 빛이 그윽이 나무에 흩어지네
寂歷候蟲悲　　　적막하니 가을벌레 슬피 울고
沆瀁碧草露　　　질펀한 물에 푸른 풀 이슬 맺혀
端居興方澹　　　평범하게 살아도 흥취 바로 담박하고
沉默自成趣　　　말이 없어도 스스로 취미 이루어져
羽觴歡獨持　　　술잔이야 기쁘면 혼자 잡거니와
瑤琴誰與晤　　　아름다운 가야금은 누구와 마주하리
空知玄思清　　　부질없이 깊은 생각 맑은 것만 알고
未惜季華度　　　나이가 늙어 감을 아까워하지 않았도다
美人殊不來　　　아리따운 사람이 유달리 오지 아니하니
歲月恐遲暮　　　세월이 늦어질까 두려워라

送芮國器二首　　　송예국기2수

拄節千山外　　　일천 산 밖에다 절개를 짚고
勤勞飽所經　　　부지런히 수고하여 경영한 바에 배불러라
一心無適莫　　　한 마음에 되고 안 되는 것 없으나
萬口自丹青　　　일만 입이 스스로 아름답게 꾸미도다
拂拭先賢傳　　　선현의 글을 털어 버리니
光輝處士星　　　처사의 별이 빛나도다
活人功更遠　　　사람을 살리는 공 또다시 원대하니
試與問林坰　　　시험 삼아 숲 속에 들판 물어 보네

其二　　　2

紫陌同季舊　　　서울에 같은 나이 옛 친구
青雲得路新　　　큰 뜻으로 길을 새로 얻었네
論心端有契　　　마음 논하면 실마리 통함이 있으니

下榻豈辭頻　　　　방석에 앉는 것 어찌 자주 사양하리
話別驚如許　　　　이야기가 각별하니 놀라서 허락하나
相逢渺未因　　　　서로 만날 길 아득히 인연 없네
期公念經濟　　　　공에게 기대하니 경제를 생각하여
從此上星辰　　　　이를 따라 별나라에 오르소서

頃以多言害道絶不作詩　　경이다언해도 절불작시
兩日讀大學誠意章有感　　양일독대학성의장유감
至日之朝起書此以自箴　　지일지조기서차이자잠
蓋不得已而有言云　　　　개부득이이이유언운

神心洞玄鑑　　　　정신과 마음은 빈틈없이 통찰하고
好惡審薰蕕　　　　좋아하고 싫어함 선과 악에서 살피나니
云何反自誑　　　　어찌하여 도리어 스스로 속이어서
閔默還包羞　　　　안타깝게 말없이 부끄러움 안았는가
今辰仲冬節　　　　오늘이 동짓날 깨어나 탄식하며
寤歎得隱憂　　　　남이 알지 못한 근심하노니
心知一寸光　　　　한 치의 빛이 저 중천 그윽한 곳에서
昱彼重泉幽　　　　밝게 번쩍이는 줄 마음속으로 알도다
朋來自玆始　　　　벗이 오는 것이 이로부터 비롯하니
群陰邈難留　　　　뭇 음은 아득히 머무르기 어려우리
行迷亦已遠　　　　가는 길 잘못됨이 또한 오래되었으나
及此旋吾輈　　　　여기에서 나의 뱃머리 돌려야지

仁術　　　　　　　　인술

在昔賢君子　　　옛날에 어진 군자 있었나니
存心每欲仁　　　마음을 간직함에 늘 어질고자 하였네
求端從有術　　　실마리를 찾음에 좇는 방법 있거늘
及物豈無因　　　만물에 미쳐 감에 어찌 인연 없으리
惻隱來何自　　　측은한 마음은 어디로부터 오는가
虛明覺處眞　　　허령하고 밝게 지각하는 곳이 참마음이라
擴充從此念　　　이 마음을 좇아서 넓혀 가득 채우면
福澤遍斯民　　　복택이 이 백성에게 두루 하리
入井倉皇際　　　어린아이가 우물에 빠지려는 창황한 때와
牽牛觳觫辰　　　도살장에 끌려가는 소가 벌벌 떠는 때가
向來看楚越　　　지난번에 남의 나랏일처럼 보았더니
今日備吾身　　　오늘은 나의 몸에 갖추어 있도다

聞善決江河　　　문선결강하

大舜深山日　　　위대한 순임금이 깊은 산속에 살던 날
靈襟保太和　　　마음과 생각 태초의 화기 간직하였네
一言分善利　　　한마디 말로 선과 이익 분별할 제
萬里決江河　　　만 리의 강물을 터놓은 것 같아라
可欲非由外　　　착하고자 함은 밖에 것을 말미암지 아니
　　　　　　　　하니
惟聰不在佗　　　오직 귀 밝음이 다른 데 있지 않도다
勇如爭赴壑　　　날램은 다투어 골짜기로 달림과 같았으니
進豈待盈科　　　나아감에 어찌 웅덩이에 물 채우기 기다
　　　　　　　　리리

學海功難並　　　꾸준히 배우면 공을 함께하기 어렵고
防川患盆多　　　시내를 막으면 근심 더욱 많아지네
何人親祖述　　　어느 사람이 몸소 근원하여 본받아
耳順肯同波　　　예순 살에 같은 물결 탔는가

仰思二首　　　양사2수

公德明光萬世師　　공변된 덕이 밝게 빛남은 만세의 스승이니
從容酬酢更何疑　　조용히 일 처리한 능력 다시 무엇 의심
　　　　　　　　　하리
當年不合知何事　　그때에 맞지 않아 알려고 하는 것 무슨
　　　　　　　　　일이었나
淸夜端居獨仰思　　맑은 밤에 단정히 앉아 홀로 우러러 생
　　　　　　　　　각했네

其二　　　2

聖賢事業理難同　　성현의 사업에 다스림 똑같기 어렵나니
僭作新題欲自攻　　참람하게 새 제목을 만들어 스스로 갈고
　　　　　　　　　자 하도다
三事兼施吾豈敢　　우·탕·문무의 세 가지 일을 아울러 시
　　　　　　　　　행함을 내가 어찌 감당하리오
儻容思勉議成功　　문득 포용하여 생각을 함으로써 성공을
　　　　　　　　　의논함이어라

困學　　　　　　　　곤학

舊喜安心苦覓心　　옛날에는 마음 편한 것 즐겨 마음 찾기
　　　　　　　　　　괴로워서
捐書絶學費追尋　　책을 버리고 배움 끊고 찾아다니기만 하
　　　　　　　　　　였네
困衡此日安無地　　어려운 일 가로놓인 이제는 편안할 곳이
　　　　　　　　　　없으니
始覺從前枉寸陰　　비로소 전날에 시간 낭비한 것 깨달았도다

其二　　　　　　　　2

困學功夫豈易成　　겪어서 배운 공부 어찌 쉽게 이루리오
斯名獨恐是虛稱　　이 이름만 홀로 헛되이 남을까 두려워라
傍人莫笑標題誤　　옆 사람은 표제가 잘못되었다고 웃지 마소
庸行庸言實未能　　떳떳한 행실 힘써 행하고, 떳떳한 말은
　　　　　　　　　　삼가는 것 참으로 잘 못하리

復齋偶題　　　　　　복재우제

出入無時是此心　　나가고 들어옴이 때가 없는 것이 이 마
　　　　　　　　　　음인데
豈知鷄犬易追尋　　어찌 닭과 개만 쉽게 찾을 줄 아는고
請看屛上初爻旨　　청컨대 병풍 위에 초효의 뜻을 볼지니
便識名齋用意深　　문득 집의 이름에 마음 씀이 깊은 줄 알
　　　　　　　　　　리라

示四弟　　　　　　　시4제

務學修身要及時　　학문을 힘쓰고, 몸 닦는 것은 때에 미치
　　　　　　　　　는 게 중요하니
競辰須念隙駒馳　　왕성한 때가 모름지기 훌쩍 지나가는 것
　　　　　　　　　을 생각하라
清宵白日供游蕩　　맑은 밤 밝은 날을 질펀히 놀아 버리면
愁殺堂前老古錐　　근심 많은 집 앞에 늙어 쭈그러지리로다

克己　　　　　　　극기

寶鑑當年照膽寒　　보배거울이 젊을 때에 간담이 서늘하게
　　　　　　　　　비치더니
向來埋沒太無端　　그 뒤로 파묻혀 찾을 길이 없었네
秪今垢盡明全見　　이제야 씻어 내니 밝게 모두 보이나니
還得當年寶鑑看　　또다시 그때의 보배 거울 얻어 보도다

曾點　　　　　　　증점

春服初成麗景遲　　봄옷을 처음 만들었는데 고운 경치 더디
　　　　　　　　　오니
步隨流水玩淸漪　　발길이 흐르는 물 따라 맑은 물결 즐기네
微吟緩節歸來晚　　나직이 노래하고 천천히 걸어 늦게야 돌
　　　　　　　　　아오며
一任輕風拂面吹　　가벼운 바람이 얼굴에 불어 가는 것 놓
　　　　　　　　　아두었도다

伐木　　　　　　　　벌목

伐木相將入遠山　　　나무를 베려고 서로 함께 먼 산에 들어
　　　　　　　　　　가서
共聽幽鳥語關關　　　그윽한 새소리 지껄이는 것 같이 들도다
殷勤若解當時意　　　은근히 때 만난 뜻을 알아들을 것 같았
　　　　　　　　　　지만
此日那容不盡歡　　　오늘은 어찌하여 그리 기쁘지 못했네

春日　　　　　　　　춘일

勝日尋芳泗水濱　　　좋은날 꽃 찾아 사수 가에 가니
無邊光景一時新　　　끝없는 광경이 한때에 새로워라
等閒識得東風面　　　가볍게 깨달아 동쪽 바람 마주하니
萬紫千紅總是春　　　일만 가지 붉은 꽃 모두 봄이로다

春日偶作　　　　　　춘일우작

聞道西園春色深　　　서쪽 언덕에 봄빛 깊었단 말 듣고
急穿芒屬去登臨　　　급히 신발 신고 올라가 보니
千葩萬蕊争紅紫　　　일천 꽃봉오리 일만 꽃술이 붉은빛을 다
　　　　　　　　　　투는데
誰識乾坤造化心　　　하늘땅의 조화하는 마음 그 누가 알리오

觀書有感二首　　　　관서유감2수

半畝方塘一鑑開　　　반묘의 모난 연못에 한 거울이 열리니
天光雲影共徘徊　　　하늘빛과 구름 그림자 함께 놀도다
問渠那得清如許　　　묻노니 어떻게 맑은 물을 얻으려면
爲有源頭活水来　　　물고가 있어 흐르는 물이 오게 해야지

其二　　　　　　　　2

昨夜江邊春水生　　　어젯밤 강변에 봄물이 생기더니
蒙衝巨艦一毛輕　　　군함의 큰 배가 한 털처럼 가볍게 뜨네
向来枉費推移力　　　지난번에 밀고 가는 힘만 잘못 허비하였
　　　　　　　　　　더니
此日中流自在行　　　오늘은 물 가운데서 마음대로 다니도다

感事書懷十六韻　　　감사서회16운

胡虜何年盛　　　　　오랑캐는 어느 해에 성하여
神州遂陸沉　　　　　신성한 중원 땅을 쳐들어 왔는가
翠華棲浙右　　　　　천자의 기는 절강 오른쪽에서 쉬고
紫塞僅淮陰　　　　　붉은 요새는 겨우 회음 땅이로다
志士憂虞切　　　　　뜻있는 선비의 걱정이 절박하고
朝家預備深　　　　　조정의 예비도 깊이 하네
一朝頒細札　　　　　하루아침에 군사명령을 반포하면
三捷便聞音　　　　　세 번 싸워 이겼다는 보고 문득 들으리
授鉞無遺算　　　　　작전계획을 줌이 빠뜨린 점이 없으니
沈機識聖心　　　　　기회를 생각하는 임금 마음 알겠네

東西兵合勢	동서의 군대가 형세를 합치니
南北怨重尋	남북의 원성이 거듭 이어 오도다
小却奇還勝	조금 물러났다가 기습하여 다시 이기나니
窮凶禍所臨	궁박한 흉한 것들 재앙이 임박했도다
旄裘方舞雪	털옷이 바야흐로 눈 속에 춤추고
血刃已披襟	피 묻은 칼날 이미 소매 걷어 올렸나니
殘類隨煨燼	남은 무리들 불에 타서 없어지면
遺黎脫斧碪	남은 백성이 참수대에서 벗어나리
戴商仍夙昔	탕임금을 추대함은 아주 옛날부터요
思漢劇謳吟	한나라를 생각하고 노래를 부르도다
共惜山河固	산과 물의 국경이 튼튼함을 함께 아꼈더니
同嗟歲月侵	세월이 흘러감을 같이 탄식하도다
泉著久憔悴	우물가에 시초가 오래 초췌하였지만
陵栢幸橚槮	능가에 잣나무 다행히 밋밋하게 길고 꼿꼿하네
正爾資群策	바르게 그대는 뭇 방책을 바탕하여
何妨試盍簪	모든 지혜 다 모으는 것 어찌 말리리
折衝須舊袞	공격해 들어갈 제는 모름지기 옛 임금 찾고
出牧仗南金	나아가 다스림에는 무기를 갖추어야지
衆志非難徇	대중의 뜻은 따르기 어렵지 않으나
天休詎可諶	하늘의 명령 어찌 가히 헤아리리
故人司獻納	벗이 계책 올리는 일 맡았으니
早晚奉良箴	조만간에 좋은 계책 올리리라

感事　　　　감사

聞說淮南路	듣건대 회남로에

胡塵滿眼黃　　　오랑캐 티끌만 뽀얗다고 하는데
棄軀慚國士　　　몸을 버리자니 나라의 선비에게 부끄러워
嘗膽念君王　　　쓸개를 씹으며 임금 생각하도다
却敵非干櫓　　　적군을 물리침은 방패만이 아니니
信威藉紀綱　　　믿음과 위엄이 기강의 바탕이어라
丹心危欲折　　　붉은 마음 위태로이 꺾어지려 하니
竚立但彷徨　　　우두커니 서서 방황만 하도다

聞二十八日之報喜 문28일지보희
而成詩七首 이성시7수

胡馬無端莫四馳　　오랑캐 군마는 까닭 없이 사방으로 달리
　　　　　　　　　지 말라
漢家元有中興期　　한나라는 원래 중흥을 기약함 있도다
旄裘蹀血淮山寺　　털옷에 피 밟은 회산사에
天命人心合自知　　천명과 인심이 합친 것 스스로 알리라

其二 2

天驕得意任驅馳　　천성이 교만하여 뜻대로 마음대로 달리나
太歲乘蛇已應期　　해의 운수 별자리 돌아 이미 때가 되었네
一夜旄頭光殞地　　하룻밤에 기 머리에 빛이 땅에 떨어질 때
飮江胡馬未全知　　강물 먹은 오랑캐 말 온전치 못함 알리라

其三 3

雪擁貂裘一馬馳　　눈 속에 돈피 가죽옷 입고 한 말이 달리어
孤軍左袒事難期　　외로운 군대를 가세하니 일 기약하기 어

려워

| 奏函夜入明光殿 | 편지함이 밤에 명광전으로 들어오니 |
| 底事盧兒探得知 | 어떻게 하인들이 더듬어 알리오 |

其四　　　　4

渡淮諸將已爭馳	회수를 건너간 여러 장군 이미 다투어 달리는데
兔脫鷹揚不會期	토끼가 도망치면 새매 날리는 것 기회가 아니리
殺盡殘胡方反斾	모두 죽고 남은 오랑캐 방금 돌아가니
里閭元未有人知	마을 사람은 원래 알지도 못하였네

其五　　　　5

漢節熒煌直北馳	한나라의 군대가 빛나게 곧장 북쪽으로 달리니
皇家卜世萬年期	왕실의 전통이 만년을 기약하리
東京盛德符高祖	동쪽 서울의 성대한 덕은 고조에게 짝하고
說與中原父老知	중원 땅에 이야기 아비와 늙은이 알도다

其六　　　　6

追鋒聞說日驅馳	쫓아가는 선봉은 날로 달려간다고 하는데
舊德登庸儻有期	옛 사람 등용은 짐짓 때가 있으리
聖主聰明似堯禹	임금이 총명함이 요임금 우임금 같으니
忠邪如許詎難知	충신과 역적을 어찌 가리기 어려우리

恭惟大號久風馳　　삼가 크게 호령하며, 오래 바람처럼 달리니
清蹕傳呼却未期　　임금이 서울로 돌아감 문득 기약하지 못해라
此日不須勞玉趾　　이 날엔 모름지기 발걸음도 수고롭지 않으리니
寸心那得侍臣知　　한 치의 마음을 어찌 모신 신하가 알리오

次子有聞捷韻二首　　차자유문첩운2수

神州荊棘欲成林　　중원이 가시덤불로 숲이 이루어졌는데
霜露凄涼感聖心　　서리 이슬 처량하여 임금 마음 아프네
故老幾人今好在　　옛 늙은이 몇 사람이나 지금 잘 있는지
壺漿爭聽鼓鼙音　　간장병 들고 다투어 전진 북소리 듣도다

其二　　　　　　　2

殺氣先歸江上林　　살기는 먼저 강 위에 숲으로 돌아가고
貔貅百萬想同心　　날랜 군대 백만은 생각 한마음이라
明朝滅盡天驕子　　내일 아침 천성이 교만한 것들 모두 없애 버리면
南北東西盡好音　　동서남북이 다 좋아하리라

奉陪判院丈充父平父兄　　봉배판원장충보평보형
宿回向用知郡丈壁間　　　숙회향용지군장벽간
舊題之韻　　　　　　　　구제지운

暮雨停驂處　　저녁 비에 세 말 수레 멈추는 곳
僧廬古道邊　　절이 있는 옛길 변두리로다
千峰環傑閣　　일천 산봉우리가 큰 집을 둘러싸는데
一水下平田　　한 줄기 물이 평평한 들판으로 흘러가네
行役無期度　　떠돌아다니는 군대 생활 기약이 없으니
經過幾歲年　　흘러간 세월이 지금 몇 해인가?
明朝須飽飯　　내일 아침은 모름지기 배불리 밥 먹고
躡足上寒煙　　신을 신고 찬 안개 위에 올라야지

感事再用回向壁間舊韻　　감사재용회향벽간구운
二首　　　　　　　　　　2수

江北傳烽火　　강북에서 봉화가 전하여 왔노니
胡兒大入邊　　오랑캐 아이들 크게 변방으로 들어온다네
已聞隳列障　　이미 벌여 놓은 장벽이 무너졌다고 들리니
不但擾屯田　　오직 둔전만이 흔들리는 것 아니로다
借箸思人傑　　젓가락으로 점을 쳐 인걸을 사모하니
摧鋒屬少年　　예봉을 꺾을 이는 소년에게 속하도다
偷安慙暇食　　눈앞의 안락을 탐하여 한가로이 먹는 것
　　　　　　　부끄러우니
萬竈起愁煙　　일만 부엌에 근심 연기 일도다

其二   2

廊廟憂虞裏   조정의 근심 걱정하는 속에
風塵慘淡邊   어지러운 세상은 참담한 끝이로다
早知煩汗馬   일찍이 괴롭게 땀나는 말을 알았던들
悔不是留田   뉘우침이 여기에 머물지는 않았을 걸
迷國嗟誰子   나라를 그릇치고 그 누구를 원망하나
和戎悞往年   오랑캐와 화친하여 지난날을 속았도다
腐儒空感慨   썩은 선비 부질없이 감개만 하고
無策靜狼煙   봉홧불 그칠 계책 하나도 없네

蒙判院丈示及再用   몽판원장시급재용
元韻之作率易和呈   원운지작솔이화정
以求指誨   이구지회

疇昔經行地   옛날에 지나가던 땅에
溪山寂寞邊   시내와 산이 고요한 끝이라
冰霜凝巨壑   얼음 서리는 큰 골짜기에 엉겼고
風雨暗中田   바람비는 어두운 들판이라
古寺堪投晩   옛 절에 늦게 들어와 쉬노니
塵龕閱紀年   먼지 쌓인 감실에 역사를 살피도다
論文寒夜永   글을 논하니 추운 밤도 긴데
清絶梟爐煙   근심도 깊은 네모진 화로의 연기이어라

次韻判院丈雪意之作　　차운파원장설의지작

端居歲復窮　　평범히 살면서 해가 또다시 다 가니
閉戶守沖澹　　문을 닫고 화하고 담박함 지키도다
風氣原野悲　　바람 기운은 들판에서 슬피 울고
月黑庭除暗　　달은 검어 섬돌 아래도 어두워라
淅瀝靜先知　　싸락눈이 오는 소리 고요해야 먼저 아니
崩奔誰與探　　어지러이 달리면서 무엇을 더불어 찾으리
坐想靑瑤林　　앉아서 푸른 신선 사는 숲 생각하니
寒光生素艶　　찬 빛에 하얀 자태 나타나네

登梅嶺　　등매령

去路霜威勁　　가는 길은 서릿발이 날카롭더니
歸程雪意深　　올 제는 눈 속에 생각도 깊어라
往還無幾日　　갔다가 오는 길 며칠이 안 되는데
景物變千林　　사물의 빛깔 일천 숲이 바뀌었네
曉磴初移屐　　새벽에 돌사닥다리에 처음 발길 옮기니
寒雲欲滿襟　　찬 구름이 옷깃에 가득하도다
玉梅疏半落　　하얀 매화 성글어 반은 떨어졌으나
猶足慰幽深　　오히려 그윽이 깊은 마음 위로하도다

雪意　　설의

向晚浮雲四面平　　느직이 뜬 구름 쳐다보니 4방이 평평한데
北風號怒達天明　　북쪽 바람 외쳐 성내 하늘에 닿도다
寒窓一夜淸無睡　　추운 창 한밤을 쓸쓸히 잠 못 이루니

擬聽杉篁葉上聲　　　　삼 대나뭇잎 위에 소리 들리는 듯하도다

伏讀趙淸獻公瑞巖留題　　복도조청헌공서암류제
感歎之餘追次之韻　　　　감탄지여추차지운

趙公名迹此猶微　　　　조공의 이름과 행적이 이에 오히려 미미
　　　　　　　　　　한데
已薦行藏第一機　　　　써 주면 행하고 버리면 감추는 제일 기
　　　　　　　　　　틀에 이미 올랐네
直自當年留翰墨　　　　다만 당년에 글월을 남김으로부터
至今窮谷尚光輝　　　　이제 깊은 산골에 있는데도 아직 빛나도다
時淸諫疏空遺橋　　　　때로 맑은 상소 올리나 부질없이 원고만
　　　　　　　　　　남고
歲晚高齋自掩扉　　　　해 저문 높은 집에 스스로 사립문 닫도다
珍重九原如可作　　　　정말로 저세상을 경영할 수 있다면
問渠何處是眞歸　　　　묻건대 어느 곳이 참으로 돌아가는 곳인가?

伏讀二劉公瑞巖留題　　복도2유공서암류제
感事興懷至於隕涕追　　감사흥회지어운체추
次元韻偶成二篇　　　　차원운우성2편

誰將健筆寫崖陰　　　　누가 장차 힘찬 붓으로 낭떠러지 그릴까
想見當年抱膝吟　　　　그때에 무릎 안고 노래한 것 상상해 보
　　　　　　　　　　도다
緩帶輕裘成昨夢　　　　띠 늦추고 가벼운 털옷은 이미 어제의
　　　　　　　　　　꿈이요

遺風餘烈到如今　　　끼친 풍모 남긴 위대함만 오늘에 전하도다
西山爽氣看猶在　　　서산의 상쾌한 기운을 보니 아직도 남아
　　　　　　　　　　있고
北闕精誠直自深　　　북쪽 궁궐의 정성은 다만 스스로 깊었네
故壘近聞新破竹　　　옛 변방에 요사이 들으니 새로 무너진다
　　　　　　　　　　고 하니
起公無路秖傷心　　　공을 일어내킬 길이 없으니 다만 마음
　　　　　　　　　　아파하도다

其二　　　　　　　　2

投綬歸來臥赤城　　　벼슬을 버리고 돌아와서 적성에 누우니
家山無處不經行　　　고향 땅에 다니지 아니한 곳이 없었도다
寒巖解榻夢應好　　　찬 바위에 방석 펴니 꿈이 마침 좋았고
絶壁題詩語太淸　　　절벽에 시 지으니 글귀 아주 맑도다
陳迹一朝成寂寞　　　옛 자취는 하루아침에 쓸쓸하게 되었으나
靈臺千古自虛明　　　마음만은 영원히 스스로 허령하고 밝으리
傳來舊業荒蕪盡　　　전해 오던 옛 사업은 거칠게 우거져 버
　　　　　　　　　　렸으니
慙愧秋原宿草生　　　가을 언덕에 묵은 풀 난 것 부끄러워라

入瑞巖道間得四絶句　　　　　입서암도간득4절구
呈彥集充父二兄　　　　　　　정언집충보2형

憶昔南游桂樹陰　　　옛날에 남쪽으로 계수나무 밑에 놀 때
　　　　　　　　　　생각하니
歸來遺恨滿塵襟　　　돌아올 제 남은 한은 먼지 가득한 옷깃
　　　　　　　　　　이었지

籃輿此日無窮思　　　대가마 탄 오늘에 생각도 끝이 없는데
萬壑千巖秋氣深　　　일만 골짜기 일천 바위에 가을이 깊었도다

其二　　　　　　　　2

翩翩一馬兩肩輿　　　너울너울 한 말에 두 어깨에 수레
路轉秋原十里餘　　　길은 돌아 가을 언덕 10리가 넘네
共說前山深更好　　　함께 앞산을 이야기하여 깊을수록 더 좋
　　　　　　　　　　은데
不辭迢遞欸禪居　　　높고 멀어 고요히 사는 것 싫지 않겠도다

其三　　　　　　　　3

淸溪流過碧山頭　　　맑은 시내 흘러 푸른 산머리로 지나가고
空水澄鮮一色秋　　　공기와 물이 맑고 고와 한 빛 가을이라
隔斷紅塵三十里　　　티끌세상 30리를 떨어지노니
白雲黃葉共悠悠　　　흰 구름 노랑 잎이 함께 유유하도다

其四　　　　　　　　4

風高木落晚秋時　　　바람 높고 나뭇잎 떨어진 늦은 가을날
日暮千林黃葉稀　　　해 저문 일천 숲에 노랑 잎도 드물어라
秪有蒼蒼谷中樹　　　오직 푸르고 푸른 골짜기 속 나무 있어
歲寒心事不相違　　　해 추어진 때 마음과 일 서로 어그러지
　　　　　　　　　　지 않도다

挽籍溪胡先生三首　　만적계호선생3수

夫子生名世　　선생은 나면서 세상에 이름이 있었으나
窮居幾歲年　　궁박하게 삶이 몇 해이던가
聖門雖力造　　성인의 학문에 비록 힘써 조예 깊었지만
美質自天全　　아름다운 자질이 스스로 온전하였네
樂道初辭幣　　도를 즐겨 처음부터 벼슬 사양하고
憂時晚奏篇　　시대를 걱정하여 늦게 글월 올렸네
行藏今已矣　　행하고 감추는 것 이제 끝났으니
心迹故超然　　마음과 행적이 초연하게 나타나도다

其二　　2

澹泊忘懷久　　담박하게 생각 잊은 지 오래됐고
渾淪玩意深　　아득히 뜻 찾음 깊었네
簞瓢無改樂　　대바구니의 밥과 바가지 물로 즐거움 고
치지 않으니
山水自知音　　산과 물을 스스로 벗하였도다
册府遺編在　　책장에 남긴 글월 있고
丘原宰樹陰　　은거한 곳에 심은 나무 컸도다
門人封馬鬣　　제자들이 무덤을 만드니
寒日共沾襟　　추운 날 함께 옷깃을 적시도다

其三　　3

先友多淪謝　　선배와 벗은 대부분 빠져 떠나갔는데
唯公尚典刑　　오직 공만 전형을 숭상하였네
向来深繾綣　　지난번에 깊이 잊히지 않던 일
猶足慰瓢零　　오히려 족히 쓸쓸함을 위로하도다

喬木推霜榦　　　높은 나무는 서리에 줄기 부러지고
長空没曉星　　　넓은 하늘 새벽에 별이 사라지니
傷心遽如許　　　마음 아파 문득 허락하여
孤露轉竛竮　　　외로운 이슬 길에 도리어 비틀거리도다

次韻潮洲詩之首　　차운조주시지수

濠上齋二首　　　호상재2수

黃堂理事餘　　　태수의 방에서 일을 처리한 나머지
便坐永兹日　　　문득 앉았느니 이날도 길도다
語黙趣雖殊　　　말하고 침묵함 취향 서로 다르거니와
晦明心本一　　　희미하고 밝은 마음 본래 하나이네
舊聞眞體露　　　옛날에 진실한 실체 나타남을 들었느니
已歎群疑失　　　이미 떼 지어 의심하고 잃어버림 탄식하
　　　　　　　　도다
迨此復幾年　　　이제는 다시 또 몇 해가 되었으니
定知久純白　　　확실히 오래되어 순수하게 흰 것을 알리
　　　　　　　　로다

其二　　　　　　2

道若大路然　　　도는 큰길 같거늘
奈此人好徑　　　어찌하여 사람은 지름길을 좋아하는가
卽事昧本心　　　일을 만나면 본마음이 어두워지나니
離動覓眞靜　　　움직임을 떠나야 참으로 고요함 찾네
安知濠上翁　　　어찌 호수 위에 늙은이가 묘하게 깊고
妙入玄中境　　　깊은경지에 들어간 것을 알리오
偶寄郡齋閒　　　우연히 관청이 한가함을 만났다고

無欲民自正　　　백성이 스스로 바로 되기를 바라지 말라

閒坐　　　한좌

坐嘯無餘事　　　앉아서 읊으며 남은 일이 없으니
淡然塵慮希　　　담담하여 티끌 생각 희박하여라
閒中自怡悅　　　한가한 가운데 스스로 즐거워하고
妙處絶幾微　　　깊은 마음속에 움직임도 끊었도다
韓子成今古　　　한퇴지는 예이제에서 이루었는데
顚師果是非　　　태전 중과 사귐에 말도 많도다
悠然發孤些　　　아득히 외로이 밝혔나니
千載儻来歸　　　1,000년에 마땅히 돌아오리라

銷冠　　　소관

年来揭陽郡　　　연래로 지방 관리로 다니니
牢落海陰墟　　　쓸쓸히 바다 습기 벌판이라
雲嶠無幽子　　　구름 산에 그윽한 사람이 없으니
潢池有跖徒　　　길바닥 웅덩이에 도적의 떼가 있도다
單車亦已稅　　　혼자 타는 수레에도 이미 세금 있고
蔓草不須鋤　　　넝쿨풀이 엉클어져도 김매지 않네
比屋絃歌裏　　　집집마다 가야금 노래 속에
功高化鱷圖　　　공이 높아 악어 교화하는 그림이어라

山丹　　　　　　　　　　산단

昔游嶺海間　　　옛날에 산 넘어 바닷가에서 놀 때에
幾見蠻卉拆　　　남쪽 지방 꽃 피는 것 몇 번이나 보았나
素英溥夕露　　　하얀 꽃은 저녁이슬에 펴고
朱蘤爛晴日　　　빨간 꽃 뿌리는 맑은 날에 어우러져
歸来今幾年　　　돌아온 지가 이제 몇 해인가
晤對秪寒碧　　　얼굴 마주 대하는 건 차고 푸른 물결
因君賦山丹　　　그대를 인연하여 산에 단풍 읊으니
悅復見顔色　　　즐겁게 다시 얼굴색을 보도다

山居卽事用疊翠亭韻　　산거즉사용첩취정운

世情日以疎　　　세상의 인정은 날로 성글어지는데
庭樹日以密　　　마당에 나무는 날로 울창하도다
我心自悠悠　　　내 마음 스스로 유유하니
兩忘喧與寂　　　시끄러움과 고요함 둘 다 잊었네
門開山疊翠　　　문을 여니 산은 첩첩 푸르기도 한데
雨罷雲絶迹　　　비 그치니 구름 자취 없어졌네
天涯此興同　　　천하에 이 기분 모두 같거니
萬里寄消息　　　만 리에 소식을 부치리로다

柬舍姪　　　　　　　　　간사질

回頭別子時　　　머리를 돌려 그대 이별하던 때
歲月劇風雨　　　세월은 바람비가 심하였도다
老大無所成　　　늙어 감에 이룬 바가 없노니

憗歎中夜舞　　부끄럽고 탄식하여 한밤에도 어지럽네
長鑱足呻吟　　긴 괭이는 힘들어 끙끙대고
短褐極襤縷　　짧은 옷은 지극히 남루하도다
古人不可期　　옛 사람처럼 되기를 기약할 수 없노니
炯炯心獨苦　　울컥울컥 마음이 홀로 괴로워라

壽母生朝　　　　수모생조

秋風蕭爽天氣凉　　가을바람 상쾌하여 천기가 시원한데
此日何日升斯堂　　오늘이 어떤 날 이 당에 오르는가
堂中老人壽而康　　당중에 노인이 오래 살고 건강하니
紅顔綠鬢雙瞳方　　붉은 얼굴 파란 머리 두 눈도 방정해
家貧兒癡但深藏　　집이 가난하고 아이 어리석어 다만 깊이
　　　　　　　　　숨어서
五年不出門庭荒　　5년을 출입 않으니 문 마당도 황폐했네
竈陘十日九不煬　　부엌 아궁이 열흘에 아흐레는 불 때지
　　　　　　　　　못하니
豈辦甘脆陳壺觴　　어찌 맛있고 연한 음식 장만하여 술잔
　　　　　　　　　올리리오
低頭包羞汗如漿　　머리 숙여 부끄러움 안고 땀이 초간장
　　　　　　　　　같아라
老人此心久已忘　　노인은 이런 생각 이미 잊어 오래되어
一笑謂汝庸何傷　　한 번 웃고 너는 어찌 안타까워하느냐고
　　　　　　　　　말하네
人間榮耀豈可常　　사람의 영화가 어찌 항상 하리요
惟有道義思無疆　　오직 도의 있나니 생각 끝이 없도다
勉勵汝節彌堅剛　　너의 절개 힘써 더욱 굳고 단단해라
熹前再拜謝阿娘　　희가 앞으로 나아가 재배하고 어머니에

게 사례하니

自古作善天降祥　예로부터 착한 일 하면 하늘이 복을 주
도다

但願年年似今日　오직 바라노니 해마다 오늘 같아서

老萊母子俱徜徉　노래자처럼 늙어 감에 어머니와 아들이
함께 노닐고 싶어라

又二首　　우2수

敬爲生朝擧一觴　경건히 생일 아침 한잔 술을 들고

短歌歌罷意偏長　짧은 노래 부르고 파하니 생각 한쪽 길도다

願言壽孝宜孫子　원컨대 오래 사시어 손자들과 의좋게

綠鬢朱顔樂未央　파랑 머리 붉은 얼굴 끝없이 즐기소서

陰澹園林歲欲霜　음침한 동산 숲에 시절은 서리 내리고자
한데

怪來和氣滿中堂　괴이하게도 화기가 일어 당에 가득하여라

要知積善功夫巧　착한 일 하는 공부의 교묘한 이치 알아서

變得人間作壽鄕　사람을 바꾸어 오래 사는 세상 만들어야지

丁丑冬在溫陵陪敦宗　　정축동재온릉배돈종
李丈與一二道人同和　　이장여일이도인동화
東坡惠州梅花詩皆一　　동파혜주매화시개일
再往反昨日見梅追省　　재왕반작일견매추성
前事忽忽五年舊詩不　　전사홀홀5년구시
復可記憶再和一篇呈　　불가기억재화1편정
諸友兄一笑同賦　　　　제우형일소동부

江梅欲破江南村　　강매화는 강남 마을에서 피고자 하는데
無人解與招芳魂　　꽃다운 혼을 불러 풀어 주는 이 없도다
朔雲爲斷蜂蝶信　　북쪽 구름이 벌 나비의 소식 끊어 버리고
凍雨一洗煙塵昏　　언 비가 한 번 티끌 먼지 씻도다
天憐絶艶世無匹　　하늘이 아리따운 세상에 짝이 없는 것 불쌍히 여기어
故遣寂寞依山園　　짐짓 고요한데 보내 산동산을 의지하게 하였네
自欣羌笛娛夜永　　스스로 기뻐서 오랑캐 피리로 긴 밤을 즐기나
未要鄒律回春溫　　추나라 가락이 따뜻한 봄 돌리지 못해
連娟窺水墮殘月　　아련히 물을 보니 희미한 달이 떨어져 있고
的皪泣露晞晨暾　　하얀 이슬이 아침 햇살에 번쩍이도다
海山淸游記玉面　　바다와 산에 맑게 놀던 옥 같은 얼굴 기억하고
衰病此日空柴門　　쇠잔하여 병든 오늘은 사립문도 비었네
相逢不敢話疇昔　　서로 만나 감히 옛날이야기 꺼내지 못하니

能賦豈必皆成言　　글을 잘한다고 어찌 반드시 모두 말 되며
雕鐫肝腎竟何益　　오만간장을 태워 다듬은들 무슨 보탬 있
　　　　　　　　　으리
況復制酒哦空尊　　하물며 다시 술을 절제하며 빈 잔만 노
　　　　　　　　　래할까

卓國夫人生朝　　　탁국부인생조

鳳凰山下鳳凰城　　봉황산 아래 봉황성을
十載重來雙眼明　　10년 만에 다시 오니 두 눈이 새로워라
賺喜故人頻獻納　　옛사람을 더 기쁘게 자주 잔을 받으시니
足知賢母外榮名　　어진 어머니는 영화로운 이름 밖으로 하
　　　　　　　　　심 알겠네

生朝擧酒天香裏　　생일 아침 술잔 들어 천연의 향기 속에
賤子當歌魯頌聲　　천한 아들은 마땅히 노송을 노래해야지
問訊豪眉今幾許　　묻노니 뛰어난 눈썹 지금 얼마 남았는지
年年此日照人情　　해마다 이날에 사람 인정 비쳐 주네

社後一日作　　　사후1일작

聖作重品節　　　　성인이 나와 거듭 형태 따라 온갖 것 조
　　　　　　　　　절하니
等殺古所詳　　　　다르면서도 같은 예절 예로부터 자상한
　　　　　　　　　바로다
里有秦社稷　　　　마을에 진나라 사직단이 있노니
僭差遂無章　　　　참람하게 어그러져 문채가 없도다
王綱諒已隳　　　　왕도의 기강은 참으로 이미 떨어졌으나

精意尚不亡　　　　　　　정밀한 뜻은 아직 없어지지 않았네
尚論千載前　　　　　　　아직도 천년 전의 역사 논하거니
簡編有遺芳　　　　　　　책 속에도 남은 향기 남아 있도다
侃侃陳孺子　　　　　　　곧고 굳은 진유자
恂恂萬春鄉　　　　　　　진실하고 삼가한 만춘향
敬恭事耆老　　　　　　　공경하여 노인을 섬겨
禱賽謹田桑　　　　　　　치성을 드려 농사와 누에치기 신중히 하
　　　　　　　　　　　　도다

悠悠我里居　　　　　　　유유히 나는 마을에 살지만
歲事有故常　　　　　　　한 해의 일은 예로부터 항상함 있나니
向來諸老翁　　　　　　　그때부터 여러 늙은이가
惇厖亦端莊　　　　　　　두텁고 너그러우며 또한 단정하고 자중
　　　　　　　　　　　　하였네

交神庶或享　　　　　　　신과 사귐에 거의 흠향하고
與物同樂康　　　　　　　사물과 더불음에 함께 즐겨 편안하였도다
今我胡不樂　　　　　　　이제 나는 어찌 즐겁지 못해
悵然下頹岡　　　　　　　쓸쓸히 무너진 산마루 내려오네
古人不可見　　　　　　　옛 사람을 만나 볼 수가 없으니
今人自猖狂　　　　　　　오늘사람이 스스로 제 맘대로 날뛰도다

汲清泉漬奇石置熏炉　　　급청천지기석치훈로
其後香烟被之江山云　　　기후향연피지강산운
物居然有万里趣因作　　　물거연유만리취인작
四小诗　　　　　　　　　4소시

晴窓出寸碧　　　　　　　밝은 창에 구름 사이 하늘 보이는데
倒影媚中川　　　　　　　거꾸로 비친 그림자 시내 가운데 아롱지네

雲氣一呑吐　　　　　구름 기운을 한 번 머금어 뱉으니
湖江心渺然　　　　　강호에 마음 아득하여라

其二　　　　　　　　2

一水渺空闊　　　　　한 물줄기 아득히 비어 넓은데
群山中接連　　　　　뭇 산은 가운데서 붙어 이어졌네
寒陰白霧湧　　　　　서늘한 기운이 하얀 안개 회오리쳐
飛度碧峯前　　　　　푸른 봉우리 앞으로 날아들도다

其三　　　　　　　　3

隱几封寒碧　　　　　책상에 기대어 시원하고 푸름 대하니
忘言心自閒　　　　　말을 잊고 마음 스스로 한가로워
豈知宜寂士　　　　　고요한 선비는 푸른 봉우리 사이에서
滅跡靑峯間　　　　　자취 감추기 좋아하는 줄 어찌 알리오

其四　　　　　　　　4

吟餘忽自笑　　　　　노래한 나머지 문득 스스로 웃도다
老矣方好弄　　　　　늙으면 바야흐로 농담 좋아한다네
慨然思古人　　　　　분연히 옛사람을 사모하니
尺璧寸陰重　　　　　보배 같은 시간 중요하여라

偶題三首　　　　　　우제3수

門外靑山翠紫堆　　　문밖 푸른 산은 파랗고 붉게 우거졌는데
幅巾終日面崔嵬　　　복건 쓰고 하루 종일 높고 험한 산 대하네

只看云断成飞雨　　　　오직 구름 끝에 비 쏟아지는 것만 보고
不道云从底处来　　　　구름이 어디에서 오는지는 말하지 않도다

其二　　　　　　　　2

撇开苍峡吼奔雷　　　　붉게 열린 푸른 골짜기 우레처럼 외치고 흐르는데
萬斛飞泉涌出来　　　　일만 섬 나는 우물 솟아 흘러오도다
断梗枯槎无泊处　　　　부러지고 흔들리고 썩은 뗏목 그칠 데가 없으니
一川寒碧自萦回　　　　한 내가 차고 푸르러 스스로 돌도다

其三　　　　　　　　3

步随流水觅溪源　　　　걸어서 흐르는 물 따라 시내 원천 찾아 드니
行到源头却惘然　　　　발길이 샘 머리에 이르니 문득 맥이 풀리네
始悟真源行不到　　　　비로소 참근원에는 발길이 미치지 못함 깨닫고
倚筇随处弄潺湲　　　　지팡이 가는 곳 따라 물소리를 즐기도다

次張彦輔賞梅韻　　　차장언보상매운

朔風萬里開雲屏　　　　북쪽 바람 만 리에 구름 병풍 열리고
清霜夜墜朝景晴　　　　맑은 서리 밤에 떨어져 아침볕이 맑도다
南枝浩蕩正春色　　　　남쪽 가지 휘영청 바로 봄빛인데
凍蘂的皪含空明　　　　언 꽃술 뚜렷이 희어 물에 비친 달그림

자 머금었네

花邊偶對靑銅鏡　　꽃 옆에 우연히 청동거울 대하니

槁項不堪冰雪映　　마른 목덜미에 차마 하얀 머리 비추지
　　　　　　　　　못하네

擁爐獨坐只悲吟　　화로를 품고 혼자 앉아 오직 슬피 노래
　　　　　　　　　하다

振策出遊舒遠興　　채찍을 흔들고 나가 놀아 멀리 흥을 풀
　　　　　　　　　도다

暗香何處時一飄　　그윽한 향기 어느 곳에서 때로 한 번 나
　　　　　　　　　부끼니

　行行復値最長條　　걷고 걸어 다시 가장 긴 가지 찾았네

仰頭欲折渺誰贈　　머리 들어 꺾고자 하나 아득히 누구를
　　　　　　　　　주리오

滿意相思那得邀　　가득히 서로 생각만 하니 어찌 맞이하리

極知異縣淹行李　　타향 고을에 나그네 짐 오래 머문지 알
　　　　　　　　　지만

心賞未甘輕付畀　　마음에 즐기는 것 가볍게 줄 수 없도다

石雄賦罷不相聞　　석웅의 노래 그치니 서로 들리지 않고

秀野書來因擧似　　수야의 글이 오니 모두 비슷하게 인연했네

兩翁句法爭新奇　　두 늙은이 글귀 쓰는 법 다투어 신기하니

畵出疏影流寒漪　　성긴 그림자 그려내 찬 물결에 띄웠도다

幽探自出塵境外　　그윽이 찾아 스스로 티끌세상 밖으로 나
　　　　　　　　　가노니

勝槪未許兒曹知　　아름다운 경지 아이들에게 알리지 마소

秖今嚼藥攀條處　　지금 꽃 수술 씹으며 가지 잡고 올라가
　　　　　　　　　던 곳

它日重來記前度　　다른 날 다시 와서 지난 일 기억하리

風臺月觀悄無言　　바람 누대 달 보며 조용히 말없노니

玉笛冰灘索同賦　　옥피리 얼음 여울 찾아 함께 노래하네

嗟予衰懶倦將迎　안타까이 내가 늙고 게을러 보내고 맞이함 싫어하니

過眼紛紛無復情　눈에 지나간 것 어지러워 다시 생각 없도다

尚喜疏英窺水白　일찍이 성긴 매화꽃 기뻐하여 흰 물에 엿보고

更憐落片點苔靑　다시 떨어진 조각 아끼어 푸른 이끼에 점 찍도다

興來亂揷飛蓬首　일어나 옴에 어지러이 흩날리는 머리에 꽂히니

擬向君家醉君酒　마치 그대 집에 가 그대 술에 취함 같네
酒甘耳熱莫狂歌　술 달아 귀 뜨거워도 미치도록 노래 말라
布鼓雷門須縮手　소리 없는 북 우레 문에 손을 움츠리도다

昨以詩徵亡碑蒙酬　작이시징망비몽수

和次韻見意　화차운견의

端居感物化　평범하게 살아도 사물 변화 느끼지만
悵恨不出游　슬프고 한스러워 나가 놀지 않도다
賦詩往追亡　시를 지어 지나간 잊힌 일 추억하고
顧得雜佩酬　돌아보니 허리에 찬 주옥 대답하도다
結綬光陸離　인끈을 매면 번쩍번쩍 빛나지만
縕袍非所羞　솜옷인들 부끄러운 바 아니로다
終然抱耿耿　끝내 마음이 편치 못함을 안으니
尼父悲東周　공자도 동주를 슬퍼하였도다
凄涼尊犍崖　처량하게 촉나라를 높이고
望想滄浪舟　창랑의 배를 바라면서 생각하네

低徊不得去　　나직이 거닐며 떠나지 못하거니
寂寞將焉求　　죽음을 장차 어디서 찾으리오
安知崔蔡徒　　최군 채군 등의 학도가 은거하여
考槃共斯丘　　이 언덕에서 함께할 줄 어찌 알았으리
爲我揮素壁　　나를 위하여 하얀 벽에 써서 붙이면
報君當紫裘　　그대에게 마땅히 붉은 가죽옷으로 갚으
　　　　　　　리라

再賦解嘲　　　재부해조

宇宙一瞬息　　우주도 눈 한 번 깜짝거릴 사이거니
人生等浮游　　인생은 떠돌이와 같은 것
云何百年內　　어찌하여 한 백 년 속에
萬變紛相酬　　일만 번 바뀌어 어지러이 주고받나
顚倒不自知　　뒤집어진 것도 스스로 알지 못하면서
旁觀乃堪羞　　곁에서 보고 부끄러워하도다
拱揖尚虞夏　　단정히 손 모으고 왕위 전하여 준 순임
　　　　　　　금 우임금 숭상하지만
干戈到商周　　창과 방패도 탕임금 무왕에 있었도다
豈悟曠士懷　　어찌 거친 선비의 회포를 알리오
泛若不繫舟　　범범하여 마치 매 놓지 않은 배와 같도다
駟馬諒不視　　많은 봉록은 진실로 쳐다보지 아니하고
名高非所求　　이름이 높음도 추구한 바가 아니로세
彼哉夸奪子　　저! 뽐내고 빼앗은 이들
逝矣崐崙丘　　곤륜산 언덕으로 가 버렸으니
褰裳絕冥外　　치마를 걷어 올리고 바다 밖으로 떠나가서
天風舞雲裘　　하늘 바람에 구름옷을 나부낄까

題祝生畫呈裴丈二首　　제축생화정배장2수

近代丹青手　　　　근대의 그림 명수
心期良獨難　　　　마음에 기약하기 진정 홀로 어려워
夫君偏有思　　　　그대는 지극한 생각을 두었지만
妙處卻無端　　　　절묘한 곳은 문득 실마리 없도다
堂上三湘遠　　　　당 위에는 3상이 멀고
人間五月寒　　　　사람 사이에 5월도 차도다
空囊惟有此　　　　빈 주머니에 오직 이것 있나니
不用一錢看　　　　1전짜리로는 보지 말라

其二　　　　　　　2

斗酒淋漓後　　　　말술을 질펀히 마신 뒤에
顚狂不作難　　　　미치광이처럼 그리기 어렵지 않도다
千峯俄紙上　　　　일천 봉우리가 잠깐 사이 종이 위에 펼
　　　　　　　　　쳐지고
萬景忽豪端　　　　일만 경치가 갑자기 붓끝에 열리도다
石瘦岡巒古　　　　돌이 말랐으니 봉우리가 늙었고
林深煙雨寒　　　　숲이 깊으니 안개비가 차도다
蒼茫無限意　　　　푸르고 아득한 끝없는 생각이
俗眼若爲看　　　　속된 눈에도 보이는 것 같도다

挽延平李先生三首　　만연평이선생3수

河洛傳心後　　　　정명도 정이천 장횡거 선생이 양심 간직
　　　　　　　　　한 법 전하여 준 다음에
毫釐復易差　　　　조금 있으니 다시 어그러졌네

淫辭方眩俗　　음란한 말이 바야흐로 세속을 어지럽혔지만

夫子獨名家　　부자만이 유교를 혼자 지켰도다
本本初無二　　뿌리를 뿌리로 하니 애당초 둘이 없었고
存存自不邪　　있는 것을 간직하니 스스로 사특하지 않았도다

誰知經濟業　　그 누가 세상을 경영하고 백성 구제하는 사업 알리오

零落舊煙霞　　시들어 떨어져 옛 안개 노을 지도다

其二　　　　　2

聞道無餘事　　도를 들어 남은 일이 없었고
窮居不計年　　곤궁하게 살면서도 해를 셈하지 않았도다
簞瓢渾護興　　대바구니 밥과 바가지 물로도 혼연히 신바람 나고

風月自悠然　　바람과 달에 스스로 유유하였어라
灑落濂溪句　　시원함은 주염계의 글귀 같고
從容洛社篇　　조용함은 정자의 책이어라
平生行樂地　　평생 즐겨 다니시던 땅이
今日但新阡　　오늘은 다만 새 무덤만 있네

其三　　　　　3

岐路方南北　　갈림길은 바야흐로 남과 북인데
師門數仞高　　스승의 문은 높기가 몇 길이어라
一言資善誘　　한마디 말씀이 모두 잘 이끌어 주는 밑거름이러니

十載笑徒勞　　10년 동안 헛수고하신 것 웃으시었도다

斬板今來此　　널이 이제 여기로 오니
懷經痛所遭　　경서를 품고 만난 운명 아파하네
有疑無與析　　의심나도 풀어 줄 리 없으니
揮淚首頻搔　　눈물을 뿌리고, 머리를 자주 긁도다

用西林舊韻二首　　용서림구운2수

一自籃輿去不回　　한 번 수레가 떠나가고, 돌아오지 아니
　　　　　　　　함으로부터
故山空鎖舊池臺　　옛 산이 부질없이 옛 못 누대를 잠갔네
傷心觸目經行處　　마음 아파 쳐다보며 지나간 곳에
幾度親陪杖屨來　　몇 번이나 친히 지팡이 신 들고 따라왔나

其二　　2

上疏歸來空皀囊　　상소 올리고 돌아오니 곡식 주머니 비었
　　　　　　　　으나
未妨隨意宿僧房　　생각 따라 절에 가 자는 것도 괜찮겠지
舊題歲月那堪數　　옛날에 쓴 세월을 어찌 셈하리오
憨愧平生一瓣香　　한평생이 부끄러워 한 번 향을 피우도다

奉同張敬夫城南二十詠　　봉동장경부성남20영

納湖　　남호

詩筒連畫卷　　시를 보내 준 대통은 그림책과 이어졌네
坐看復行吟　　앉아서 보고 다시 걸으며 읊도다

想像南湖水　　　　남쪽에 호수를 상상하노니
秋來幾許深　　　　가을이 된 뒤에 얼마나 깊어졌나

東渚　　　　동저

小山幽桂叢　　　　작은 산에 그윽한 계수나무 떨기
歲暮靄佳色　　　　해 저문 노을에 빛깔도 고와라
花落洞庭波　　　　꽃잎 떨어진 동정호수의 물결
秋風渺何極　　　　가을바람에 아득히 어찌 다하리오

詠歸橋　　　　영귀교

綠漲平湖水　　　　푸르게 넘친 평평한 호수
朱欄跨小橋　　　　붉은 난간에 버틴 작은 다리
舞雩千載事　　　　무우에서 노래하던 1,000년의 일이
歷歷在今朝　　　　뚜렷하게 오늘 아침 여기에 있도다

船齋　　　　선재

考槃雖在陸　　　　숨어 사는 곳은 비록 뭍에 있으나
滉瀁水雲深　　　　넓고 아득히 물구름도 깊은데
正尒滄洲趣　　　　바로 그대는 창주의 취향이나
難忘魏闕心　　　　위나라 왕실의 마음도 잊기 어려워라

| 麗澤堂 | 이택당 |

堂後林陰密　　　당 뒤에는 숲이 빽빽하게 우거졌고
堂前湖水深　　　당 앞에는 호숫물도 깊도다
感君懷我意　　　그대가 나의 생각 헤아려 줌에 감격하노니
千里夢相尋　　　1,000리를 꿈속에서 서로 찾도다

| 蘭澗 | 란간 |

光風浮碧澗　　　맑은 바람이 파란 골짜기 물에 뜨고
蘭杜日猗猗　　　난초 지초는 날로 야들야들 하는데
竟歲無人采　　　해가 다하도록 캐 가는 사람 없으니
含薰祗自知　　　향기를 머금은 것 오직 자기만 알도다

| 書樓 | 서루 |

君家一編書　　　그대 집에 한 편의 책
不自圯上得　　　흙다리 위에서 황석공에게서 얻은 것 아니로다
石室寄林端　　　서실이 숲 끝에 있노니
時來玩幽賾　　　때로 와서 그윽하고 큰 진리 찾도다

| 山齋 | 산재 |

藏書樓上頭　　　책은 누대 윗머리에 저장하고
讀書樓下屋　　　글은 누대 아랫집에 읽도다

懷哉千載心　　　1,000년 전하여 온 마음을 품고
俯仰數椽足　　　오르내림에 몇 서까래면 족하도다

蒙軒　　　　　　몽헌

先生湖海姿　　　선생은 호탕한 초야 선비 모습이요
蒙養今自閟　　　어린이를 가르치니 이제 스스로 신기하
　　　　　　　　여라
銘坐仰先賢　　　좌우명은 선현을 우러러 사모함이니
點畫存象繫　　　점과 획에도 주역의 말씀 간직했네

石瀨　　　　　　석뢰

疏此竹下渠　　　듬성듬성한 이 대나무 아래 개울
漱彼澗中石　　　저 물속 모래로 이를 닦고
暮館繞寒聲　　　저녁 집에 찬 소리 울려 퍼지는데
秋空動澄碧　　　가을 하늘이 맑고 푸른 물속에서 움직이
　　　　　　　　도다

卷雲亭　　　　　권운정

西山雲氣深　　　서쪽 산에 구름 기운도 깊은데
徒倚一舒歗　　　왔다 갔다 하다가 한 번 휘파람 불도다
浩蕩忽騫開　　　호탕한 기운 갑자기 뽑아 열리어
爲君展遐眺　　　그대를 위해 펼쳐 멀리 바라보도다

柳堤　　　유제

渚華初出水	물가에 꽃은 처음 물 위로 나오고
堤樹亦成行	언덕에 나무도 또한 너울거리는데
吟罷天津句	노래하여 하늘 나루 구절을 파하니
薫風拂面凉	훈풍이 얼굴에 불어 서늘하도다

月榭　　　월사

月色三秋白	달빛은 세 달의 가을에 희고
湖光四面平	호수 빛깔은 4면이 고른데
與君凌倒景	그대와 더불어 거꾸로 비친 경치 바라보니
上下極空明	위아래가 자극이 비어 밝아라

濯清　　　탁청

涉江采芙蓉	강을 건너 부용꽃 캐러 갔는데
十反心無斁	열 번을 돌아와도 마음 풀어짐 없도다
不遇無極翁	주염계를 만나지 못하거니
深衷竟誰識	마음속에 마침내 무엇을 알아보리

西嶼　　　서서

朝吟東渚風	아침에는 동쪽 물가 바람을 읊고
夕弄西嶼月	저녁에는 서쪽 섬에 달을 즐기도다
人境諒非遙	사람 사회 참으로 거닐 만하지 못하니

湖山自幽絶　　　　　호수와 산은 스스로 그윽하고 아름답네

淙琤谷　　　　　종쟁곡

湖光湛不流　　　　　호수의 빛깔은 맑고 흐르지 않은데
嵌竇亦潛註　　　　　빈 골짜기도 또한 숨어서 흐르도다
依杖忽淙琤　　　　　지팡이를 기대서니 문득 물 흐르는 소리
　　　　　　　　　　나는데
竹深無覓處　　　　　대밭이 깊어 찾을 곳이 없어라

聽雨舫　　　　　청우방

綵舟停畫槳　　　　　아름답게 꾸민 배에 그림 돛대 그치고
容與得敧眠　　　　　조용히 더불어 기대어 졸도다
夢破蓬窓雨　　　　　꿈이 쑥 창문에 내린 비에 깨어 보니
寒聲動一川　　　　　찬 소리가 한 시내를 흔드네

梅堤　　　　　메제

仙人冰雪姿　　　　　신선의 얼음 눈처럼 하얀 자태
貞秀絶倫擬　　　　　곧고 빼어나 비길 데가 없도다
驛使詎知聞　　　　　파발의 일꾼이 어찌 알아듣고
尋香問煙水　　　　　향기를 찾아 안개 물을 묻도다

采菱舟　　　　　　　채능주

湖平秋水碧　　　호수가 평온하니 가을 물이 푸른데
桂棹木蘭舟　　　계수나무 돛대에 목란의 배로다
一曲菱歌晚　　　한 곡조의 마름 따는 노래가 늦으니
驚飛欲下鷗　　　놀라 날던 갈매기 내려오고자 하도다

南阜　　　　　　　　남부

高丘復層觀　　　높은 언덕에 다시 층층이 보이니
何日去登臨　　　어느 날에 가서 올라가리
一目長空盡　　　한눈에 긴 하늘 끝 보니
寒江列暮岑　　　찬 강에 저녁봉우리 펼쳐졌네

次韻傅丈武夷道中五絶句　　　차운부장무이도중5절구

地久天長歲不留　　　하늘땅은 영원해도 세월은 머물지 않아
坐來念念失藏舟　　　앉았노니 생각에 젖어 숨겨 논 배 잃었네
回看萬法皆兒戲　　　둘러보니 일만 법이 모두 어린아이 장난
　　　　　　　　　　인데
還直先生一笑不　　　도리어 선생 노릇 하니 한 번 웃지 않으리

其二　　　　　　　　2

分符擁節幾經年　　　임명장을 가지고 벼슬한 지 몇 해나 흘
　　　　　　　　　　러갔나
聞道方成屋數椽　　　도를 듣고서야 바로 집 몇 칸 지었네

只恐未容高枕臥　　　다만 높은 베개 베고 눕지 못한 것 두려우나

卻須持槖聽鳴鞭　　　반드시 전대를 가지고 소리 나는 회초리 소리 듣는 것 사양하리

其三　　　3

勳業今從鏡裏休　　　공 세운 사업은 이제 거울 속에서 아름다우니

篋中空有敝貂裘　　　광주리 속에 부질없이 떨어진 가죽옷 있도다

死灰那復飛揚意　　　죽은 뒤에 어찌 다시 뜻을 날리리오
惠許深斷不易酬　　　은혜로움 깊이 끊어지면 갚기 쉽지 못하네

其四　　　4

常記桐城十載前　　　항상 동성의 10년 전을 기억하노니
幾回風雨對床眠　　　몇 번이나 바람비로 책상 앞에 졸았나
它年空憶今年事　　　다른 해에 부질없이 올해 일 추억하고
却說黃亭共惘然　　　말없이 노란 정자에서 함께 아찔하리라

其五　　　5

諸郎步武各駸駸　　　여러 사나이 발걸음 각각 힘차고 빠른데
季子尤憐産萬金　　　소진은 측은함을 원망하여 만금을 벌었네
衣鉢相傳自端的　　　옷과 바릿대를 서로 전함은 스스로 명백하고
老生無用與安心　　　노담은 쓸데없이 더불어 마음만 편안해라

題畫卷　　　　　　　제화권

小山　　　　　　　　소산

　　飛來小坡坨　　　작은 언덕에 달려왔더니
　　未雨已滂濞　　　비도 안 왔는데 이미 질펀하네
　　荒此定何人　　　거친 이곳에 사는 이 그 누구인가
　　蘇公有遺記　　　소동파가 남긴 글이 있네

吳畫　　　　　　　　오화

　　妙絶吳生筆　　　절묘한 오도자의 필치
　　飛揚信有神　　　드날려 참으로 신비함이 있도다
　　群仙不愁思　　　뭇 신선은 근심스런 생각 안 하고
　　步步出風塵　　　걸음걸음 풍진세상 벗어났네

卵硏　　　　　　　　란연

　　端溪有潛虬　　　벼룻돌에 뿔 없는 용이 숨었나니
　　孕此金玉質　　　이에 금과 옥 같은 자질 잉태하였도다
　　混沌一竅開　　　태초에 한 구멍이 열리어
　　千年瀉寒夜　　　1,000년 동안 찬 밤에 흘렀도다

鬼佛　　　　　귀불

冥蒙罔象姿　　　어둡고 흐릿한 모양 없는 자태
相好菩薩面　　　서로들 보살 얼굴 좋아하네
鬼佛吾詎知　　　귀신이나 부처를 내가 어찌 알리오
水石翫奇變　　　물과 돌이 기묘하게 변한 것 즐기도다

范寬　　　　　범관

山雄雲氣深　　　산이 높으니 구름 기운도 깊고
樹老風霜勁　　　나무 늙으니 바람서리도 날카로워라
下有考槃人　　　아래에 숨어 사는 사람 있어
超搖得眞性　　　높고 멀리 참성품 얻었네

題祝生畵　　　　제축생화

裴候愛畵者成癖　　　배후가 그림을 좋아해 늙어서 버릇 되었느니

歲晚倦遊家四壁　　　만년엔 다니기 귀찮아 집 안 네 벽에서 보냈네

隨身只有萬疊山　　　몸에 붙어 다닌 것은 오직 만겹산인데

秘不示人私自惜　　　감추어 사람에게 보이지 않고 혼자만 아꼈도다

俗人教看亦不識　　　속인에게 하여금 보여도 또한 알지 못하더니

我獨摩娑三太息　　　나만 홀로 손으로 어루만지며 세 번 감

	탄하도다
問君何處得此奇	그대에게 묻노니 어디에서 이 기묘한 것 얻었나
和璧隨珠未爲敵	화씨의 보배나 수씨의 구슬도 대적할 수 없도다
答云衢州老祝翁	대답하기를 구주의 늙은 축옹이
胷次自有陰陽工	가슴에 스스로 음양을 조작하는 재능이 있어
峙山融川取世界	산 쌓고 물 녹여 세계를 만들고
咳雲唾雨呼雷風	구름 뿜고 비 뱉어 우레 바람 불렀네
昨來邂逅衢城東	지난번에 구성의 동쪽에서 서로 만나
定交斗酒歡無窮	친구 맺어 말술로 기쁨 끝이 없었어라
自言妙處容我識	스스로 말하기를 묘한 곳을 나보고 안다고 하여
爲我掃此須臾中	나를 위하여 잠깐 사이 이것을 그렸도다
尒時聞名今識面	그때 이름 듣고 이제 얼굴 알았느니
回首十年齊掣電	돌아보건대 10년 세월 번개와 같도다
裴候已死我亦衰	배후는 이미 죽고 나도 또한 쇠약하며
祗君雖老身猶健	오직 그대 비록 늙었지만 몸이 아직 건강하네
眼明骨輕鬚不變	눈 밝고 뼈 가벼우며 수염 변하지 않았어라
筆下江山轉葱蒨	붓끝 아래 강산이 도리어 더부룩하니
爲君多織機中練	그대를 위하여 많이 보아 마음속에 그릴 테니
更約無事重相見	일 없을 제 다시 서로 보기로 약속하세

次季野韻十首   차계야운10수

高人山水心   고결한 사람 뫼와 물의 마음
結習自無始   익숙하게 되면 자연히 비롯함이 없어라
五畝江上園   5무의 강 위에 동산에
淸陰遍桃李   맑은 그늘에 복숭아 오얏이 가득하도다
一堂聊自娛   한집에서 애오라지 스스로 즐기노니
三徑亦可喜   서너 명의 벗 찾으면 또한 기뻐라
試問避俗翁   시험 삼아 묻노니 세속을 피한 늙은이여
何如尊賢里   어찌하여 어진 마을 존중하는가?

其二   2

門前車馬客   문 앞에 수레 타고 온 손님
無非朝大夫   조정에 대부 아닌 이가 없는데
問公獨何事   묻노니 공은 혼자 무슨 일로
中歲遽此圖   중년에 문득 이런 계획 시도했나
長安二三公   장안에 두서너 정승들
髮白形枯臞   머리 희고 모양도 삐쩍 말랐는데
隱憂念名節   남몰래 명성과 절의 생각에 근심하지만
亦有此樂無   또한 이런 즐거움 있지 않을까?

其三   3

君侯嗜圖史   그대는 그림역사 서적을 즐겨
揷架何其多   책꽂이에 꽂힌 책 어찌 그리 많은가
徙居三十乘   집을 옮김에 30수레로다
流汗幾橐駝   땀을 흘림이 몇 자루이었나
千載誰晤語   1,000년에 누구를 대하여 말하리오

端居自絃歌　　　　단정하게 살면서 스스로 가야금 타고 노
　　　　　　　　　래해
至哉天下樂　　　　지극하여라 천하의 즐거움
歲月如子何　　　　세월이 그대를 어찌하리

其四　　　　　　　4

西山一何高　　　　서쪽 산은 한번 어찌 그리 높으며
雲氣出寒麓　　　　구름 기운이 찬 골짜기에서 나오도다
中有無事人　　　　그 가운데 있는 일 없는 사람
鳴泉遶茅屋　　　　샘물 소리가 띳집에 울리도다
宴坐今幾何　　　　편안히 앉아 있은 지 지금 얼마인가
無以媚幽獨　　　　그윽이 홀로 있음을 자랑함이 없도다
興至偶成篇　　　　신바람 나면 우연히 글을 이루니
呼兒爲余讀　　　　아이를 불러 나를 위하여 읽게 하네

其五　　　　　　　5

我居深山中　　　　나는 깊은 산속에 사노니
茅舍破不補　　　　띳집이 부서져도 때우지 않도다
上見風攪林　　　　위로 보면 바람이 숲을 흔들고
下有雲承宇　　　　아래엔 구름이 집에 이었네
聞公落新宮　　　　듣건대 공은 새집을 다 지었는데
戶牖不可數　　　　창과 문을 이루 셀 수도 없다면서
懶惰心力衰　　　　게으르면 마음과 기력이 쇠약하나니
念公亦良苦　　　　공을 생각하여 또한 참으로 괴로워라

其六   6

夜吟招隱詩　　　　저녁에는 숨은 이 찾는 시 읊고
月落寒泉井　　　　달 지면 찬 우물물 마시도다
自非千載人　　　　스스로 1,000년 전 사람이 아니거늘
誰與共淸景　　　　누구와 더불어 맑은 경치 함께하리
散髮心朗寥　　　　머리 헤치면 마음이 맑고 고요하며
凝神味淵永　　　　정신 엉기면 맛도 깊고 길어라
功名恐相期　　　　공명을 서로 기약할까 두려우니
富貴非所幸　　　　부귀가 행복한 바 아니로다

其七   7

仙人空山居　　　　신선이 빈산에 사노니
道意妙群物　　　　도의 생각에 뭇 사물이 오묘해라
度世君則然　　　　세상을 헤아림 그대 분명히 하니
修身吾豈不　　　　몸을 닦음 내가 어찌 아니하리
飛行仰雲路　　　　날아서 구름길로 올라가고
趺坐探理窟　　　　도사리고 앉아 이치 굴속 더듬네
獨夜扣星壇　　　　외로운 밤엔 별 제단 두드리고
淸齋具簪笏　　　　맑은 집에 의관을 갖추도다

其八   8

靑山背夕陽　　　　푸른 산이 저녁볕을 뒤로하니
茲景公所愛　　　　이 경치는 공이 좋아하는 바일세
虛堂日落時　　　　빈집에 해가 넘어가는 때는
遷坐一解帶　　　　자리를 옮겨 한 번 띠를 풀도다
嵐分疑有處　　　　안개가 나누어지니 갈 곳 있는가 의심하고

鳥度知無礙　　　새가 지나가니 막힘없음 알겠도다
須臾暮色來　　　잠시 사이에 저녁 빛 오나니
默默無與會　　　말없이 더불어 만남 없도다

其九　　　　　　9

端居屏塵慮　　　단정하게 살면서 티끌 생각 뿌리치고
萬事付一尊　　　만사를 한잔 술에 부치도다
客來語世故　　　나그네가 오면 세상일 말하고
舉白當浮君　　　술잔을 권하면 응당 그대 자유로워
超搖謝衆甫　　　높고 멀리 여러 사람 이별하고
噂沓從諸孫　　　두서없는 이야기로 여러 손자와 놀도다
可以自怡悅　　　혼자도 기분 좋게 즐거울 수 있나니
窓中見秋雲　　　창문 가운데 가을 구름 보이도다

其十　　　　　　10

清溪何迢迢　　　맑은 시내가 어찌 그리 까마득한가
上有千仞山　　　위에는 천 길 뫼가 있도다
山中學仙侶　　　산속에 신선 배우는 이 있노니
白石為門關　　　하얀 돌로 문을 만들었네
丹經苦吟哦　　　신선의 글을 괴롭게 읊조리며
至道窮躋攀　　　막다른 길을 기어오르도다
豈知人間世　　　어찌 인간 세상을 알리오
風塵縈九寰　　　바람 티끌을 세상 끝에다 묶어 두었도다

次刘秀野蔬食十三诗韻   차유수야소식13시운

乳餅   유병

淸朝薦蔬盤   맑은 아침에 소반에다 올리니
乳鉢有眞味   유발에 참맛이 있도다
不用精瓊糜   정하게 골 것이 없나니
無勞爛羊胃   수고스럽게 양의 위를 문지르지 말라

新笋   신순

儵儵江上林   모지라지고 찢긴 강 위에 숲이요
白日暗風雨   밝은 날에도 바람비에 어두워라
下有萬玉虯   아래에 일만 하얀 용이 있나니
三冬臥寒土   한겨울에 찬 땅에 누웠도다

紫蕈   자심

誰將紫芝苗   그 누가 붉은 지초 뿌리를 보내서
種此槎上土   이 비스듬히 자른 나무 위 흙에 심었나
便學商山翁   문득 어지러운 세상 피하여 상산에 숨은
                        늙은이를 배우노니
風餐謝肥羜   바람 먹으며 살찐 염소고기 사양하였네

子薑   자강

薑云能損心   생강이 마음을 손상한다고 하니
此謗誰與雪   이 비방 누구와 더불어 씻을까
請論去穢功   청하여 논하건대 악취를 제거한 공
神明看朝徹   신명도 꿰뚫어 보도다

茭筍   교순

寒茭翳秋塘   찬 마름이 가을 연못에 나부끼니
風葉自長短   바람에 잎이 스스로 길고 짧도다
刳心一飽餘   속을 쪼개어 한 번 배부른 뒤에
拜得牀敷軟   절하고 상을 얻어 부드럽게 펴도다

南芥   남개

黃龍記昔遊   황룡이 옛날에 놀았다고 기록했고
園客有佳遺   동산에 나그네 아리따이 남김 있네
不爲洛生吟   낙생을 위하여 노래하지 않아도
輟餐時擁鼻   반찬을 먹다 말고 때로 코를 움켜쥐네

蓴菜   한채

小草有貞性   작은 풀이 곧은 성질 있어
託根寒澗幽   뿌리를 찬 골짜기 으슥한 데 내리도다
懦夫曾一嗺   나약한 지아비 일찍 한 번 핥더니

感憤不能休　　　　　분이 넘쳐 그칠 수가 없네

木耳　　　　　　　목이

蔬腸久自安　　　　　나물 창자 오래 스스로 편했거니
異味非所詫　　　　　다른 맛을 자랑할 바 아니로다
樹耳黑垂聃　　　　　나무에 부드럽게 검게 늘어진 귓바퀴
登盤今亦乍　　　　　소반에 올리기 이제 또한 잠깐이리

蘿葍　　　　　　　나복

紛敷剪翠叢　　　　　어지럽게 퍼져서 푸른 떨기 잘라내고
津潤擢玉本　　　　　진액이 흘러 하얀 뿌리 뽑았네
寂寞病文園　　　　　고요함은 글 동산의 병이니
吟餘得深齗　　　　　읊조린 뒤에 깊이 씹어 보도다

芋魁　　　　　　　우괴

沃野無兇年　　　　　기름진 들판엔 흉년이 없나니
正得蹲鴟力　　　　　바로 걸터앉은 솔개 힘을 얻었도다
區種萬葉淸　　　　　구역에 심어 일만 잎이 푸르니
深煨奉朝食　　　　　깊이 불에 구워 아침밥을 드리네

筍脯　　　　　　순포

南山春筍多　　　남산에 봄 죽순 많으니
萬里行枯腊　　　만 리에 말린 포로 보내도다
不落盤餐中　　　소반의 반찬 속에 떨어지지 않아도
今知綠如簀　　　삿자리처럼 파란 것 이제 알겠네

豆腐　　　　　　두부

種豆豆苗稀　　　콩 심어 콩 싹이 듬성듬성
力竭心已腐　　　힘써서 가꾸니 마음 이미 썩었네
早知淮王術　　　일찍이 회남왕의 기술을 알았노니
安坐獲泉布　　　편안히 앉아서 돈을 벌도다

白蕈　　　　　　백심

聞說閬風苑　　　들건대 신선 사는 낭풍의 동산에
瓊田産玉芝　　　붉은 옥밭에 옥 지초 나온다네
不收雲表露　　　구름 밖으로 나온 것도 거두지 않거니
烹淪詎相宜　　　삶아 끓이는 것 어찌 서로 마땅하리

伏讀秀野劉丈閒居十五詠　　　복도수야유장한거15영

謹次高韻率易拜呈　　　근차고운솔이배정

伏乞痛加繩削是所願望　　　복걸통가승삭시소원망

秀野　　　수야

爲憐蘅芷滿芳洲　　　사랑스러운 곰치와 궁궁이가 꽃다운 섬에 가득하여

特地臨江賦遠遊　　　특별한 땅 강에 임하여 시 지으며 멀리 놀도다

十畝何妨自春色　　　10이랑의 땅에 스스로 봄빛 어찌 막으리

萬緣從此付東流　　　일만 인연 이로부터 동으로 흐르는 물에 부치네

靜看朝市眞兒戲　　　고요히 조정과 저자 보면 참으로 아이들 장난인데

須信田園是老謀　　　모름지기 전원을 믿어 이 늙은이처럼 살리

出處知公有餘裕　　　나아가고 물러옴 공을 알고부터 여유가 있고

未應辛苦謝靈丘　　　괴롭다고 이 신령스런 언덕 떠나서는 안 되지요

積芳圃　　　적방포

樂事從茲不易涯　　　즐거운 일 이로부터 끝이 없으니

朱門還似野人家　　　부귀한 집이 도리어 촌사람 집 같도다

行看靚艶須攜酒　　　다니면서 밝고 아리따운 구경할 제는 모름지기 술을 가지고

坐對清陰只煮茶　　앉아서 시원한 그늘 대함에 오직 차를
　　　　　　　　　끓이네
曉起蒼涼承墜露　　새벽에 일어나 푸른 하늘 시원하면 떨어
　　　　　　　　　진 이슬 맞고,
晚來光景亂蒸霞　　늦게 돌아올 제의 광경은 노을 속을 헤
　　　　　　　　　매네
平生結習今餘幾　　평생의 버릇이 이제 얼마 남았나
試數毗那襯上花　　시험 삼아 혁대 갈고리 옷깃 위에 꽃을
　　　　　　　　　세어 보도다

家山堂　　　　　　가산당

負米歸來手自舂　　꿔 온 쌀을 가지고 돌아와 손수 찧거늘
豈知門外有晴峯　　문밖에 맑은 봉우리 있는 것 어찌 알리
羨公竟日塵氛遠　　공을 흠모하니 하루 종일 먼지 기운 멀
　　　　　　　　　어지고
拄頰看山幽興濃　　손으로 뺨을 받치고 산을 보니 그윽한
　　　　　　　　　흥취 깊어라
心鏡懸知不同調　　거울처럼 맑고 밝은 마음 멀리 알아보아
　　　　　　　　　도 곡조 같지 않으니,
詩壇那敢少爭鋒　　시단에서 어찌 감히 민첩함을 다툼이 적
　　　　　　　　　으리
空餘遠嶽尋師意　　부질없이 먼 산악에서 스승 뜻을 찾노니
箇裏何妨爲指蹤　　그 속에서 종적 찾음을 어찌 막으리오

拙政堂　　　　　졸정당

驥足寧同曳尾龜　　천리마의 발이 어찌 꼬리 끄는 거북과 함께하며
青山終是費心期　　푸른 산을 마침내 마음 써서 기약하리오?
陶公歸去有餘樂　　도연명은 돌아와도 남은 즐거움이 있었고
潘令閒居不足追　　반악의 한가한 생활 족히 따르지 못해라
自笑十連非所慕　　스스로 웃음 지으며 10방으로 잇는 것 사모할 바 아니요
未應三徑苦無資　　서너 명의 친구도 만나지 못하니 밑천 없음 괴로워
明朝謾擁朱輪去　　내일 아침 느직이 호위하여 붉은 수레 타고 가면
猿鶴咨嗟政介爲　　원숭이와 학이 바로 그대 탄식하리

香界　　　　　향계

幽興年來莫與同　　그윽한 흥취를 연래로 함께 더불지 아니하니
滋蘭聊欲汎光風　　무성한 난초 애오라지 맑은 바람을 두루 하네
真成佛國香雲界　　참으로 부처의 나라 꽃 세계가 이루어졌느니
不數淮山桂樹叢　　회산의 계수나무 떨기 세지 않도다
花氣無邊薰欲醉　　꽃향기 끝없이 향기에 취하려 하는데
靈氛一點靜還通　　영묘한 기운 한 점이 고요한 데서 오히려 통하네

何須楚客紉秋佩　　어찌 반드시 굴원은 가을 난초 꿰어 찾나
坐臥經行住此中　　앉으나 누우나 거니나 이 가운데 사는 것을

春谷　　　　춘곡

武夷高處是蓬萊　　무이산 높은 곳이 이에 신선 사는 봉래
　　　　　　　　　산이라
采得靈根手自裁　　더덕을 캐어다가 손수 가꾸도다
地僻芳菲鎭長在　　땅이 외져 아름다운 꽃 항상 있는데
谷寒蜂蝶未全來　　골이 추워 벌 나비 온전히 오지 못하네
紅裳似欲留人醉　　붉은 치마는 사람 잡아당겨 취하고자 함
　　　　　　　　　같고
錦障何妨爲客開　　비단 휘장이야 손님 위하여 여는 것 어
　　　　　　　　　찌 막으리
飮罷醒心何處所　　술자리 파하여 정신 드니 어느 곳인고
遠山重疊翠成堆　　먼 산 겹겹이 파랗게 쌓여 있도다

舫齋　　　　방재

扁舟容與小房櫳　　조각배가 크기는 작은 방 난간 같은데
搖颺簾旌蜀錦紅　　나부끼는 발기는 서촉 붉은 비단이네
兩岸蒹葭秋色裏　　양쪽 언덕 갈대는 가을 빛깔 속이요
一川煙浪夕陽中　　한 내의 안개 노을은 저녁볕 가운데라
不愁瀲灧雙蓬鬢　　엽 예의 두 덥수룩한 머리 근심 마소
未怯江湖萬里風　　강 호수의 만 리 바람을 겁내지 않도다
築室水中聊介介　　물 가운데 집을 지어 놓고 애로라지 자
　　　　　　　　　연이거니

何須極浦望朱宮　　어찌 반드시 끝 포구에서 붉은 집을 쳐
　　　　　　　　　　다보리

藥圃　　　　　약포

種藥春畦有近功　　약초 심은 봄 이랑에 가까운 공부 있나니
不辭耘耔謾勞躬　　김매어 몸소 수고로움 사양하지 않도다
漸看杞菊充庖下　　잠시 구기자가 광에 가득함을 보고
即見芝英入籠中　　즉시 지초가 광주리 속에 드는 것 보도다
病去自知非往日　　병 없으면 스스로 지난날 잘못 알 것이요
身輕何必禦冷風　　몸 가벼우면 어찌 반드시 찬바람을 막으리
出門會有兒童笑　　문에 나가면 모여 있어 아이들과 웃노니
不是當年植杖翁　　그때에 지팡이 꽂아 놓고 김맨 늙은이
　　　　　　　　　　아니로세

山人方丈　　　산인방장

方丈翛然屋數椽　　주지 방은 훤히 집 몇 간인데
檻前流水自靑漣　　난간 앞에 흐르는 물 스스로 푸르게 흐
　　　　　　　　　　르네
蒲團竹几通宵坐　　부들방석 대나무 궤에 밤새 앉았노니
掃地焚香白晝眠　　땅 쓸고 향 피워 대낮에 졸도다
地窄不容揮塵客　　땅이 좁아 먼지 흘린 손 받지 않으니
室空那有散花天　　방이 비어 어찌 꽃 공양하는 날 있으리오
箇中有句無人薦　　그 가운데 귀신 있어도 드리는 사람 없으니
不是諸方五味禪　　여러 방면 다섯 등급의 중은 아니로세

龜峯樓　　　　구봉루

楊柳東邊桂樹西　　버들은 동쪽 가에 계수나무는 서쪽
小樓晴眺極菲微　　작은 누대 맑게 내려 보니 지극한 향기
　　　　　　　　은미해라

山川政尒供凝目　　뫼와 내가 바로 자연히 함께 눈에 엉기니
塵土何妨略振衣　　티끌 흙 옷 먼지 터는 것 어찌 막으리
俯瞰桑田悲物化　　뽕나무 밭 내려다보면 물질로 화한 것
　　　　　　　　슬퍼하고

閒披藥笈洞玄機　　한가로이 꽃떨기 잡고 현묘한 기를 살피
　　　　　　　　도다

卻疑欄外連穹石　　문득 난간 밖이 덮인 돌과 이어진 것 같
　　　　　　　　은데

似厭支牀去不歸　　버티는 상이 싫어한 듯하여 가서 돌아오
　　　　　　　　지 않네

月波臺　　　　월파대

潺潺流水注回塘　　졸졸 흐르는 물은 연못으로 들어가 도는데
中作平臺受晚凉　　가운데 평평한 누대 지어 늦서늘함 받도다
四面不通車馬跡　　4면에 마차의 자취 다니지 않고
一尊聊飮芰荷香　　한 병 술 마시노니 박하 향기로세
韓公無復吟花鳥　　한퇴지가 다시는 꽃과 새를 읊지 않은데
楚客何勞賦葯房　　굴원은 어찌 수고로이 구리때꽃술 노래했나
少待須臾更淸絶　　잠간 기다리노니 다시 맑고 아름다워라
月華零露洗匡牀　　달빛에 찬 이슬이 평상을 씻도다

挽蔬園　　　　　　　만소원

未覺閒來歲月頻　　　한가로이 세월 자주 바뀐 것 깨닫지 못
　　　　　　　　　　하노니
荷鋤方喜土膏勻　　　호미 메고 바야흐로 땅 기름진 것 기뻐
　　　　　　　　　　하네
連畦已放瑤簪露　　　이어진 밭이랑을 이미 헤치니 옥비녀 같
　　　　　　　　　　은 뿌리 드러나고
覆地行看玉本新　　　땅을 덮어 가면서 보니 하얀 뿌리 새로
　　　　　　　　　　워라
小摘登盤先餉客　　　작은 것 따서 소반에 올려 먼저 손님 대
　　　　　　　　　　접하고
晚炊當肉更宜人　　　느직이 삶은 살은 사람 먹기 좋아라
卻憐寂寞公儀子　　　문득 적막한 공의자를 불쌍히 여기고
拔盡園蔬不歎貧　　　동산의 채소 모두 뽑아 가난 탄식 않으리

秋香徑　　　　　　　추향경

門外黃塵沒九逵　　　문밖에 누런 먼지 아홉 거리 덮었는데
坊中叢桂長樛枝　　　울안에 계수나무 길게 늘어진 가지 있네
三秋冷蕊徒開落　　　한가을에 언 꽃술 부질없이 피었다 떨어
　　　　　　　　　　져도
終歲清陰不改移　　　해 다 가도록 서늘한 그늘 바꾸지 않도다
幽逕祇愁空翠滴　　　그윽한 뜰에 오직 근심은 부질없이 파란
　　　　　　　　　　물방울이고
濃香一任晚風吹　　　짙은 향기는 한결같이 늦은 바람에 맡기
　　　　　　　　　　도다

攀援卻恨王孫遠　　잡고 오르려니 문득 왕손 먼 것이 한이요
惆悵千林入秋時　　쓸쓸히 1,000 숲에 가을 드는 때로다

曲池軒　　곡지헌

去年種竹長新篁　　작년에 심은 대 길게 새 대가 자랐고
今歲穿渠過野塘　　올해에 뚫은 개울 연못으로 흐르네
自喜軒窓無俗韻　　집 창에 속된 운치 없는 것 홀로 기뻐하며
亦知草木有眞香　　또한 풀 나무에 참향기 있는 것 알았도다
林間急雨生秋思　　숲 사이에 쏟아진 비는 가을 생각나게 하고
水面微風度晩凉　　물 위에 잔바람에 저녁 서늘함 이르네
卻厭端居苦無事　　문득 평범한 생활 싫증나고, 일 없음이
　　　　　　　　　　괴로우면
凭欄閉理釣絲長　　난간에 기대어 숨을 죽이며 낚싯줄도 길
　　　　　　　　　　도다

前邨梅　　전촌매

玉立寒煙寂寞濱　　정결한 모양은 찬 노을에 쓸쓸한 물가요
仙姿瀟洒淨無塵　　깨끗한 자태는 산뜻하며 맑아 티끌 없도다
千林搖落今如許　　일천 숲에 나뭇잎 흔들려 다 떨어졌는데
一樹橫斜獨可人　　한 나무 가로 비껴 홀로 사람 좋아하네
眞與雪霜娛晩景　　참으로 눈서리와 더불어 늦경치 자랑하노니
任從桃李殿殘春　　복숭아 오얏이 남은 봄에 피는 것 내버
　　　　　　　　　　려 두도다
綠陰靑子明年事　　우거진 숲 푸름은 내년의 일인데
衆口驚嗟鼎味新　　뭇사람들 놀래 탄식하고, 맛이 새롭다고

하도다

和秀野韻二首   화수야운2수

聞道無餘事   도를 들어 남은 일이 없노니
翛然百慮空   어느덧 100생각 비었네
何心分彼我   무슨 마음으로 너와 나를 나누리
無地著窮通   궁하거나 통함을 나타낼 곳도 없도다
昨日靑衿子   어제의 젊은이
明朝白髮翁   내일 아침 흰머리 늙은이라
天機元自尒   하늘 기틀은 원래 자연이거니
不是故匆匆   자취에 바쁘지 아니하도다

其二   2

久矣安岑寂   오래도록 산봉우리 고요함에 편안하니
山棲恨不深   산에서 살며 산골 깊지 못한 것 한하네
謾將門自掩   자유로이 보내노니 문이 스스로 닫히거늘
那有客相尋   어찌 나그네 서로 찾음 있으리오
炙背迎朝景   등에 햇볕 쪼이며 아침 경치 맞이하고
加趺度夕陰   도사리고 앉아 저녁 그늘 이르도다
感君傳秀句   그대가 아름다운 시구 보내 준 것 감사
                     하여
把卷獨呻吟   책을 잡고 혼자 읊도다

次秀野暑中二首　　　차수야서중2수

劇暑悲難度　　아주 더운 여름 지나기 어려움 슬퍼하노니
清秋喜却回　　시원한 가을이 문득 돌아옴 기뻐라
病隨庚伏盡　　병은 3복을 따라 다하고
尊向晚凉開　　술병은 저녁 서늘함을 향해 열도다
臨水看雲去　　물에 임하여 구름 가는 것 보노니
鈎簾待月來　　발을 걷어 올리고 달이 뜨는 것 기다리
　　　　　　도다
勝遊驚昨夢　　아름다운 놀이가 지난밤의 꿈에 놀라
會上欝蕭臺　　깨어서 울소대에 오르도다

其二　　　　　2

絶境人難到　　멀리 떨어져 있는 곳은 사람 이르기 어
　　　　　　려우니
唯堪樂此身　　오직 이 몸을 즐기는 것으로 참는도다
泉吟青玉峽　　물 흐르는 소리는 푸른 옥 골짜기로
風度白綸巾　　풍채와 태도는 하얀 비단 두건이라
獨往寧無意　　혼자 가는 것이 어찌 생각 없으며
長閒未有因　　길이 한가로움 인연 있지 않네
雲山天賜履　　구름 산엔 하늘이 가죽신 내려 주거늘
吾道豈全貧　　우리 도가 어찌 아주 가난하리오

假山焚香作烟雲掬水　　가산분향작연운국수
为瀑布二首　　　　　위폭포2수

平地俄驚紫翠堆　　　평지에 잠간 놀라 보니 붉고 푸르게 쌓였는데

便應題作小飛來　　　머리에 응하여 문득 움직이니 조금 날아오도다

爐熏細度巖姿出　　　향로의 향기 가늘게 지나 산 모습이 나오고

綫溜遙分壁色開　　　실 가닥 증기가 아득히 나뉘어 벽 색깔이 열리도다

獨往但憑南郭几　　　혼자 가서 다만 남산 성곽을 기대고
遠遊休剪北山萊　　　멀리 거닐며 북산의 쑥을 자르도다
人言造化無私力　　　사람이 말하기를 자연변화에 사사로운 힘이 없다고 하지만

珍重仙翁挽得回　　　진중한 신선 늙은이는 잡아 돌리도다

其二　　　　　　　2

一簣工夫莫坐談　　　한 삼태기 공부로 앉아 이야기 말라
便教庭際湧千巖　　　문득 마당 끝 일천 바위에 물 넘치는 것 본받을지어다

眼中水石今成趣　　　눈에 보이는 물과 돌 이제 취미 되었나니
物外煙霞舊所耽　　　사물 밖의 안개 노을 옛날 즐기던 바이네
泉細寒聲生夜壑　　　샘물이 가늘게 흐르는 찬 소리 밤 골짜기에서 나고

香銷暝靄變晴嵐　　　향기 어린 검은 안개 맑은 바람소리에 바뀌도다

兒童也識幽棲地　　어린이도 그윽이 사는 땅 알아보고
共指南山更近南　　함께 남산 가리키며 다시 남산에 가까이
　　　　　　　　　　가도다

黃雀鮓　　　　황작자

黃雀飛鳴處　　참새가 날면서 우는 곳
交交異竊脂　　이리저리 날면서 콩새와 달리하도다
稻粱求易足　　벼나 조를 먹으면 찾기가 쉬울지나
羅網去何遲　　그물을 벗어나기 어찌 그리 더디리
味厚資偏嗜　　맛이 깊으면 너무 즐기는 바탕 되고
謀踈闕自爲　　꾀가 없으면 자기 할 것 빠트리네
韓彭尚葅醢　　한신과 팽월이 일찍이 간장에 절이었나니
幺麼介誠宜　　변변치 못해도 너의 성실에 맞도다

檳榔　　　　　빈랑

憶昔南遊日　　옛날 남쪽에서 놀던 날 생각하니
初嘗面發紅　　처음에는 얼굴에서 붉은 점이 솟았네
藥囊知有用　　약주머니 쓸데 있는 것 알았으나
茗盌詎能同　　차의 그릇이 어찌 능히 똑같으리
蠲疾收殊效　　병을 없앰에 특별한 효과 거두고
修眞錄異功　　진리를 닦음에 특이한 공 기록했네
三彭如不避　　세 벌레를 만약에 피하지 못하였다면
糜爛七非中　　하늘 가운데서 썩었을 것을

送吳茂實　　　　　　　　송오무실

朝市令人昏　　　　　조정과 저자는 사람을 어리석게 하고
山林使人傲　　　　　산 숲은 사람으로 하여금 오만하게 하도다
誰知昏傲兩俱非　　　어리석음과 오만함 둘 다 그른 줄 그 누
　　　　　　　　　　가 알리오
但說山林是高蹈　　　다만 산 숲에 사는 이가 높다고 하겠도다

寄題浏阳李氏遺经阁二首　　　기제유양이씨유경각2수

老翁無物與孫兒　　　늙은 노인이 손자 아이에게 줄 물건 없
　　　　　　　　　　어도
樓上牙籤滿架垂　　　누대 위에 상아서상대 책꽂이에 가득히
　　　　　　　　　　주렁주렁
更得南湖親囑付　　　다시 남호 서원에서 장경부에게 몸소 부
　　　　　　　　　　탁받았느니
歸來端的有餘師　　　돌아와 분명히 남은 스승 있도다

其二　　　　　　　　2

讀書不見行間墨　　　글 읽을 때 줄 사이에 점을 보지 아니하니
始識當年教外心　　　비로소 당시의 가르침 밖의 마음을 알겠
　　　　　　　　　　도다
箇是儂家真寶藏　　　그것을 우리 집에 참보배로 간직하노니
不應猶羨滿籯金　　　주머니 속에 가득한 돈 부럽지 않겠네

長溪林一鶚秀才有落髮　　　　장계림일악수재유낙발
之願示及諸賢詩卷因題　　　　지원시급제현시권인제
其後二首　　　　　　　　　　기후2수

聞說當機百念休　　　　들건대 마음속에 일백 생각 쉬고자 한다니
區區何更苦營求　　　　구구하게 어찌 다시 괴롭게 경영하여 찾
　　　　　　　　　　　으리
早知名教無窮樂　　　　유교의 끝없는 즐거움을 일찍 알면
陋巷簞瓢也自由　　　　누추한 집에 대바구니 밥과 바가지 물로
　　　　　　　　　　　도 자유로운 것을

其二　　　　　　　　2

貧里煩君特地過　　　　가난하고 번거로운 유별난 곳 지나가면
金襴誰與換魚蓑　　　　금빛 옷을 누가 어부의 도롱이와 바꾸리오
它年雲水經行遍　　　　다른 날 구름 물 다 지나다녀 보니
佛法元來本不多　　　　불법은 원래 뿌리가 많지 않도다

分水舗壁間讀趙仲縝　　　　분수포벽간독조중진
留題二十字戲續其後　　　　류제20자희속기후

水流無彼此　　　　물이 흐름은 저물 이물이 없나니
地勢有西東　　　　땅의 모양새에 동쪽 서쪽 있도다
若識分時異　　　　만약에 나누어지는 때가 다름을 안다면
方知合處同　　　　바야흐로 만나는 곳이 같음을 알겠지

次劉明遠宋子飛反招隱　　차유명원송자비반초혼
韻二首　　　　　　　　　운2수

先生留落歲時多　　　선생이 외떨어져 사는 세월 많은데
氣湧如山不易磨　　　기개가 산처럼 뻗쳐 쉽게 갈리지 않았네
却學幽人陶靖節　　　문득 그윽한 사람 도연명을 배우고
正緣三徑起絃歌　　　바로 두서너 친구와 인연 맺어 가야금
　　　　　　　　　　노래하도다

其二　　　　　　　　2

榮醜窮通秖偶然　　　영광 추악 궁하고 통한 것 다만 우연이
　　　　　　　　　　거니
未妨閒共聳吟肩　　　한가로이 함께 귀 기울여 읊조리는 것
　　　　　　　　　　막지 않도다
君能觸處眞齊物　　　그대는 능히 보는 것마다 참으로 똑같이
　　　　　　　　　　여기나
我亦平生不怨天　　　나도 평생에 하늘 원망 아니했네

次季通韻贈范康侯　　　**차계통운증범강후**

朝霜逼凋梅　　　아침 서리는 시든 매화 괴롭히고
夕露忽團菊　　　저녁 이슬은 묶음 국화 없이 여기네
百年風雨過　　　100년의 바람비가 지나갔노니
宜笑不宜哭　　　마땅히 웃어야지 우는 것 옳지 않도다
口川失自防　　　입방아에 자기 막는 것 잃었고
心兵幾回觸　　　마음 칼은 몇 번이나 찔렀나
年來身老大　　　이제 몸이 늙어 가노니

甘此跨下辱　　　　다리 아래로 기어가는 욕을 달게 받도다
永謝五鼎烹　　　　다섯 솥에 삶은 고기 길이 사양하고
聊寄一瓢足　　　　애오라지 한 바가지 물에 족히 의지하도다
雖慙龍蟠泥　　　　용이 진흙탕에 서리고 있는 것 비록 부
　　　　　　　　　끄러우나

肯羨鸎出谷　　　　앵무새가 골짜기를 나가는 것 부러워하리
適意超混茫　　　　어지러운 세상 벗어나는 것 마음에 들고
放情遺結束　　　　버려진 것 묶는 것 기분 좋아라
俯仰天壤間　　　　하늘과 땅 사이에 오르내리며
靜勝惟我獨　　　　고요함 속에 아리따움 오직 나 혼자
蒼蒼有心栢　　　　푸르고 푸른 마음 절개 있고
落落無瑕玉　　　　번쩍번쩍한 붉은 옥은 없도다
年紀尚無聞　　　　나이를 아직 듣지 못했으나
頭顱豈須卜　　　　머리칼로 어찌 반드시 점치리오

同張明府登凌雲亭懷　　동장명부등능운정회
韓無咎　　　　　　　한무구

日夕和風至　　　　해 저녁에 화기로운 바람 이르니
西山淡無姿　　　　서쪽 산이 담박하여 자태 없도다
危亭極遠眺　　　　높은 정자에서 멀리 끝을 내려 보노니
勝處良在玆　　　　아름다운 곳은 참으로 여기에 있도다
憶昔韓令尹　　　　옛날 한영윤을 생각하건대
靑雲乃心期　　　　큰 뜻을 이에 마음속에 기약했네
羇靮不得聘　　　　말고삐가 모시로 오지 않은지라
發此胷中奇　　　　가슴 속의 기묘함을 이에 드러냈도다
前瞻千仞岡　　　　앞을 보니 1,000길 산줄기요

俯視萬頃陂　　　　내려다보니 만 이랑의 들판이라
神襟一以曠　　　　신묘한 금도 한번 넓은데
我志浩渺瀰　　　　나의 뜻도 넓고 아득하여
飛車越滄浪　　　　나는 차로 창랑을 넘어가서
天風振裳衣　　　　하늘 바람에 옷을 털고
懷哉此焉薄　　　　생각하니 이에 어찌 기박한지
問訊無邊辭　　　　끝없는 말로 물어볼까
今公豈不佳　　　　지금의 그대도 어찌 아리땁지 않으리
宮商似前徽　　　　궁상의 가락이 앞에 나부끼는 것 같도다
相攜岸晚幘　　　　서로 손잡고 언덕에서 늦게 머리 가다듬
　　　　　　　　　으며
共此長相思　　　　함께 이에 길이 생각하도다

送張彦輔赴闕　　　송장언보부궐

執手何草草　　　　손을 붙잡고 어찌하여 근심도 많은가
送君千里道　　　　그대를 1,000리길에 보내도다
君行入修門　　　　그대가 가면 대궐문에 들어
披膽謁至尊　　　　간담을 헤치고 임금을 뵈이리
問君此去談何事　　묻건대 그대는 이번에 가서 무슨 말 하려나
袖有諫書三萬字　　소매 속에 간하는 글 삼만 자 있도다
明堂封禪不要論　　천자가 산천 하늘땅에 제사하는 것 중요
　　　　　　　　　한 이야기 아니요
智名勇功非所敦　　지혜로운 이름, 날랜 공도 두터운 바 아
　　　　　　　　　니로세
願言中興聖天子　　원컨대 성스러운 천자를 중흥하도록
修政攘夷從此始　　정치 닦고, 오랑캐 물리침 이로부터 시
　　　　　　　　　작하게

深仁大義天與通　깊은 사랑, 큰 정의 하늘과 통하거니
農桑萬里長春風　곡식 심은 논 뽕나무 밭 10,000리에 봄
바람 길이 하리
朝綱淸夷軍律擧　조정의 기강이 맑고 화하면 군율도 세워서
邊屯不驚臥哮虎　국경의 수비대 놀라지 않고, 울부짖는
호랑이 잠재워
一朝決策向中原　하루아침 방책을 결단하여 중원으로 향
해 갈제
著鞭寧許他人先　채찍 들고 달림을 어찌 남에게 뒤지리오

感懷　　感懷　감회

經濟夙所尙　세상을 경영하고 백성을 구제함 일찍이
숭상한 바요
隱淪非所期　숨어서 이지러지는 것 기약한 바 아니로세
幾年霜露感　몇 해나 서리 이슬에 감상하였나
白髮忽已垂　흰머리가 홀연히 이미 늘어졌도다
鑿井北山阯　우물은 북쪽 산 아래에 파고
耕田南澗湄　밭을 남쪽 골짜기 가에서 갈도다
乾坤極浩蕩　하늘과 땅이 지극히 넓고 활달하거니
歲晚將何之　늦은 나이에 장차 어디로 가리오

墨莊　　墨莊　묵장

诗书啓山林　시경과 서경을 산 숲에 열어 놓고
德義久儲積　덕과 의리를 오래 모아 쌓도다
嗣世知有人　세대를 이어 알아줄 사람 있으리니

新畲更开闢　　　새로 밭을 다시 일구도다

玩易齋　　　완역재

竹几横陈处　　　산가지와 책상을 옆으로 진열한 곳
韦编半掩时　　　주역 책을 반쯤 덮은 때로다
寥寥三古意　　　고요히 3대의 옛 생각을
此地有深期　　　이곳에서 깊이 기약함 있도다

君子亭　　　군자정

倚杖臨寒水　　　지팡이에 기대어 찬물에 임하고
披襟立晚风　　　옷깃을 열어 저녁 바람에 섰도다
相逢数君子　　　서로 만난 몇몇 군자
为我说濂翁　　　나를 위하여 주염계를 이야기해다오

齋居感兴二十首　　　재거감흥20수

混淪大無外　　　우주는 기운 덩어리가 커서 밖이 없는데
磅礴下深廣　　　땅은 가득히 우둘투둘 아래가 깊고 넓어라
陰陽無停機　　　음과 양의 바뀜은 그치는 기계가 없나니
寒暑互來往　　　차고 더움이 서로 왔다 갔다 하도다
皇犧古聖神　　　복희 황제 옛 성인이
妙契一俯仰　　　신묘하게 합쳐서 한 번 오르내리도다
不待窺馬圖　　　황하에서 나온 말 그림을 보지 않아도
人文已宣朗　　　사람의 문명 이미 밝게 드날렸네

渾然一理貫　　　혼연하게 하나의 이치로 꿰뚫었나니
昭晰非象罔　　　뚜렷하여 모습 없는 게 아니로세
珍重無極翁　　　진귀하고 소중한 주염계 늙은이가
為我重指掌　　　나를 위하여 거듭 손바닥에 가르쳐 주도다

其二　　　　　　2

吾觀陰陽化　　　내가 음과 양의 변화를 보니
升降八紘中　　　우주 속을 오르락내리락하도다
前瞻既無始　　　앞을 바라보니 이미 시작이 없었느니
後際那有終　　　뒤끝에 어찌 마침이 있으리
至理諒斯存　　　지극한 이치 참으로 여기에 있어서
萬世與今同　　　억만 년이 오늘과 똑같아라
誰言渾沌死　　　부질없이 죽는다고 그 누가 말하나
幻語驚盲聾　　　요술 부리는 말에 장님 귀머거리들 놀라
　　　　　　　　도다

其三　　　　　　3

人心妙不測　　　사람의 마음은 신묘하여 헤아리지 못하
　　　　　　　　나니
出入乘氣機　　　나가고 들어옴에 기분 기틀을 타도다
凝冰亦焦火　　　싸늘하게 얼었다가 또한 흥분하여 활활
　　　　　　　　타고
淵淪復天飛　　　눈물에 젖었다가 다시 신바람 나서 하늘
　　　　　　　　에 날도다
至人秉元化　　　지극한 사람은 근본 조화를 붙잡아
動靜體無違　　　움직이고 고요함에 주체를 어기지 않도다
珠藏澤自媚　　　구슬이 묻혀 있으면 연못 자연 아름답고

玉潤山含輝　　　옥이 윤기 나면 산이 광채 머금나니
神光燭九垓　　　정신의 빛은 땅속도 비추고
玄思徹萬微　　　깊은 생각은 일만 은미한 것 꿰뚫네
塵編今寥落　　　먼지 앉은 경서가 이제 쓸쓸히 떨어지니
歎息將安歸　　　탄식건대 장차 어디로 가려나

其四　　　　　　4

靜觀靈臺妙　　　마음의 신묘함을 고요히 살피니
萬化從此出　　　일만 변화가 이를 좇아 나오도다
云胡自蕪穢　　　어찌하여 스스로 거칠게 더럽혀서
反受衆形役　　　도리어 뭇 사물의 부림을 당하는고
厚味紛朶頤　　　두터운 맛은 아래턱을 괴롭히고
妍姿坐傾國　　　아름다운 자태는 앉아서 나라 뒤엎네
崩奔不自悟　　　무너져 급해도 스스로 깨닫지 못하여
馳騖靡終畢　　　부산하게 돌아다님 끝이 없도다
君看穆天子　　　그대는 주나라 목천자를 보게나
萬里窮轍跡　　　만 리에 바퀴 자취 다하였나니
不有祈招詩　　　돌아오라는 시가 있지 않았던들
徐方御宸極　　　서나라에서 새로 천자 세웠으리

其五　　　　　　5

涇舟膠楚澤　　　경수의 배를 초나라 연못에서 아교로 붙
　　　　　　　　이니
周綱已陵夷　　　주나라 기강이 이미 이지러졌도다
況復王風降　　　하물며 또다시 임금의 덕풍이 떨어지니
故客黍離離　　　옛 궁궐에 기장만 우거지도다
玄聖作春秋　　　깊은 성인 공자가 춘추를 지어

哀傷實在玆	슬퍼하고 아파함이 실로 여기에 있었도다
祥麟一以踣	상서로운 기린이 한 발 쓰러질 제
反袂空漣洏	소매를 가리고 부질없이 눈물만 흘렸네
漂淪又百年	물거품처럼 또다시 100년이 흐르니
僭侯荷爵珪	참람한 제후들이 천자로 행세하도다
王章久已喪	왕도의 문장이 이미 잃어버린 지 오래되었는데
何復嗟歎為	어찌 다시 탄식인들 하리오
馬公述孔業	사마천이 공자의 사업을 기술할 제
託始有餘悲	시작부터 남은 슬픔 있었네
拳拳信忠厚	꼭 쥐어 간직함은 참으로 진실하고 후함이니
無乃迷先機	앞 기틀 잘못 감이 없게 하소

其六   6

東京失其御	동경의 한나라 왕실이 거느릴 능력 잃으니
刑宮弄天綱	내시들이 천자의 기강을 농락했네
西園植姦穢	서쪽 동산에 간사하고 더러운 무리 심었으나
五族沈忠良	다섯 씨족은 매우 충성되고 어질었도다
青青千里草	야망에 찬 동탁이
乘時起陸梁	때를 타고 기어 올라와 날뛰더니
當塗轉凶悖	일에 당하여 도리어 흉악하게 어그러져
炎精邃無光	태양도 드디어 빛이 없어졌도다
桓桓左將軍	굳세고 날랜 좌장군이
仗鉞西南疆	도끼를 짚고 서남지방을 경영하니
伏龍一奮躍	제갈량이 한 번 일어나 뛰고
鳳雛亦飛翔	봉추도 또한 함께 날았도다

祀漢配彼天　　　한나라를 제사함에 저 하늘을 짝하려고
出師驚四方　　　군대를 출동하니 4방이 놀랐네
天意竟莫回　　　하늘 뜻을 마침내 돌리지 못하니
王圖不偏昌　　　왕의 계획이 한쪽에서 번창하지 못하도다
晋史自帝魏　　　진나라 역사를 위나라로부터 이으니
後賢盍更張　　　뒤에 어진 이가 어찌 정통을 고치지 않
　　　　　　　　았는가?
世無魯連子　　　세상에 정의로운 노중련이 없으니
千載徒悲傷　　　천 년 동안 부질없이 슬퍼만 하도다

其七　　　7

晋陽啓唐祚　　　진양 땅의 벼슬아치로 당나라 왕조를 열
　　　　　　　　었으니
王明紹巢封　　　임금 명은 당태종이 소자왕의 부인을 얻
　　　　　　　　어 낳았도다
垂統已如此　　　전통의 흐름이 벌써 이와 같으니
繼體宜昏風　　　왕위를 이음에 혼탁한 풍기 당연해라
麀聚瀆天倫　　　암사슴이 모이면 천륜을 더럽히고
牝晨司禍凶　　　암탉이 새벽에 울면 재앙을 맡아 놓은 것
乾綱一以墜　　　하늘의 기강이 한 번 떨어지니
天樞遂崇崇　　　하늘 축이 드디어 높아져버렸네
淫毒穢宸極　　　음란한 해독이 임금 자리 더럽히니
虐焰燔蒼穹　　　잔악한 불길 푸른 하늘 태우도다
向非狄張徒　　　지난번에 적인걸과 장구령의 무리가 없
　　　　　　　　었던들
誰辦取日功　　　그 누가 임금 자리 차지한 공 분별하리
云何歐陽子　　　어찌하여 구양수는
秉筆未至公　　　붓을 잡음이 지극히 공변되지 못하여

唐經亂周紀	당나라 역사에 주나라 연표로 어지럽혔나
凡例孰此容	실증주의 사관의 범례를 누가 이에 용납하리오
侃侃范太史	굳세고 곧은 범태사가
受說伊川翁	역사의 사관을 이천 선생에게서 받으니
春秋二三策	춘추의 두서너 장이
萬古開群蒙	만고에 뭇 어리석은 이 깨우치도다

其八　　8

朱光徧炎宇	붉은 빛이 더운 우주에 가득할 때
微陰眇重淵	미미한 찬 기운 깊은 연못에 일고
寒威閉九野	찬 기운이 떨쳐 온 들판 얼릴 제
陽德昭窮泉	따뜻한 마음이 깊은 샘에 드러나네
文明昧謹獨	화려하고 밝은 세상은 양심 지키는 데 어둡고
昏迷有開元	혼탁하고 어지러운 가운데 새 세상이 열리도다
幾微諒難忽	기미는 진실로 소홀히 하기 어려우니
善端本綿綿	착한 실마리는 본래 실낱같은 것
掩身事齋戒	몸을 감추고 가지런히 경계를 일삼아
及此防未然	이 때에 미치어 미연에 방지하라
閉關息商旅	동짓날에는 관문 닫고 장사나 나그네 그치나니
絶彼柔道牽	저 나약한 도에 끌려가지 말라

其九　　9

| 微月墮西嶺 | 희미한 달이 서쪽 산모롱이로 떨어지니 |

爛然衆星光　　　　찬란하게 뭇별이 빛나도다
明河斜未落　　　　밝은 은하수는 기울어져도 떨어지지 않고
斗柄低復昂　　　　북두7성은 내려왔다가 다시 올라가네
感此南北極　　　　이 남극과 북극을 느끼노니
樞軸遙相望　　　　가운데 축이 멀리 서로 바라보도다
太一有常居　　　　북극성은 항상 제자리에 있어
仰瞻獨煌煌　　　　우러러보니 홀로 번쩍이면서
中天照四國　　　　가운데 하늘에서 4방을 비추는데
三辰環侍旁　　　　세 별이 둘러 옆에서 모시도다
人心要如此　　　　사람의 마음도 이와 같이 요약하여
寂感無邊方　　　　고요하였다가 느낌에 치우침이 없어야지

其十　　　　　　　10

放勳始欽明　　　　요임금이 처음으로 공경을 밝히어
南面亦恭己　　　　용상 위에 남쪽으로 향하여 공손히 앉아
　　　　　　　　　있을 뿐이었네
大哉精一傳　　　　위대하여라 정밀하게 살피고 한결같이
　　　　　　　　　지키는 마음 간직하는 법의 전해 줌이여
萬世立人紀　　　　만세에 사람의 기강을 세웠도다
猗歟歎日躋　　　　아름다워라 날로 올라감을 탄복함이여
穆穆歌敬止　　　　그윽하고 그윽이 공경에 그침을 노래하네
戒獒光武烈　　　　개 선물을 경계하여 무왕을 빛내고
待旦起周禮　　　　아침을 앉아서 기다려 주공이 주나라 예
　　　　　　　　　법 일으켰도다
恭惟千載心　　　　공경히 생각한 1,000년의 마음
秋月照寒水　　　　가을 달이 찬물에 비치노니
魯叟何嘗師　　　　노나라 늙은이 공자는 어찌 일찍 스승
　　　　　　　　　있었으리

删述存聖軌　　　　6경을 잘라내고 편집하여 성인의 법도
　　　　　　　　　간직하였네

其十一　　　　　　11

吾聞包犧氏　　　　나는 포희씨에게 들었노니
爰初闢乾坤　　　　태초에 우주의 진리를 개발할 제
乾行配天德　　　　건도의 운행은 하늘의 덕을 짝하고
坤布協地文　　　　곤도의 펼침은 땅의 무늬를 따랐도다
仰觀玄渾周　　　　우러러보니 우주는 두루 돌아가는데
一息萬里奔　　　　한 순간에 10,000리를 달려가네
俯察方儀靜　　　　내려다보며 살피노니 땅은 고요한데
隤然千古存　　　　자연 그대로 억만 년을 있어라
悟彼立象意　　　　저 자연현상을 밝힌 뜻을 깨달으니
契此入德門　　　　이에 덕으로 들어가는 문과 합치도다
勤行當不息　　　　부지런히 실천하여 마땅히 쉬지 않고
敬守思彌敦　　　　경건히 지키면 생각 더욱 돈독하리라

其十二　　　　　　12

大易圖象隱　　　　위대한 주역의 진리가 그림 모습에 숨어
　　　　　　　　　버리고
詩書簡編訛　　　　시경과 서전은 책갈피가 그릇 전하네
禮樂矧交喪　　　　예법과 음악이야 하물며 교대로 잃어버
　　　　　　　　　리니
春秋魚魯多　　　　춘추는 잘못된 글자가 많도다
瑤琴空寶匣　　　　아름다운 가야금 부질없이 보배상자에 있
　　　　　　　　　으나
絃絕將如何　　　　줄이 끊어졌으니 장차 어찌하리

興言理餘韻　　　신나는 말에 남은 운치 다듬으려니
龍門有遺歌　　　정이천 선생이 남긴 노래 있도다

其十三　　　　　13

顔生躬四勿　　　안연은 몸소 예가 아니면 보지도 듣지도
　　　　　　　　말하지도 움직이지도 아니하였고
曾子日三省　　　증자는 날마다 진실함과 믿음과 부지런
　　　　　　　　함을 반성하였네
中庸首謹獨　　　중용은 머리에서 마음속의 움직임을 삼
　　　　　　　　가라 하였고
衣錦思尚絅　　　비단옷 입고도 쓰개옷 걸칠 것 생각하였
　　　　　　　　도다
偉哉鄒孟氏　　　위대하여라 추나라 맹자는
雄辨極馳騁　　　웅변이 지극히 날카로운데
操存一言要　　　마음은 간직하여야만 보존된다는 한마디
　　　　　　　　요체
爲爾挈裘領　　　그대를 위하여 요령을 밝혔도다
丹靑著明法　　　아름답게 색칠하여 밝은 법 드러내니
今古垂煥炳　　　예로부터 이제까지 불꽃처럼 드리웠는데
何事千載餘　　　어떤 일로 1,000년 이상을
無人踐斯境　　　이러한 경지 밟은 사람이 없는가?

其十四　　　　　14

元亨播群品　　　봄, 여름의 생기는 온갖 사물 옮겨 심고
利貞固靈根　　　가을, 겨울의 살기는 마음 뿌리 굳어져라
非誠諒無有　　　정성이 아니면 참으로 있는 것 없나니
五性實斯存　　　인의예지신의 본성도 실로 여기에 있도다

世人逞私見　　　　　세상 사람은 사사로운 견해 드러내
鑿智道彌昏　　　　　지혜를 뚫어낼 제 도에는 더욱 어두워졌
　　　　　　　　　　노니
豈若林居子　　　　　어찌 숲 속에 사는 사람처럼
幽探萬化原　　　　　그윽이 일만 조화의 근원을 더듬으리오

其十五　　　　　　　15

飄飄學仙侶　　　　　이리저리 떠돌며 신선 공부나 할까?
遺世在雲山　　　　　세상을 버리고 구름 산에 살도다
盜啓元命秘　　　　　생명의 비밀을 훔쳐다 열어 보고
竊當生死關　　　　　죽고 사는 관문을 가만히 가 보도다
金鼎蟠龍虎　　　　　쇠솥에는 용과 범이 도사렸는데
三年養神丹　　　　　3년 만에 신선되는 약 만든다네
刀圭一入口　　　　　약 숟가락으로 한 번 떠 입에 넣으면
白日生羽翰　　　　　대낮에 날개가 생겨 신선 되어 올라간다네
我欲往從之　　　　　나도 가서 따르고 싶 거늘
脫屣諒非難　　　　　신발 벗고 달려가기 어렵지 않지만
但恐逆天道　　　　　오직 하늘의 도를 거스를까 두렵노니
偸生詎能安　　　　　생명을 훔쳐 사는 것 어찌 능히 편안하
　　　　　　　　　　리오

其十六　　　　　　　16

西方論緣業　　　　　서방의 인연과 업보를 논하는 불교
卑卑喻群愚　　　　　얄팍하게 뭇 어리석은 이 꾀이도다
流傳世代久　　　　　흘러 전파된 세대가 길어지니
梯接淩空虛　　　　　사다리를 허공에다 대고 기어오르네
顧瞻指心性　　　　　마음과 본성 가리키는 것 들여다보니

名言超有無　　　이치가 있는 말은 있고 없는 것 초월함이네

捷徑一以開　　　지름길이 한 번 열리고 나니

靡然世爭趨　　　어지러이 쏠리어 세상사람 다투어 쫓아가도다

號空不踐實　　　없는 것을 외치며 진실을 실천하지 않으니

躓彼榛棘途　　　저 우거진 가시밭길에 쓰러지도다

誰哉繼三聖　　　누가 요·순·우 3성인의 뜻을 이어

為我焚其書　　　우리를 위하여 그 책을 태워 버릴꼬?

其十七　　　17

聖人司教化　　　성인은 교육과 덕화를 맡아

黌序育群材　　　학교에서 여러 인재 기르도다

因心有明訓　　　마음을 인연하여 밝은 가르침 있나니

善端得深培　　　착한 실마리가 깊이 북돋아지도다

天叙既昭陳　　　자연의 질서가 이미 밝게 베풀어지니

人文亦褰開　　　인류의 문화도 또한 걷어 열리도다

云何百代下　　　어찌하여 3,000천 년 뒤에

學絶教養乖　　　학문이 끊어지고 가르쳐 기름 어그러졌나

群居競葩藻　　　떼 지어 모여 시구를 다투고

爭先冠倫魁　　　앞을 다투어 장원만 노리도다

淳風久淪喪　　　3년복 입던 순박한 풍속이 오래전에 없어지니

擾擾胡為哉　　　시끄럽고 어지러움 어찌하리오!

其十八　　　18

童蒙貴養正　　　어린이는 바르게 자라는 것이 귀중하니

遜弟乃其方　　　　　공손함이 이에 그 방법이네

雞鳴咸盥櫛　　　　　새벽닭이 울면 다 같이 세수하고 머리 빗고

問訊謹暄涼　　　　　어른 방에 가서 삼가 따뜻하고 서늘함 물어야지

奉水勤播灑　　　　　세숫물을 바치고 부지런히 물 뿌리며

擁篲周室堂　　　　　비를 들고 두루 방과 마루 쓸어야지

進趨極虔恭　　　　　일하러 갈 때에는 지극히 경건하고 공손하며

退息常端莊　　　　　물러와 쉴 때에도 항상 단정하고 장중하도다

劬書劇嗜炙　　　　　글씨를 쓸 때는 불고기보다도 즐겁고

見惡逾探湯　　　　　사나운 것 보면 끓는 물에 손대듯 도망쳐야지

庸言戒譸誕　　　　　떳떳한 말도 거칠게 속임 경계하고

時行必安詳　　　　　때맞추어 다님에 반드시 안전하고 자상하게

聖途雖云遠　　　　　성인의 길이 비록 멀다고 말하지만

發軔且勿忙　　　　　차가 떠날 때 또한 바쁘게 말아야지

十五志于學　　　　　열다섯 살에 학문에 뜻 두어

及時起高翔　　　　　때가 되면 일어나 높이 날도다

其十九　　　　　19

哀哉牛山木　　　　　슬프도다! 우산의 나무여

斧斤日相尋　　　　　도끼와 짝귀가 날로 찾아와 찍도다

豈無萌薛在　　　　　어찌 싹이 나옴 없으리오만

牛羊復來侵　　　　　소와 양이 다시 와서 뜯어 먹네

恭惟皇上帝　　　　　공경히 생각노니 하늘의 상제님이

降此仁義心 　　이 세상 사람에게 인의의 마음 내려 주었네

物欲互攻奪 　　물욕에 빠져 서로 치고 빼앗으니
孤根孰能任 　　외로운 양심 누가 능히 지키리
反躬艮其背 　　자기 몸에 돌이켜 제자리에 간직하면
肅容正冠襟 　　엄숙한 용모 모자와 옷깃 바로잡으리
保養方自此 　　본심을 간직하여 기름 이로부터 시작하면
何年秀穹林 　　어느 때에는 하늘에 찌른 나무로 자라리라

其二十　　20

玄天幽且默 　　새까만 하늘은 그윽하고도 말이 없으니
仲尼欲無言 　　공자는 말이 없고자 하였네
動植各生遂 　　동물과 식물 각각 생명 이루고
德容自淸溫 　　덕성스런 용모는 스스로 맑고 따뜻해라
彼哉夸毗子 　　저기 비굴하게 굽실거리는 사람들
呫囁徒啾喧 　　속삭이며 부질없이 두런거리며 떠들도다
但逞言辭好 　　다만 문장 좋은 것만 좋아하니
豈知神鑑昏 　　어찌 신묘한 거울 흐려진 줄을 알리오
曰余昧前訓 　　나 보고 이전 가르침에 어둡다고 말하고
坐此枝葉繁 　　여기 가지와 잎이 번성한 곳에 앉는도다
發憤永刊落 　　힘써서 길이 잘라내면
奇功收一原 　　기묘한 공을 한 뿌리에서 거두리라

卜居　　복거

卜居屛山下 　　병산 아래에 터 잡고 살았노니
俯仰三十秋 　　오르락내리락 30년이 되었네

終然村墟近　　　　끝끝내 마을이 너무 가까워서
未愜心期幽　　　　뜻에 맞지 아니하여 마음 그윽할 데 찾
　　　　　　　　　았더니

近聞西山西　　　　요사이 듣자니 서산의 서쪽에
深谷開平疇　　　　깊은 골짜기 속 평평한 들이 있는데
茆茨十數家　　　　띠풀집 여남은 집 산다고 하네
淸川可行舟　　　　맑은 냇물은 배가 다닐 만하고
風俗頗淳朴　　　　풍속은 자못 순박한데다
曠土非難求　　　　넓은 땅을 구하기 어렵지 않다네
誓捐三徑資　　　　맹세하여 집을 판 돈을 가지고
往遂一壑謀　　　　가서 한 골짜기를 사서 일 시작하도다
伐木南山巓　　　　남산 마루에서 나무를 베어다가
結廬北山頭　　　　북산 머리에 초가집을 짓도다
耕田東溪岸　　　　동쪽 시냇가에서 밭을 갈고
濯足西溪流　　　　서쪽 시내 흐르는 물에 발 씻도다
朋來卽共懽　　　　벗이 오면 곧 함께 즐기며 놀고
客去成孤遊　　　　손이 가면 마침내 외로이 노네
靜有山水樂　　　　고요하니 산수의 즐거움 있고
而無身世憂　　　　몸과 세상의 근심 전혀 없어라
著書俟來哲　　　　글을 지어 후세의 철인 기다리고
補過希前修　　　　허물을 고치어 옛 선배 바라보네
茲焉畢暮景　　　　이로써 저녁 경치 마치리니
何必營菟裘　　　　어찌 반드시 은거지를 경영하리오

石子重兄示詩留別　　석자중형시시유별
次韻爲謝三首　　　　차운위사3수

此道知君著意深　　이번 길에 그대가 생각 깊은 것 알았노니
不嫌枯淡苦難禁　　청렴결백함을 금지시키지 못함을 혐의하
　　　　　　　　　지 말라
更須涵養鑽硏力　　다시 모름지기 연구하는 힘을 길러
强矯無忘此日心　　힘써 이날의 마음 잊지 마소서

其二　　　　　　　2

克己工夫日用間　　사욕을 이기는 공부는 일상생활 속인데
知君此意久睎顔　　그대가 이 뜻으로 오래 안연 사모한 것
　　　　　　　　　알았도다
摛文妄意輸朋益　　문장을 써서 벗에게 보내 도우려는 망령
　　　　　　　　　된 생각
何似書紳有訂頑　　허리띠에 쓴 서명 있음과 어찌 같으리오

其三　　　　　　　3

喜見薰成百里春　　기쁘게 향기로운 100리의 봄을 보고
更慙謙誨極諄諄　　다시 겸손한 가르침 지극히 성실하고 삼
　　　　　　　　　감 부끄러워라
願言勉盡精微蘊　　원컨대 힘써 정밀한 이치 다하여
風俗期君使再醇　　풍속이 그대로 하여금 다시 순박해지기
　　　　　　　　　를 기대하네

鵝湖寺和陸子壽　　　아호사화육자수

德義風流夙所欽　　덕성 의리와 풍류를 일찍 사모한바
別離三載更關心　　헤어진 지 3년에 다시 생각하도다
偶扶藜杖出寒谷　　우연히 지팡이 짚고 찬 골을 나와서
又枉籃輿度遠岑　　또다시 수레가 잘못하여 먼 산에 이르렀네
舊學商量加邃密　　옛날 배운 것 생각하면 더욱 치밀해지고
新知培養轉深沈　　새로 아는 지식 북돋우면 더욱 깊어진다네
却愁說到無言處　　문득 이야기가 말할 수 없는데 이름을
　　　　　　　　　근심하나니
不信人間有古今　　믿지 않은 사람은 예로부터 있었도다

奉答景仁老兄贈別之句　　　봉답경인노형증별지구

古人一去心不傳　　옛사람이 한 번 떠나가고 마음 전해 오
　　　　　　　　　지 않으니
擧世誰復知其天　　온 세상에 누가 다시 그 하늘을 알리오
奔趨嗜欲名利境　　즐겨 욕심내어 명예와 이익의 경계로 달
　　　　　　　　　려가는데
浩蕩勢若飄風旋　　호탕한 형세가 마치 나부끼는 회오리바
　　　　　　　　　람 같아라
嗟予慨此其已久　　안타깝게 내가 이를 개탄한 지 이미 오
　　　　　　　　　랜데
矧復痼疾霾雲煙　　하물며 또다시 짙은 구름안개 좋아하는
　　　　　　　　　병 들어
禪關夜扣手剝啄　　선방을 밤에 찾아 손으로 문 두드리고
丹經晝誦心精專　　신선책을 낮에 읽어 마음 정밀하고 한결

같아

十年齊楚得失裏　　10년을 제나라 땅 초나라 땅 헤매노니 얻고 잃은 가운데요

醉醒夢覺今超然　　취하고 정신 차리고 꿈꾸고 깨는 것 이제 초월하였네

迷心昧性哂竺學　　마음을 잃고 본성에 어두운 불교를 비웃고

貪生惜死悲方仙　　생명을 탐내고 죽음을 안타까워하는 도교를 슬퍼하네

如何懶惰行不力　　어찌하여 게을러 행실 힘쓰지 않는가?

日月逝矣羲和鞭　　해와 달이 가는 것은 희씨와 화씨의 채찍이요

秖今已　遠玄象　　현재가 끝나는 것은 멀고 깊은 현상인데

羨子正似方來川　　부러워하는 것은 바로 흘러오는 시냇물 같나니

何憂功名與事業　　공명과 사업을 어찌 근심하리오

但要溥博而淵泉　　다만 요체는 넓고 깊은 덕성이라

不見君家鼻祖開聖學　　그대의 시조가 성학을 창설한 것 보지 못했나

照耀今古書三篇　　예로부터 빛나는 서전 열명 편 3장일세

復用前韻敬別機仲　　부용전운경별기중

君家道素幾葉傳　　그대 집에 도 바탕 몇 잎이 전해 오나

只今用舍懸諸天　　지금 쓰고 버린 것 하늘에 매달렸네

屹然砥柱戰河曲　　우뚝하게 돌기둥 물굽이에서 버티었나니

肯似落葉隨風旋　　낙엽이 바람 따라 회오리치는 것 같도다

奮髥忽作蝟毛磔　　드날리던 수염은 어느덧 고슴도치 털처럼 문질러지고

浩氣勃若霄中煙　　　호연한 기개만 솟아 하늘에 연기 같네

隱憂尙喜遺直在　　　남모르는 근심 속에서도 오히려 기쁘게 정직함 남았으니

壯烈未許前人專　　　장렬함을 옛 사람에게만 오로지 허락하지 않도다

武夷連日聽奇語　　　무이에서 날을 이어 기묘한 말씀 들으니

令我兩腋風冷然　　　나로 하여금 두 겨드랑이에서 찬바람이 이네

初如茫茫出太極　　　처음에는 아득히 태극에서 나와

稍似冉冉隨群仙　　　조금씩 앞으로가 뭇 신선 따라가도다

安能局促夜起舞　　　어찌 능히 옹졸하게 밤에 일어나 춤추리

下與祖逖爭雄鞭　　　내려와 아득히 더불어 으뜸 채찍 다투리

終憐賢屈惜往日　　　마침내 어진 굴원을 안타까워하노니 지난날이 아깝고

亦念聖孔悲徂川　　　또한 성인 공자 생각하니 냇물 가로막는 것 슬퍼라

願君盡此一杯酒　　　원컨대 그대는 이 한잔 술을 다 들고

預澆舌本如懸川　　　혓바닥에 미리 물 축여 매달린 시냇물처럼 논설하게

沃心澤物吾有望　　　마음을 윤기 나게 하고 만물에 은택 입히는 것을 나도 바라노니

勒移忍繼鍾山篇　　　새기어 옮겨 참아 종산 편을 이으소서

讀機仲景仁別後詩語因　　　독기중경인별후시어인
及詩傳綱目復用前韻　　　급시전강목부용전운

道有黙識無言傳　　　도는 마음속으로 통하여 말없이 전하는데

向來誤矣空談天　　　지난번엔 그릇되어 부질없이 하늘만 이
　　　　　　　　　　야기했네
只今斷簡窺蠹蝕　　　이제 끊어진 책장 벌레 파먹은 것 들여
　　　　　　　　　　다보니
似向追蠡看蟲旋　　　마치 지난번에 책벌레따라 책벌레가 돌
　　　　　　　　　　아다니는 것 본 듯하네
始知古人有妙處　　　비로소 옛사람 오묘한 곳 있음을 알겠노니
未遽秦谷隨飛煙　　　갑자기 진나라 골짜기에 나는 연기 따르
　　　　　　　　　　지 마소
終然世累苦妨奪　　　마침내 세상에 얽혀 막고 빼앗음 괴로우니
下帷発憤那容專　　　장막을 내리여 힘써 공부한다고 어찌 온
　　　　　　　　　　전히 용납하리
一心正爾思鵠至　　　한 가닥 마음은 바로 따오기 올 것만 생
　　　　　　　　　　각하니
兩手欲救驚頭然　　　두 손으로 붙잡기도 놀라워라
書空且復罷咄咄　　　글자가 비었으니 다시 끌끌 혀 차고 그
　　　　　　　　　　만두고
屢舞豈暇陪仙仙　　　빠르게 춤추니 어느 틈에 선선히 따르리오
功名況乃身外事　　　공명이야 이제 내 몸 밖의 일이니
我馬硅兀甘回鞭　　　나의 말이 돌 비탈에서 굽은 채찍 달게
　　　　　　　　　　받네
解頤果値得水井　　　세상을 감탄하고서야 과연 물 얻을 우물
　　　　　　　　　　(시전) 만났고
鑑古亦會朝宗川　　　옛날을 거울로 삼고서야 머리로 향하는
　　　　　　　　　　냇물(강목) 얻었네
兩公知我不罪我　　　두 분은 나를 아니 나를 죄주지 않으리
便可築室分林泉　　　한편에 집을 지어 자연을 나눌까
十年燈下一夜語　　　10년 공부한 등불 아래서 하룻밤을 이야
　　　　　　　　　　기하고

閒日共賦春容篇　　　　한가한 날 함께 용용 편을 노래하세

讀通鑑紀事本末用武夷　　독통감기사본말용무이
唱和元韻寄機仲　　　　　창화원운기기중

先生諫疏莫與傳　　　선생이 간한 글을 전해 줄 리 없으니
忠憤激烈號旻天　　　충성에서 나온 분노 사납게 하늘에 외치
　　　　　　　　　　도다
却憐廣文官舍冷　　　문득 넓은 문장 안타깝고 관사도 써늘하니
只與文子相周旋　　　오직 문자와 더불어 서로 주선하네
上書乞得聊自屛　　　글월을 올리려는 일 애오라지 스스로 그
　　　　　　　　　　만두고
淸坐日對銅爐煙　　　맑게 앉아 날로 구리화로 연기 대하도다
功名馳騖往莫悔　　　공명심에 날뛰던 지난날 후회 말고
鈆槧職業今當專　　　글 읽는 직업이나 이제 마땅히 오로지
　　　　　　　　　　해야지
要將報答陛下聖　　　장차 임금의 성스러움 보답고자 하여
矯首北闕遠潸然　　　머리 들고 북쪽 대궐 보니 도리어 아득
　　　　　　　　　　하여라
屬詞比事有深意　　　말을 유추해석하고, 일을 비교분석하니
　　　　　　　　　　깊은 뜻이 있는데
馮愚護短驚群仙　　　어리석음에 의지하여 단점을 감추니 뭇
　　　　　　　　　　신선 놀라네
世言未秉太史筆　　　세상의 말이 역사가의 직필법을 잡지 못
　　　　　　　　　　하니
自幸已執留臺鞭　　　스스로 다행히 누대에 머무르는 채찍을
　　　　　　　　　　잡았도다

果然敕遣六丁取　　　과연 신칙하여 보내 6정신장 잡아 오니
香羅漆匣浮桐川　　　향라 칠갑이 동천에 뜨도다
陰凝有戒竦皇鑒　　　음이 엉기면 경계가 있나니 몸서리치는
　　　　　　　　　　거울이요
陽剝欲盡生玄泉　　　양이 떨어져 다하려고 하면 깊은 우물
　　　　　　　　　　물 나오네
明年定對白虎殿　　　내년에는 분명히 백호전을 대하리니
更誦大學中庸篇　　　다시 대학과 중용을 읽도다

拜張魏國公墓下　　　배장위국공묘하

衡山何巍巍　　　형산은 어찌 그리 높으며
湘流亦湯湯　　　상강은 또한 질펀하게도 흐르도다
我公獨何往　　　우리 임은 홀로 어디로 가고
劒履在此堂　　　칼과 신발만 이 집에 있는가
念昔中興初　　　옛적 중흥하던 처음 생각하노니
孽豎倒冠裳　　　요물 아이들이 예법을 뒤엎네
公時首建義　　　공이 그때 처음으로 건의하니
自此扶三綱　　　이로부터 3강의 윤리 세워졌도다
精忠貫宸極　　　정성어린 충의는 대궐을 꿰뚫고
孤憤摩穹蒼　　　외로운 의분은 푸른 하늘에 미쳤도다
元戎二十萬　　　으뜸 군대 20만 명이
一旦先啓行　　　하루아침에 먼저 쳐들어갔네
西征奠梁益　　　서쪽을 정벌하여 양주 익주에서 제사하고
南轅撫江湘　　　남쪽으로 진문은 강수 상수를 이었네
士心旣豫附　　　군대의 마음이 이미 즐겁게 따르니
國威安張皇　　　나라의 위엄도 또한 크게 떨치도다
縞素哭新宮　　　하얀 상복 입고 새 궁궐에서 곡하니

哀聲連萬方　　　슬픈 소리 일만 고을에 이었도다
黠虜聞禠魄　　　꾀 많은 오랑캐 복된 혼 이야기 듣고
經營久徬徨　　　경영에 오랫동안 방황하였네
玉帛驟往來　　　예물이 갑자기 왔다 갔다 하였지만
士馬且伏藏　　　병사와 말을 또한 엎드려 감추었는데
公謀適不用　　　공의 계획이 마침 쓰이지 아니하니
拱手遷南荒　　　손을 잡고 남쪽 거친 땅으로 옮겼도다
白首復來歸　　　흰머리가 되어 다시 왔지만
髮短丹心長　　　머리칼은 짧아도 붉은 마음 길거니
拳拳冀感格　　　주먹을 꼭 쥐고 임금이 감격하기 바라며
汲汲勤修攘　　　부지런히 내정을 닦아 오랑캐 물리치려 했네
天命竟難諶　　　천명은 마침내 헤아리지 못하니
人事亦靡常　　　사람의 일도 또한 항상됨이 아니로세
悠然謝台鼎　　　아득히 정승자리 사양하고
騎龍白雲鄉　　　용마를 타고 신선 고을에 올라갔네
坐令此空山　　　앉아서 이 빈산을 호령하나
名與日月彰　　　이름은 해와 달처럼 뚜렷하여라
千秋定軍壘　　　천추에 군대 보루를 정하니
岌業遙相望　　　높고 성대하여 아득히 서로 보도다
賤子來歲陰　　　천한 사람이 12월에 찾아오니
烈風振高岡　　　매서운 바람이 높은 산을 진동하네
下馬九頓首　　　말에서 내려 아홉 번 절하고
撫膺淚淋浪　　　가슴을 어루만지니 눈물이 철철 흘러라
山頹今幾年　　　산이 무너진 지 이제 몇 해인가
志士日慘傷　　　뜻있는 선비 날로 슬퍼하도다
中原尚腥羶　　　중원에 아직도 오랑캐들이 날뛰니
人類幾豺狼　　　인류가 거의 시랑이가 되었네
公還浩無期　　　공이 돌아오기를 아득히 기약 없으나
嗣德煒有光　　　자손의 덕이 번쩍 빛남 있으니

恭惟宋社稷　　　　공경히 생각하건대 송나라 사직이
永永垂無疆　　　　길이 끝없이 드리우리로다

敬簡堂分韻得月字　　　경간당분운득월자

煌煌定方中　　　　번쩍번쩍한 별이 방향을 정한 가운데
農隙孟冬月　　　　농사짓는 틈은 초겨울이라
君侯敞齋扉　　　　재상의 집 문이 열렸으나
華榜新未揭　　　　화려한 글제는 새로 써 붙이지 않았도다
我來適兹時　　　　내가 온 것이 마침 이때이니
亦有大夫茇　　　　또한 대부의 초가집이 있네
淸觴不留行　　　　맑은 술잔은 멈추지 아니하니
晤語得超越　　　　마주 보고 한 이야기는 세상일 초월하였
　　　　　　　　　도다
更看雷雨勢　　　　다시 우레 치며 쏟아진 비 광경 보니
翻動龍蛇窟　　　　용과 뱀의 굴을 뒤집어 흔들도다
襟懷頓能輸　　　　가슴속에 회포를 문득 풀어 버리고
肝膽亦已竭　　　　간과 쓸개도 또한 이미 다했도다
老仙來何方　　　　늙은 신선이 어느 곳에서 오는가
湖海氣硉矹　　　　호수와 바다가 출렁거리는데
君侯斂袂起　　　　재상은 소매 걷고 일어나
顚越承屨襪　　　　넘어지며 뛰어 신발을 끌도다
坐人驚創見　　　　앉아 있던 사람이 놀라서 창졸간에 보니
引去殊卒卒　　　　끌려가며 매우 당황하도다
伊余不忍逝　　　　그를 나는 차마 보내지 못하여
傾首願有謁　　　　머리를 기울여 보고자 하였네
人生均秉彝　　　　인생은 다 같이 떳떳한 양심 잡노니
天造豈停歇　　　　하늘의 조화 어찌 멈춤이 있으리

云何利害判　　　　어찌하여 이익과 손해 가르고
所較無一髮　　　　비교하여 한 머리칼도 용납함이 없는가
玆焉辨不早　　　　여기에서 분별함이 일찍 하지 못하면
大本將恐蹷　　　　큰 근본이 장차 꺼꾸러질까 두려워라
吾言實自箴　　　　나의 말이 참으로 스스로 경계함이니
君聽未宜忽　　　　그대들 듣고 소홀히 하면 안 되리라

登定王臺　　　　등정왕대

寂寞番君後　　　　조용한 몇 임금 뒤에
光華帝子來　　　　빛나는 제왕이 오도다
千年餘故國　　　　1,000년도 넘은 옛 나라의
萬事只空臺　　　　만사가 다만 빈 누대뿐이로세
日月東西見　　　　해와 달은 동쪽 서쪽에 보이고
湖山表裏開　　　　호수와 뫼는 안팎에 펼쳐졌도다
從知爽鳩樂　　　　시원한 비둘기의 즐거움을 좇아 알아
莫作雍門哀　　　　막힌 문에서 슬퍼하지 말라

次敬夫登定王臺韻　　　　차경부등정왕대운

今朝風日好　　　　오늘 아침 날씨가 좋으니
抱病起登臺　　　　병을 안고 일어나 정왕대 오르도다
山色愁無盡　　　　산의 빛깔은 근심이 끝없는데
江波去不回　　　　강 위에 물결은 가서 돌아오지 않도다
客懷元老草　　　　나그네의 회포는 원래 늙은 초목이니
節物又疏梅　　　　철 따라 나는 것은 성긴 매화로다
且莫催歸騎　　　　돌아가는 말을 채찍질하지 말고

憑欄更一杯　　　난간에 기대어 다시 한잔 하세

七日發嶽麓道中尋梅　　7일발악록도중심매
不獲至十日遇雪作此　　불획지10일우설작차

三日山行風繞林　　사흘 산길에 바람이 숲에 돌더니
天寒歲暮客愁深　　낮은 춥고 해는 저물어 나그네 근심도
　　　　　　　　깊어라
心期已悞梅花笑　　마음속에 기약은 이미 틀어져 매화가 비
　　　　　　　　웃는데
急雪無端更滿襟　　쏟아진 눈은 실마리도 없이 옷깃에 가득
　　　　　　　　해라

大雪馬上次敬夫韻　　대설마상차경부운

仙人喬嶽頂　　신선이 높은 뫼 꼭대기에서
散髮吹參差　　머리를 헤치고 들쑥날쑥 불도다
喚我二三友　　우리 두셋 벗을 불러
集此西南埵　　이 서남쪽 높은 곳에 모였도다
列筵命洛公　　자리를 벌리라고 낙공에게 명령하고
侑坐迎江妃　　앉기를 권하며 강비를 맞이할 제
導之千羽旄　　일천 깃털기로 안내하고
投以萬璧璣　　일만 보배를 투입하도다
繽粉一何麗　　꽃가루 어지러이 한번 어찌 아리따운고
晻靄難久知　　햇빛도 침침하여 오래 알아보기 어려운데
衆眞亦來翔　　뭇 참것이 또한 와서 날거늘
恍覺叢霄低　　황홀하게 깨달으니 어지러이 하늘도 낮아라

茫茫雲霧合　　　　　망망하게 구름안개 합쳤는데
一一瓊瑤姿　　　　　하나같이 옥 같은 모습이네
回首謝世人　　　　　머리를 돌려 세상사람 이별하고
千載空相思　　　　　천년 동안 부질없이 서로 생각하네
吾衰怯雄觀　　　　　나는 쇠약하여 웅장한 경치 겁나서
未敢探此奇　　　　　감히 이와 같은 기묘한 데 찾지 못했는데
短衣一匹馬　　　　　짧은 옷에 말 한 마리 타고
幸甚得所隨　　　　　다행히 따라옴을 얻었도다
天寒飮我酒　　　　　날씨가 추우니 내 술 한잔 들고
酒罷賡君詩　　　　　술자리 파하며 그대 시에 이으도다
人生易南北　　　　　인생은 남북으로 갈리기 쉬우니
復此知何時　　　　　이에 다시하기 언제인 줄 알리오

敬夫用熹定王臺韻賦詩　　　경부용희정왕대운부시
因復次韻　　　　　　　　　인부차운

北渚無新夢　　　　　북쪽 물가에 새로운 꿈이 없어도
南山有舊臺　　　　　남산에 옛 누대 있도다
端能成獨往　　　　　오로지 혼자서 가노니
未肯遽空回　　　　　문득 헛되이 돌아올 수 없어라
磴滑新經雪　　　　　돌다리가 미끄러운데 새로 눈이 오고
林深不見梅　　　　　숲 속이 깊어서 매화꽃이 보이지 않네
急須乘霽色　　　　　얼른 맑은 경치에 오르려고
何必散銀林　　　　　어찌 반드시 눈 덮인 숲을 헤치리오

馬上口占次敬夫韻　　마상구점차경부운

幾日城中歌酒昏　　몇 날이나 성안에서 노래 술로 저물었나
今朝匹馬向煙村　　오늘 아침 한 마리 말로 안개 마을 향해
　　　　　　　　　　가네
迎人況有南山色　　사람을 맞이하는 남산 경치 있나니
勝處何妨倒一尊　　아름다운 곳에서 한잔 술 기울이는 것
　　　　　　　　　　어찌 막으리오

馬上擧韓退之話口占　　마상거한퇴지지화구점

昨日風煙接混茫　　어제는 바람 안개 우주에 가득하더니
今朝紫翠揷靑蒼　　오늘 아침에는 붉은 꽃 푸른 잎 하늘에
　　　　　　　　　　꽂히었네
此心元自通天地　　이 마음은 원래 스스로 하늘땅에 통하거늘
可笑靈宮枉炷香　　신령 집에서 잘못 향 피우는 것 우습도다

雪消溪漲山色尤可喜口占　　설소계창산색우가희구점

頭上瓊岡出舊靑　　머리 위에 붉은 옥 산은 옛 푸름 나오고
馬邊流水漲寒汀　　말 가에 흐르는 물은 찬 물가에 넘치도다
若爲留得晶熒住　　만약에 맑고 밝은 집 얻어 머물고자 하
　　　　　　　　　　거든
突兀長看素錦屛　　오뚝이 앉아 하얀 비단 병풍을 오래 보게나

馬跡橋　　　　　　　마적교

下馬驅車過野橋　　　말에서 내려 수레 달려 들 다리 지나니
橋西一路上雲霄　　　다리 서쪽 한길에 구름 위로 올라가네
我來自有平生志　　　내가 오는 것 스스로 평생의 뜻 있음이니
不用移文遠見招　　　글을 옮겨 멀리 부르게 되지 말아야지

登山有作次敬夫韻　　등산유작차경부운

晚峯雲散碧千尋　　　저녁 산봉우리 구름 헤쳐 가니 푸른 숲
　　　　　　　　　　1,000길
落日衝飆霜氣深　　　떨어지는 해에 부딪치는 회오리바람 서
　　　　　　　　　　리 기운 깊도다
霽色登臨寒夜月　　　맑은 경치 올라 보니 찬 밤에 달이라
行藏只此驗天心　　　도를 펴고 감추는 것은 오직 하늘 뜻을
　　　　　　　　　　징험함일세

方廣道中半嶺小憩　　방광도중반령소계
次敬夫韻　　　　　　차경부운

不用洪崖遠拍肩　　　넓은 낭떠러지에 멀리 어깨를 치지 말고
相將一笑俯寒煙　　　서로 보내며 한 번 웃고 찬 노을 내려 보네
向來活計蓬蒿底　　　그때부터 사는 계책 갈대 쑥 밑이요
浪說江湖極目天　　　떠도는 말은 강호에 모두 보는 날이어라

崖邊積雪取食甚淸　　　애변적설취식심청
次敬夫韻　　　차경부운

落葉疎林射日光　　　떨어진 잎 성긴 숲에 햇빛이 쏘이니
誰分殘雪許同嘗　　　누가 남은 눈을 나누어 함께 맛보자 하
　　　는가
平生願學程夫子　　　평생에 배우고 싶은 건 정부자이니
恍憶當年洗俗腸　　　그 때를 황홀하게 생각하며 세속 창자
　　　씻으세

後洞山口晚賦　　　후동산구만부

日落千林外　　　해는 일천 숲 밖으로 떨어지고
煙飛紫翠深　　　안개는 붉고 푸름의 깊은 데로 날도다
寒泉添壑底　　　찬 우물은 골짜기 밑에서 더하고
積雪尙崖陰　　　쌓인 눈은 낭떠러지 그늘에 남았네
景要吾人共　　　경치는 우리들이 함께하기를 바라니
詩留永夜吟　　　시를 긴 밤에 읊어 남기도다
從敎廣長舌　　　하여금 긴 이야기 하여도
莫盡此時心　　　이 때의 마음을 다하지 못하리라

方廣奉懷定叟　　　방광봉회정수

偶來石廩峯頭寺　　　우연히 석름봉 머리의 절을 찾아오니
忽憶畫船齋裏人　　　갑자기 그림배 집 속의 사람 생각나네
城市山林雖一致　　　성안의 시장거리나 산속 숲이 비록 한가

지라지만

不知何處是眞身　　어느 곳이 이에 참몸인지 알 수 없어라

方廣聖燈次敬夫韻　　방광성등차경부운

神燈照夜惟聞說　　정신의 등불이 밤에 비추는 것 오직 말
　　　　　　　　　로 들었더니

皓月當空不用尋　　하얀 달이 공중에 있으니 찾을 필요 없
　　　　　　　　　도다

箇裏忘言眞所得　　그 속에 말을 잊으면 참으로 얻은 바이니

便應從此正人心　　문득 이로부터 사람 마음 바르게 되네

壁間古畵精絶　　벽간고화정절

未聞有賞音者　　미문유상음자

老木樛枝入太陰　　늙은 나무 늘어진 가지 한 그늘에 들었
　　　　　　　　　는데

蒼崖寒水斷追尋　　푸른 낭떠러지 찬물에 찾는 이도 끊어졌네

千年粉壁塵埃底　　1,000년 그림 벽이 티끌 밑에 들었으니

誰識良工獨苦心　　어진 화공의 홀로 괴로운 마음 그 누가 알리

泉聲次林擇之韻　　천성차임태지운

空巖寒水自悲吟　　빈 바위 찬물이 스스로 슬피 읊조리는데

遙夜何人爲賞音　　그윽한 밤에 어느 누가 감상하나

此日團欒都聽得　　오늘은 단란하게 모두 얻어 들었나니

他時離索試追尋　　　　다른 때에 쓸쓸하면 다시 찾아와야지

霜月次擇之韻　　　　상월차택지운

蓮花峯頂雪晴天　　　　연화봉 꼭대기 눈 갠 하늘
虛閣霜淸絶縷煙　　　　빈집에 서리 쳐 가냘픈 안개 끊고
明發定知花簌簌　　　　해가 뜨니 꽃이 떨어짐을 바로 알겠는데
如今且看竹娟娟　　　　이제 보니 대나무는 야들야들해라

枯木次擇之韻　　　　고목차택지운

百年蟠木老聱牙　　　　백 년을 도사린 나무 늙어 못 들은 체하고
偃蹇春風不肯花　　　　교만하게 봄바람에도 꽃 피우지 않도다
人道心情頑似汝　　　　사람 사는 길 마음과 정도 너처럼 완고하니
不須持向我儂誇　　　　모름지기 우리들을 향하여 뽐내지 말라

蓮花峯次敬夫韻　　　　연화봉차경부운

月曉風淸墮白蓮　　　　달 밝고 바람 맑아 하얀 연꽃에 떨어지니
世間無物敢爭妍　　　　세간에 감히 어여쁨 다툴 물건 없어라
何如今夜峯頭雪　　　　어찌하여 오늘 밤 봉우리에 눈이
撩得新詩續舊篇　　　　새로운 시구를 얻어 옛 책에 잇게 하나

奉題張敬夫春風樓　　봉제장경부춘풍루

隆堂謹前規	높은 집은 옛 법도에 삼가고
傑閣聳奇觀	큰 층집은 기묘한 경치에 솟았도다
憑欄俯江山	난간에 기대어 강산을 내려 보니
極目眇雲寒	아득히 은하수가 다 보이네
主人沂上翁	주인은 기수 위에 늙은이인데
顧肯吟澤畔	돌아보니 언덕 이랑에서 읊조리도다
俛仰一喟然	아래위를 둘러보고 한 번 탄식하니
冲融無間斷	조화하여 섞이어 사이 끊어짐 없어라
我來抑何幸	내가 찾아온 것 어찌도 다행인지
屢此承晤歎	자주 여기에서 마주 보고 탄식하노니
平生滯吝胷	평생에 엉기어 뭉친 가슴속이
耇若層冰泮	뚝딱뚝딱 겹겹 얼음이 풀어지듯
繼今兩切切	이제부터 둘이 서로 정중하여
保合勤旦旦	한결같이 부지런히 성실해야지
萬事儘紛綸	만사가 모두 어지럽지만
吾道一以貫	우리 도는 하나로서 꿰뚫는다네

方廣睡覺次敬夫韻　　방광수각차경부운

風簷雪屋澹無情	바람 창 눈 덮인 집에 담담히 생각 없는데
巧作寒窓靜夜聲	교묘하게 찬 창이 고요히 밤소리 만드네
倦枕覺來聽不斷	베개가 싫증나 깨어 듣기 그치지 않으니
相看渾欲不勝淸	서로 볼수록 온통 맑음을 이기지 못하도다

感尙子平事　　　　　감상자평사

翩然遠嶽恣遊行　　　훨훨 먼 산에 마음껏 다니노니
慨想當年尙子平　　　감개하여 그때 상자평을 생각하네
我亦近來知損益　　　나도 요즈음 손해되고 도움 되는 벗을
　　　　　　　　　　아노니
只將懲窒度餘生　　　오직 장차 감정을 억제하여 남은 세상
　　　　　　　　　　살아야지

自方廣過高臺次敬夫韻　　　자방광과고대차경부운

素雪留淸壁　　　하얀 눈이 맑은 절벽에 남았고
蒼霞對赤城　　　파란 노을은 붉은 성을 마주했네
我來陰壑晚　　　내가 그늘진 골짜기에 느지막이 오니
人說夜燈明　　　사람들이 밤 등불을 밝히고 기뻐하도다
貝葉無心得　　　문장을 새로 얻음은 없으나
蒲人有舊盟　　　변덕쟁이에게도 옛 맹서 있도다
咄哉甯負汝　　　혀를 차고 차라리 그대 버릴지언정
安敢負吾生　　　어찌 감히 나의 인생 저버리리

至上封用擇之韻　　　지상봉용택지운

疇昔朱陵洞　　　옛날의 주능동이
如今白帝城　　　오늘날은 백제성 같네
天高雲共色　　　하늘이 높으니 구름과 한 가지 빛이요
夜永月同明　　　밤이 기니 달과 함께 밝도다

萬象爭回巧　　　온갖 모양이 다투어 둘러 교묘한데
千峯盡乞盟　　　일천 봉우리가 모두 맹세하도다
登臨須我輩　　　우리들이 올라가 일함을 기다려서
更約羨門生　　　다시 신선들과 약속하세

福嚴寺回望嶽韻　　　복엄사회망악운

昨夜相攜看霜月　　　어젯밤 서로 손잡고 서리 달을 보았더니
今朝誰料起寒煙　　　오늘 아침 찬 안개 일 줄 그 뉘 알았으리
安知明月千峯頂　　　내일 일천 봉우리 끝에서 사람이
不見人間萬里天　　　10,000리의 하늘을 보지 못할 줄 어찌
　　　　　　　　　알았으리

福嚴讀張湖南舊詩　　　복엄독장호남구시

樓上低回摻別袖　　　누대 위에 나직이 둘러 유다른 손길 보니
山中磊落見英姿　　　산속에 우뚝한 영걸스런 모습 보이네
白雲未屬分符客　　　흰 구름이 미처 나그네에게 분부 못 하나
已有經行到處詩　　　이미 지나다닌 곳에 시가 있도다

登祝融峯用擇之韻　　　등축융봉용택지운

今年綠底事　　　올해의 푸른 시절의 일
浪走太無端　　　훌쩍 지나 아무 흔적 없도다
直以心期遠　　　다만 마음이 멀기를 기약하고
非貪眼界寬　　　눈앞의 널찍함을 탐하지 않았네

雲山於此盡　　　　　구름 산이 여기에서 다하니
風袂不勝寒　　　　　바람이 소매에 드는 것 추움 이길 수 없어
孤鳥知人意　　　　　외로운 새도 사람 뜻 알고
茫茫去不還　　　　　아득히 가 버리고 돌아오지 않네

穹林閣读张湖南七月　　궁림각독장호남7월
十五日夜诗詠歎久之　　15일야시영탄구지
因次其韵　　　　　　　인차기운

南嶽天下鎭　　　　　남악은 천하의 요지인데
祝融最高峯　　　　　축융은 제일 높은 봉우리
仰干幾千仞　　　　　우러르니 낭떠러지 몇천 길이요
俯入一萬重　　　　　내려 보니 골짜기 10,000겹일세
開闢知何年　　　　　펼쳐진지가 어느 해인지 알리요만
上有釋梵宮　　　　　위에 석가의 절이 있도다
白日照雪屋　　　　　붉은 태양은 눈 덮인 지붕 비추고
淸宵響霜鏞　　　　　맑은 하늘에 서릿발 치는 북소리 울리네
極知瓖特觀　　　　　특별한 경관에서 신선과 성인의 정감이
仙聖情所鍾　　　　　뭉쳐진 바를 잘 아노니
雲根有隱訣　　　　　돌 속에 숨긴 비결 있어
讀罷凌長風　　　　　읽고 나니 긴 바람도 우스워라

晚霞　　　　　　　　만하

日落西南第幾峯　　　해는 서남쪽 몇째 봉우리로 지는고
斷霞千里抹殘紅　　　조각 노을 천 리에 붉은 빛이 사라지네

上方傑閣凭欄處　　　하늘에 솟은 층집 난간 끝에 기대어
欲盡餘暉怯晚風　　　사라지는 남은 빛에 저녁바람 겁내네

過高臺攜信老詩集夜讀　　　과고대휴신로시집야독

上封方丈次敬夫韻　　　상봉방장차경부운

十年聞說信無言　　　10년을 들은 이야기 참으로 말이 없고
草草相逢又黯然　　　분주하게 서로 만나도 또한 아쉬워라
借得新詩連夜讀　　　새로운 시를 얻어 밤 이어 읽노니
要從苦淡識清姸　　　요체는 괴롭고 담박함에서 맑고 아리따
　　　　　　　　　움 알아야지

贈上封諸老　　　증상봉제로

夜宿上封寺　　　밤에 상봉사에 자노니
翛然塵慮淸　　　어느덧 티끌 생각 맑아졌네
月明殘雪裏　　　달은 봄눈 속에 비치고
泉溜隔窓聲　　　샘물은 창문 밖에서 흐르도다
楮衲如今許　　　닥나무 장삼을 이제 허락하거니
綈袍那復情　　　솜옷을 어찌 다시 생각하리
爐紅虛室暖　　　화로가 뜨거워 빈집이 따뜻한데
聊得話平生　　　애오라지 평생을 이야기하세

自上封登祝融峯絶頂　　자상봉등축융봉절정
次敬夫韻　　　　　　　차경부운

衡嶽千仞起　　　형산은 천 길이 솟았는데
祝融一峯高　　　축융 한 봉우리가 높네
群山畏突兀　　　뭇 산이 우뚝 솟은 게 두려워
犇走如曹逃　　　놀라서 달아남이 조조 도망치듯 하도다
我來雪月中　　　내가 눈달 속에 오며
歷覽快所遭　　　유쾌한 구경을 모두 보았네
捫天滑靑壁　　　하늘을 어루만지며 푸른 벽에 미끄러져
俯壑崩銀濤　　　골짜기를 내려다보니 하얀 파도 무너지네
所恨無十犅　　　한탄하는 것은 열 마리 소 없음이니
一掣了六鼇　　　여섯 자라를 한 번에 끌어당겨 버릴 걸
遄歸靑蓮宮　　　빨리 푸른 연꽃 집으로 돌아가서
坐對白玉毫　　　앉아서 하얀 옥 붓이나 대하리
重閣一徙倚　　　겹 층집에 한 번 옮겨 기대노니
霜風利如刀　　　서릿바람이 칼날처럼 날카로워
平生山水心　　　한평생 산과 물을 좋아하는 마음이
眞作貨食饕　　　참으로 돈과 밥을 탐하게 되었도다
明朝更淸澈　　　내일 아침이 다시 밝고 환하며
再往豈憚勞　　　다시 감에 어찌 수고를 꺼리리오
中宵無世故　　　한밤중에는 세상 연고 없나니
劇如千蝟毛　　　아프기가 마치 일천 고슴도치 털 같아라
嬉遊亦何益　　　희롱하여 놀아도 또한 무슨 보탬 있나
歲月今滔滔　　　세월만 이제 도도히 흐르네
起望東北雲　　　일어나 동북 하늘 구름 보니
茫然首空搔　　　아득히 머리가 아찔하여라

十五日再登祝融用臺字韻　　　15일재등축융용대자운

江流圍玉界	강물은 흘러 아름다운 경치 에워싸는데
天影抱瓊臺	하늘 그림자는 붉은 옥 누대 안았네
拄杖煙霄外	안개 하늘 밖에다 지팡이 짚고
中巖日月回	바위 가운데로 해와 달이 돌도다
箕山藏遁許	기산은 숨을 곳을 감추고
吳市隱仙梅	오시는 신선과 매화 숨겼다는데
一笑今何在	한 번 웃거니 이제 어디에 있나?
相期再舉杯	서로 기약하여 다시 술잔 들어 보세

胡丈廣仲與范伯崇自嶽　　호장광중여범백숭자악

市來同登絶頂擧酒極談　　시래동등절정거주극담

得聞此日講論之樂　　득문차일강론지락

我已中峯住	나는 이미 가운데 봉우리에 머물거니
君從何處來	그대들은 어느 곳으로 왔는가?
莫留巖底寺	바위 밑 절에 머물지 말고
徑上月邊臺	지름길로 달 가의 누대로 올라오게
濁酒團欒坐	탁주를 마시며 단란하게 앉아
高談次第開	높은 이야기 차례로 전개하네
前賢渺安在	앞에 간 어진 이 아득히 어디에 있나
淸酌寄餘哀	맑은 강신술에 남은 슬픔 부치도다

醉下祝融峯作　　　　취하축융봉작

我來萬里駕長風　　내가 오는 길 만 리 긴 바람 타고 와
絶壑層雲許蕩胸　　끊어진 낭떠러지 겹친 구름 앞을 씻었네
濁酒三杯豪氣發　　탁주 세 잔에 호기가 나오니
朗吟飛下祝融峯　　즐겁게 노래하며 날아서 축융봉을 내려
　　　　　　　　　왔네

十六日下山各賦一篇　　16일 하산각부1편
仍迭和韻　　　　　　잉질화운

絶頂來還晩　　산꼭대기에서 돌아온 저녁
寒窓睡達明　　찬 창에 잠을 아침까지 잤도다
連林眇歸思　　상을 이어 아득히 돌아갈 생각
三宿悵餘情　　세 밤을 자도 섭섭한 정 남아라
雲合山無路　　구름이 합쳐지니 산에 길이 없고
風回雪有聲　　바람이 도니 눈도 소리를 내도다
嶽祇珍重意　　산에서 삼가 진중했던 생각
只此是將迎　　오직 이제는 보내고 맞이하여야지

和敬夫　　　　화경부

蠟屐風煙隨處別　　밀 바른 나막신 바람 안개 가는 곳마다
　　　　　　　　　유달라
下山人事一番新　　산을 내려와 인사를 하니 다시 한 번 새
　　　　　　　　　로워
世間不但山中好　　세상에 오직 산속만 좋은 것 아니거니

今日方知此意眞　　오늘 바야흐로 이 뜻 진실 알았네

和擇之韻　　화택지운

仰止平生舊　　우러러보던 평생의 옛 벗
今年得得來　　올해에 특별히 왔네
擧頭天一握　　머리 드니 하늘은 한 줌인데
倚杖雪千堆　　지팡이에 기대노니 눈이 천 무덤이로다
講道心如渴　　도를 논함에 마음이 목마른 듯
哦詩思湧雷　　시를 읊으니 생각이 우레 쳤네
出山遺語在　　산을 나와도 남긴 말이 있으니
歸騎莫徘徊　　돌아가는 말 머뭇거리지 말아야지

二詩奉酬敬夫贈言　　2시봉수경부증언
並以爲別　　병이위별

我行二千里　　나는 2,000리를 가서
訪子南山陰　　그대를 남산 북쪽으로 찾았네
不憂天風寒　　날씨가 추운 것 걱정 않았노니
況憚湘水深　　하물며 상수가 깊은 것 꺼리리오
辭家仲秋日　　집에서 추석날 떠나와
稅駕九月初　　멍에를 푸는 9구월 초일세
問此爲何時　　묻건대 이곳은 어느 때인가?
嚴冬歲云徂　　엄동으로 한 해가 다 갔다고 하도다
勞君步玉趾　　그대를 괴롭혀 귀한 걸음 걷게 하여
送我登南山　　나를 보내려고 남산에 오르네
南山高不極　　남산은 그리 높지 않지만

雪深路漫漫　　　　　눈이 깊고 길은 멀고 아득해라
泥行復幾程　　　　　진흙탕 길이 다시 얼마인가
今夕宿檮洲　　　　　오늘 저녁은 저주에서 자리라
明堂分背去　　　　　명당에서 나뉘어 헤어져 가노니
惆悵不得留　　　　　쓸쓸히 말릴 수 없어라
誦君贈我詩　　　　　그대가 나에게 준 시 읽어 보고
三歎增綢繆　　　　　세 번 탄식하니 심오함이 더하네
厚意不敢忘　　　　　두터운 뜻을 감히 잊지 못하여
爲君高聲謳　　　　　그대를 위하여 나직한 목소리로 노래하도다
昔我抱冰炭　　　　　옛날에 내가 모순투성이의 지식을 안고
　　　　　　　　　　있을 때

從君識乾坤　　　　　그대를 좇아 하늘땅을 깨달았도다
始知太極蘊　　　　　비로소 태극의 진리를 알았으나
要眇難名論　　　　　요체는 아득히 이름하여 논하기 어려워라
謂有寧有跡　　　　　있다고 하지만 어찌 자취 있으며
謂無復何存　　　　　없다 하면 다시 무엇 남으리
惟應酬酢處　　　　　오직 주고받은 곳에 응하여
特達見本根　　　　　특별히 통달한 이 뿌리를 보도다
萬化自此流　　　　　일만 조화가 이로부터 흘러나오고
千聖同玆源　　　　　일천 성인이 여기서 함께 시작하네
曠然遠莫禦　　　　　넓고도 멀어서 어거하지 못하지만
惕若初不煩　　　　　두려운 듯하면 처음부터 번거롭지 아니
　　　　　　　　　　해라

云何學力微　　　　　어쩐 일로 학력이 미미하여
未勝物欲昏　　　　　물욕에 어두워짐을 이기지 못하나
涓涓始欲達　　　　　졸졸졸 비로소 흘러내려 가는데
已被黃流吞　　　　　이미 흙탕물이 삼켜 버리도다
豈知一寸膠　　　　　한 치의 아교로 이 1,000길의
救此千丈渾　　　　　혼탁함을 구할 줄 어찌 알리

勉哉共無斁　　　　　　힘써 함께 풀어짐이 없을 것
此語期相敦　　　　　　이 말을 서로 돈독히 하기로 기약하세

讀林擇之二詩有感　　독임태지2시유감

箇輿隨望入寒煙　　　　대나무로 만든 수레 따라 바라보고 찬
　　　　　　　　　　　안개 속에 들어가며
每誦君詩輒黯然　　　　그대의 시를 욀 때마다 문득 아쉬워라
今夜定知連榻夢　　　　오늘 밤은 분명 방석을 이어 꿈꿀 줄 알
　　　　　　　　　　　지만
一時飛墮錫山前　　　　한순간 날면 석산 앞에 떨어질 걸

其二　　　　　　　　2

竹輿傲兀聽嘔啞　　　　대나무 수레에 버티어 수레가 움직이는
　　　　　　　　　　　소리를 듣노니
合眼歸心已到家　　　　눈을 모아 돌아가는 마음 이미 집에 이
　　　　　　　　　　　르렀네
遊子上堂慈母笑　　　　떠돌아다니는 아들을 집에 어머니가 비
　　　　　　　　　　　웃나니
豈知行李尚天涯　　　　나그네 보따리 아직 하늘 끝에 있음을
　　　　　　　　　　　어찌 알리오

馬上贈林擇之　　　　마상증임택지

與君歸思渺悠哉　　　　그대와 함께 돌아가는 생각 아득한데
馬上看山首共回　　　　말 위에서 산을 보며 머리 함께 돌리네

認取山中奇絶處　　산속에 기묘한 곳 알아 두었다가
佗年無事要重來　　다른 해에 일 없으면 다시 오세나

梅溪陂下作　　매계파하작

野牛浮鼻過寒溪　　들소가 코를 띠우고 찬 냇물 지나가는데
落木蕭槮水下陂　　잎 떨어진 나무줄기 물아래 언덕에 서
　　　　　　　　　있네
俗手定應摹不得　　속된 솜씨 분명히 그려낼 수 없나니
無人說與范牛知　　범우지와 더불어 말할 사람이 없도다

寄題李東老淵乎齋　　기제이동로연호재

東老幽棲地　　동로가 그윽이 사는 땅
淵乎亦妙哉　　연호재도 또 묘하네
空山無客到　　빈산에 손님 찾아옴이 없으니
流水有花開　　흐르는 물에 꽃이 피어 있네
句律今誰敵　　시구를 이제 누가 대적하리
詩仙舊所陪　　시선을 옛날에 모시던 바이라
朱絃悄餘韻　　붉은 가야금에는 운치 조금 남아 있고
綺席澹浮埃　　비단 자리에는 뜬 먼지도 담박해라
竟日門多掩　　온종일 문은 대부분 닫혔나니
長沙歲一來　　긴 모래가 해마다 한 번 오도다
端能負猿鶴　　오로지 잔나비와 학을 저버릴지라도
歸計莫裴回　　돌아가는 계획에 방황하지 말라

宿梅溪胡氏客館觀壁間　　　숙매계호씨객관벽간
題詩自警二絶　　　　　　　제시자경2절

貪生莝豆不知羞　　　생명을 탐내어 말죽을 먹으면서도 부끄
　　　　　　　　　　러운 줄 모르고
靦面重來躡俊遊　　　무안한 얼굴로 다시 와서 높이 올라 놀도다
莫向淸流浣衣袂　　　맑은 물을 향하여 옷깃을 빨지 말라
恐君衣袂浣淸流　　　그대의 옷깃이 맑은 물을 더럽힐까 두렵
　　　　　　　　　　도다

其二　　　　　　　　2

十年湖海一身輕　　　10년의 자연생활 한 몸도 가벼운데
歸對黎渦卻有情　　　돌아와 사람 가운데 대하니 문득 사랑스
　　　　　　　　　　럽네
世路無如人欲險　　　세상의 길에 사람 욕심보다 험한 것이
　　　　　　　　　　없나니
幾人到此誤平生　　　몇 사람이나 여기에 이르러 평생을 그르
　　　　　　　　　　쳤나?

擇之所和生字韻語極警切　　　택지소화생자운어극경절
次韻謝之兼呈伯崇　　　　　　차운사지겸정백숭

不是譏訶語太輕　　　비방이나 꾸지람이 아니라 말이 너무 가
　　　　　　　　　　벼우니
題詩只要警流情　　　시를 지음은 오직 요체가 정분에 빠지는
　　　　　　　　　　것 경계함이네

| 煩君屬和增危惕 | 번거로이 그대가 화답을 부탁하니 더욱 두려워라 |
| 虎尾春冰寄此生 | 호랑이 꼬리와 봄 얼음에 이 생명 붙어 있네 |

再答擇之　　　재답택지

競惕如君不自輕	그대처럼 다투어 두려워하면 스스로 가볍지 아니하니
世紛何處得關情	세상이 어지러운데 어느 곳에서 정통하리
也應妙敬無窮意	신묘하고 경건하게 응해 가는 끝없는 생각
雪未消時草已生	눈이 아직 남았는데 풀은 이미 났도다

十一月二十六日宿萍鄕　　11월26일숙평향
西三十餘里黃花渡口客　　서30리황화도구객
舍稍明潔有宋亨伯題詩　　사초명결유송형백제시
亦頗不俗因錄和之　　역파불속인록화지

鼎足爐邊坐	세 다리 화롯가에 앉아
陶然共一樽	훈훈하게 함께 술 한 잔 하였네
道心元自勝	양심은 원래 스스로 아름다우니
世味不須論	세상이야기 논할 것 없도다
安穩三更睡	편안하고 고요히 한밤에 자노니
清明一氣存	맑고 밝은 한 기운 간직하도다
雖無康樂句	비록 강락의 글귀는 없으나
聊爾慰營魂	애오라지 너의 혼을 위로하리로다

二十七日過毛山舖壁間　　　27일과모산포벽간

題詩者皆言有毛女洞在　　　제시자개언유모녀동재

山絶頂問之驛吏云狐魅　　　산절정문지역리운호매

所爲耳因作此詩　　　소위이인작차시

人言毛女住靑冥　　　사람이 말하기를 털 난 여자가 산꼭대기
에 사는데

散髮吹簫夜夜聲　　　머리를 헤치고 밤마다 피리를 분다네

却是郵童解端的　　　문득 역말 아이에게 직접 물어봤더니

向儂說是野狐精　　　우리를 향해 말하기를 들여우라고 하도다

次擇之韻聊紀秦事　　　차택지운료기진사

不知四海已揚湯　　　4해가 이미 끓어오르는 것 알지 못하고

舞殿歌臺樂未央　　　춤추는 집 노래하는 누대 미앙궁을 즐기
도다

五帝威神等牛馬　　　다섯 임금의 위엄 있는 신령이 소와 말
과 같고

六王子女盡嬪嬙　　　여섯 왕자녀는 모두 궁중시녀 되었네

仙心久已攀姑射　　　신선 마음 오래전에 고사산에 오르고

辨口從敎泣華陽　　　말을 가림은 하여금 화양에 울도다

行客詎明千古意　　　떠돌이 나그네가 어찌 옛날 뜻을 밝히리

虛疑霞佩響琳琅　　　헛된 의심 노을 차고 옥 소리 울리도다

雪梅二闋奉懷敬夫　　　설매2결봉회경부

雲垂幕　　　　　구름이 막을 치니
陰風慘淡　　　　찬바람이 비참하도다
天花落　　　　　눈이 내리네
天花落　　　　　눈이 내리네
千林瓊玖　　　　일천 숲 속 옥 가지인데
一空鸞鶴　　　　한 공중에 학이 날도다
征車渺渺　　　　떠가는 수레 아득히
穿叢薄　　　　　풀숲 속으로 들었는데
路迷迷路　　　　길을 잃고 헤매는 길
增離索　　　　　더욱 떠돌아 찾네
增離索　　　　　더욱 떠돌아 찾네
剗溪山水　　　　깎아지른 계곡 산과 물
碧湘樓閣　　　　푸른 상수의 누각

梅花発　　　　　매화가 피네
寒梢掛著　　　　찬 가는 가지에 걸려 붙었도다
瑤臺月　　　　　옥 누대 달
瑤臺月　　　　　옥 누대 달
和羹心事　　　　조화한 마음과 일이나
履霜時節　　　　서리 밟는 시절이라
野橋流水　　　　들 다리에 흐르는 물
聲嗚咽　　　　　소리도 슬퍼라
行人立馬　　　　지나가는 사람 말 세우고
空愁絶　　　　　부질없는 근심 끊네
空愁絶　　　　　부질없는 근심 끊네
爲誰凝佇　　　　누구를 위하여 우두커니 멈추어 서나

爲誰攀折　　　　　　누구를 위하여 올라가 끊으리

題二闋後自是不復作矣　　　제2결후자시불부작의

久惡繁哇混太和　　　번거로이 지껄임이 태초의 화한 기운과
　　　　　　　　　섞이는 것 오래 싫어하였는데
云何今日自吟哦　　　어찌하여 오늘 스스로 시만 읊었나
世間萬事皆如此　　　세상의 온갖일이 모두 이와 같으니
兩葉行將用斧柯　　　두 잎사귀 따는 데 도끼자루 쓰리오

次韻擇之聽話　　　차운택지청화

語道深慙話一場　　　도를 말하기가 매우 부끄러우나 한마디
　　　　　　　　　하겠네
感君親切爲宣揚　　　그대의 친절 감격하여 드러내도다
更將充擴隨鉤索　　　다시 장차 채워 넓혀가며 따라 더듬어
　　　　　　　　　찾으면
意味從今積漸長　　　생각과 맛이 이로부터 점점 자라 쌓이리

次韻伯崇自警二首　　　차운백승지경2수

十載相期事業新　　　10년을 서로 기약하고 사업을 새로 했는데
云何猶歎未成身　　　어찌하여 자신을 이루지 못하고 탄식만
　　　　　　　　　하나
流光易失如翻水　　　흐르는 세월은 잃기 쉬움이 물 엎음 같
　　　　　　　　　으니

莫是因循誤得人　　우물쭈물하다가 인생 그르치지 말게

其二　　2

誦君佳句極優柔　　그대의 아름다운 시구 읽으니 지극히 부
　　　　　　　　　드러우나
未得明彊是所憂　　굳셈을 밝히지 못함 이것이 걱정이네
若悟本來非木石　　깨달으면 본래 무정한 나무 돌이 아니니
保君弘毅不能休　　그대의 큰 굳셈 보존하여 그치지 말라

奉答擇之四詩意到　　봉답택지4시의도즉서
即書不及次韻 四首　　불급차운 4수

爲閔人疲上馬行　　사람이 피로한 것 민망하여 말에 올라가
　　　　　　　　　노니
此時消息儘分明　　이 때의 소식이 모두 분명하여라
更憐跣足無衣苦　　다시 맨발에 옷 없는 괴로움 불쌍히 여
　　　　　　　　　기노니
充此直敎天下平　　이 정직한 가르침을 채우면 천하가 평화
　　　　　　　　　하리

其二　　2

君看灞橋風雪中　　그대는 파교의 바람눈 속을 보게나
南來北去莽何窮　　남쪽으로 왔다 북쪽으로 가는 어지러움
　　　　　　　　　어찌 다하리
想應亦有還家客　　생각이 응당 집에 돌아가는 손에게 있나니
便爾譏訶恐未公　　문득 그대를 비방하고 꾸짖음이 공변되

지 못할까 두렵도다

其三   3

東頭不見西頭是   동쪽 머리를 보지 못하면 서쪽 머리 옳
                        다 하고
南畔唯嫌北畔非   남쪽이랑은 오직 북쪽이랑 그른 것을 혐
                        의하네
多謝聖門傳大學   다행히도 성인의 문하에 대학이 전해 오니
直將絜矩露天機   곧장 헤아리면 법도에 맞아 하늘 기밀
                        드러난 걸

其四   4

安肆眞同鴆毒科   안일과 방자함은 독이 들어 있는 술 웅
                        덩이와 같거니
君言雖苦未傷和   그대의 말은 비록 괴로우나 조화를 상하
                        지는 않았도다
解嘲却是生回互   비웃음을 풀자면 문득 이말 저말 나오니
政恐紛紛事轉多   어지러이 일만 도리어 많아질까 두려워라

答擇之   답택지

長言三復儘言純   긴말 세 번 다시 함에 모두 말이 순수하니
妙處知君又日新   오묘한 곳에서 그대가 또 한 번 새로워
                        진 것 알겠도다
我亦平生傷褊迫   나 또한 평생을 치우치고 절박한 데서
                        다쳤나니

期君苦口卻諄諄　　그대의 쓸쓸한 입 문득 순순하기 바라노라

次韻擇之見路傍亂草有感　　차운택지견로방란초유감

世間無處不陽春　　이 세상에 따뜻한 봄 아니온 곳 없나니
道路何曾困得人　　길에서 어찌 일찍이 사람 괴롭히리요
若向此中生厭斁　　만약에 이 가운데를 향하여 싫증이 나면
不知何處可安身　　어느 곳에서 몸을 편이할지 알 수 없도다

賦歸雲洞　　부귀운동

人生信多患　　인생은 참으로 근심도 많은데
吾道初不窮　　우리 도는 처음부터 곤궁하지 않도다
云何感慨士　　어찌하여 감개한 선비
伏死嵝巖中　　높은 산 험한 바위 속에 엎드리어 죽나
宜陽古道周　　의양 옛길 두루 통하거니
竅石何嵌空　　구멍 난 돌이 어찌 텅 비었나
窮幽歷肺腑　　속속들이 다 살펴 폐부를 지나니
履坦開房櫳　　평평한데 이르러 방 우리가 열리네
頗疑有畸人　　자못 기이한 사람이 옛날에
往昔寄此宮　　이 집에서 살았는가 의심스럽도다
歲月詎云幾　　세월을 어찌 말하리오
井竈無遺蹤　　우물도 부엌도 남은 자취 없도다
我來記清秋　　내가 온 것이 맑은 가을로 기억되는데
歸塗渺窮冬　　돌아가는 길은 아득히 한겨울이네
興懷重幽討　　신나는 회포를 거듭 그윽이 토로하고
永嘯回長風　　긴 휘파람 부노니 길이 바람 돌도다

風回雲氣歸　　　　바람이 돌아 구름기운 돌아가니
洞口春濛濛　　　　마을 입구에 봄기운 서렸네
信美非人境　　　　참으로 아름다운 곳은 사람 사는 경계
　　　　　　　　　아니니
出門吾欲東　　　　문을 나와 나는 동쪽으로 가리라

新喻西境　　　　신유서경

北嶺蒼茫雨欲來　　북쪽 재는 어둑어둑 비가 오려 하는데
南山騰踔翠成堆　　남산은 휘감기어 올라 푸른 더미이어라
穉杉繞麓千旗卷　　어린 삼은 기슭을 에워싸 일천 기 말았고
野水涵空一鑑開　　들물은 하늘을 머금어 한 거울 펼치었네
客路情懷元侘傺　　나그네 길 회포 원래 바쁘거늘
今晨遊眺却徘回　　오늘 아침 돌아봄에 문득 머뭇거려라
自然觸目成佳句　　자연히 눈에 마주치면 아름다운 시구 일우니
雲錦無勞更剪裁　　구름 비단을 수고스럽게 잘라 재단 말라

道間厭苦泥淖思亟還家　　도간염고니뇨사극환가
安坐講習用擇之韻呈　　안좌강습용택지운정
二賢友　　　　　2현우

客路泥塗正所憂　　나그네 발길에 진흙탕 길 바로 걱정이나
可堪雲物更油油　　구름경치 다시 한가로워 견딜 만하도다
向來結友輕千里　　먼젓번 친구 맺으러 천릿길 가볍게 갔노니
此去還家且一丘　　이제 떠나 집에 돌아감에 또한 한 언덕
　　　　　　　　　이어라

妙處自應從我得　오묘한 곳은 스스로 나의 얻음을 쫓아
　　　　　　　　응하나니
躬行肯使歎吾猶　몸소 실천함에 나의 머뭇거림 탄식하게
　　　　　　　　하리오
兩賢定許相提挈　두 어진이가 서로 이끌어 줄 것 분명 허
　　　　　　　　락하였으니
厚意何勝雜珮酬　두터운 뜻 섞인 옥돌 울림을 어찌 이
　　　　　　　　기리

再和油字韵　　　재화유자운

楚山黃落正離憂　초산이 누렇게 낙엽 지니 바로 쓸쓸한데
喜見寒杉卷碧油　찬 삼이 푸른 구름 마는 것 기꺼이 보네
倦客今年眞白髮　싫증 난 나그네 올해 진정 흰머리 되니
羽人何日定丹丘　신선이 어느 날 단구에 있을는지
奇兵捷出吾當避　기습하는 군대가 문득 나타나면 내가 마
　　　　　　　　땅히 피하고
狹路爭先子不猶　좁은 길에 앞을 다툼에 그대 머뭇거리지
　　　　　　　　않네
箇裏竟能無一語　그 가운데 마침내 한 말도 할 수 없나니
應慚二鳥起相酬　두 마리 새가 일어나 주고받는 것 응당
　　　　　　　　부끄러워해야지

題萬安野館　　　제만안야관

身似孤雲去復還　몸이 외로운 구름처럼 갔다 왔다 하니
投裝猶記此窓間　여장을 풀던 이 창문 사이 기억하네

只應煙雨蒼茫外　　　　오직 안개비 엉킨 아득한 밖에
即是當時萬疊山　　　　그때의 10,000겹 산 있겠지

賦水仙花　　　　　　부수선화

隆冬凋百卉　　　　한겨울에는 일백 꽃이 시드는데
江梅厲孤芳　　　　강 매화 홀로 아리따이 매섭게 피도다
如何蓬艾底　　　　어찌하여 갈대 쑥 밑에
亦有春風香　　　　또한 봄바람 향기 있는고
紛敷翠羽帔　　　　어지러이 파란 깃 치마 나부끼며
溫靚白玉相　　　　따뜻하게 하얀 눈 세상 구경하네
黃冠表獨立　　　　노란 관을 드러내고 혼자 선
淡然水仙粧　　　　담담한 수선의 모습
弱植愧蘭蓀　　　　약하게 서 있는 것 난초에게 부끄러우나
高操摧冰霜　　　　높은 지조는 얼음눈을 꺾도다
湘君謝遺褋　　　　상강의 신이 홑옷 남겨준 것 사절하고
漢水羞捐珰　　　　한수에 귀고리 버린 것 부끄러워하도다
嗟彼世俗人　　　　안타까워라 저 세속에 사람들
欲火焚衷腸　　　　불을 질러 애간장을 다 태우네
徒知慕佳冶　　　　한갓 아름다운 모양만 흠모하고
讵識懷貞剛　　　　어찌 곧고 굳은 것 품는지 깨달으리
凄涼柏舟誓　　　　처량한 잣나무 배에서의 맹세
惻愴終風章　　　　서글픈 바람 그치는 종풍장이어라
卓哉有遺烈　　　　우뚝하여라 남긴 매서움 있나니
千載不可忘　　　　1,000년에 잊을 수가 없으리

淸江道中見梅　　　청강도중견매

今日淸江路　　　오늘 청강의 길
寒梅第一枝　　　찬 매화 첫째 가지에 피었네
不愁風嫋嫋　　　근심 않고 바람에 야들야들
正奈雪垂垂　　　바로 그때 눈이 우수수 내리도다
煖熱惟須酒　　　훈훈하려면 오직 술이요
平章却要詩　　　화평하려면 문득 시구이니
他年千里夢　　　다른 해 1,000리 밖의 꿈
誰與寄相思　　　누구와 더불어 서로 생각 부칠까?

臨江買舟　　　임강매주

征驂聊駐近江樓　　　가던 수레 애오라지 강가의 누대에 멈추고
南市津頭問買舟　　　남쪽 시장 나루머리에 배 살 것 묻도다
共說明朝乘雪水　　　내일 아침 눈물 타고 갈 것 함께 이야기
　　　　　　　　　　하고
長歌一日到洪州　　　긴 노래 하루에 홍주에 이르겠지

過樟木鎭晩晴二首　　　과장목진만청2수

朝晴遣我看薌林　　　아침이 맑아 나로 하여금 향림을 보게
　　　　　　　　　　하더니
頃刻浮雲萬里陰　　　순간에 뜬구름 10,000리에 어두워라
拂袖凌風三十里　　　소매를 털어 바람 헤치고 30리에
依然寒日照長吟　　　의연히 싸늘한 햇빛 비치어 길게 읊조리도다

其二   2

飛雲極目疑梅嶺   나는 구름 끝없이 매령인가 의심하고
落日回頭夢橘洲   지는 해에 머리 돌리고 귤주를 꿈꾸네
從此不愁東路永   이로부터 동쪽 길 긴 것 근심 안 하니
秪應西望轉悠悠   다만 서쪽을 바라봄에 도리어 아득하여라

赤岡頭望往遠山作   적강두망왕원산작

曉起清江弄小舟   새벽에 일어나 맑은 강에서 작은 배 희
                      롱하고
晚風吹過赤江頭   저녁 바람이 붉은 강 머리에 불고 가는데
遠峯自作修眉斂   먼 산봉우리는 스스로 긴 눈썹 거두니
萬里那知客子愁   10,000리에 나그네 설움 어찌 알았나

次韵擇之发临江   차운택지발임강

千里煙波一葉舟   1,000리의 안개 물결 한 조각배로
三年已是兩经由   3년에 벌써 두 번 지났도다
今宵又过豊城县   오늘 밤에 또다시 풍성현을 지나노니
依舊长江直北流   예전대로 긴 강은 곧장 북으로 흘러가네

次韻擇之漫成   차운택지만성

落日晴江更遠山   지는 해는 맑은 강에 다시 산이 멀어지
                      는데

遠山猶在有無間　　　먼 산은 오히려 있고 없는 사이에 있네
不須極目傷懷抱　　　멀리 다 보고 회포를 상하지 말고
且看漁船近往還　　　고깃배 가까이 왔다 가는 것 보게나

竹節灘　　　죽절탄

船下淸江竹節灘　　　배 아래 맑은 강은 죽절탄인데
長煙漠漠水漫漫　　　긴 노을 아득히 물은 넘실넘실
人家斷岸斜陽好　　　마을 떨어진 언덕 저녁볕이 좋으니
客子中流薄暮寒　　　나그네는 중류에서 땅거미 내리는 저녁
　　　　　　　　　도 차도다

舟中晩賦　　　주중만부

長風一萬里　　　긴 바람 10,000리
披豁暮雲空　　　저녁 구름을 공중에서 거두었네
極浦三年夢　　　외진 포구 3년의 꿈
扁舟二子同　　　조각배에 두 사람과 함께하도다
離離浮遠樹　　　무성하게 먼 나무숲 떠 있는데
杳杳沒孤鴻　　　가물가물 외로운 기러기 사라지네
若問明朝事　　　만약 내일 아침 일을 묻는다면
西山暗露中　　　서쪽 산 어두운 노을 속이로다

次韵擇之將近豊城有作　　　차운택지장근풍성유작

老矣身如萬斛舟　　　늙으니 몸은 10,000섬의 배 같은데

长风破浪若为收　긴 바람 파도 깨며 거두어들임 같도다
江山若有逢迎意　강과 산이 맞이할 생각이 있다면
到处何妨为少留　이른 곳마다 잠깐 쉬는 것 어찌 막으리

舟中見新月伯崇擇之　주중견신월백숭택지

二友皆已醉臥以此戲之　2우개이취와이차희지

舟中見新月　배 속에서 새 달을 보니
煙浪不勝寒　안개 노을에 추위 이길 수 없어라
與問醉眠客　취하여 자는 나그네에게 묻노니
豈知行路難　어찌 가는 길이 어려움을 알리오
殘陽猶水面　남은 볕이 오히려 물 위에 있는데
孤鴈更雲端　외로운 기러기 다시 구름 끝에 날도다
蓬底今宵意　배 밑에 오늘 밤의 생각
天邊芳歲闌　하늘가에 꽃다운 세월 다하리

次韻擇之舟中有作二首　차운택지주중유작2수

一江煙水浩漫漫　한 강에 노을 진 물 넓게 넘실대는데
昨夜扁舟寄此間　어젯밤 조각배가 이 사이에 부쳤네
共向船頭望南北　함께 뱃머리를 향하여 남북을 바라보니
不知何處是家山　어느 곳이 우리 집 산인지 알 수 없어라

其二　2

一席三人抵頂眠　한 자리에 세 사람이 머리 떨어뜨리고
졸거늘

心知篷外水如天　　　마음으로 배 창 밖에 물이 하늘같은 것
　　　　　　　　　　알도다
起來却怪天如水　　　일어나 문득 하늘이 물 같은 것 괴상히
　　　　　　　　　　여기니
月落烏啼浦樹邊　　　달 지고 까마귀 우는 나루 숲가로세

自東湖至列岫得二小詩　　　자동호지열수득2소시

孺子高風何處尋　　　어린이의 높은 기풍 어디 가서 찾을까
東湖臺觀水雲深　　　동호의 누대 경관 물 구름도 깊어라
生芻一束人如玉　　　날고기 한 묶음을 사람은 옥처럼 여기는데
此日淒涼萬古心　　　이날 만고의 마음 처량도 해라

其二　　　2

昨日來時萬里陰　　　어제 올 때는 10,000리 그늘이러니
長江雪後玉千岑　　　긴 강 눈 온 뒤 옥 1,000봉우리
蒼茫不盡登臨意　　　아득히 오르고 싶은 생각 다 할 수 없는데
重對晴天豁晚襟　　　거듭 맑은 하늘 대하고 늦 회포 열도다

列岫望西山最正殆無毫　　　열수망서산최정태무호
髮遺恨滕王秋屏皆不及　　　발유한등왕추병개불급
也因作此詩二首　　　야인작차시2수

城中望西山　　　성안에서 서산을 바라보며
拄頰空朝暮　　　두 손으로 뺨을 바치고 아침저녁 보내도다

不到列岫亭　　　　열수의 정자에 이르지 못하면
讵知親切處　　　　어찌 친절한 곳을 알리오

其二　　　　　　　2

東西水平分　　　　동쪽과 서쪽은 수평으로 나뉘고
南北山中判　　　　남쪽과 북쪽은 산속처럼 갈라지나니
妙處毫髮間　　　　마음속의 터럭 끝 사이
商略無遺算　　　　헤아림에서 남은 셈이 없어야지

晚飮列岫　　　　만음열수

危亭披豁對蒼霞　　높은 정자 시원히 푸른 노을 대하려
策杖重來日未斜　　지팡이 짚고 다시 오니 날 기울지 않았네
滿目江山一尊酒　　눈에 가득 강과 산에 한 잔 술 들고
哦詩莫遣太雄誇　　시를 읊어 해로 하여금 뽐내지 못하게
　　　　　　　　　해야지

觀上藍賢老所藏張魏公　　관상람현로소장장위공

手帖次王嘉寀韻　　　　수첩차왕가녕운

火風吹散旱天雲　　불 바람이 불어 가문 하늘 구름 헤치니
膚寸空餘翰墨新　　얼마 되지 않은 길이에 글씨도 새로워라
拭淚相看渺今古　　얼룩을 털고 서로 보니 고금에 아득하네
堂堂那復有斯人　　당당하게도 어찌 다시 이런 사람 있었는가

次韻伯崇滕王閣感舊　　차운백숭등왕각감구

蓋聞往時延閣公拜　　개문왕시연각공배

疏於此云　　　　　　소어차운

金闕銀臺夢想中　　금빛 궁궐 은빛 누대 꿈속에
樓前拜舞皀囊空　　누대 앞에 절하는 춤 곡식주머니 비었도다
十年殄瘁無窮恨　　10년의 노력 남은 한이 없나니
歎息今人少古風　　오늘 사람이 옛 풍모 적은 것 탄식하네

觀西山懷嶽麓以爲莫能　　관서산회악록이위막능

相上下也聊賦此云　　　　상상하야료부차운

風月平生意　　바람 달과 한평생 하고자 한 뜻
江湖自在身　　강과 호수에 스스로 몸 있도다
年華供轉徙　　세월과 함께 옮기어 가노니
眼界得清新　　눈앞이 맑고도 새로워라
試問西山雨　　시험 삼아 묻노니 서산의 비야!
如何湘水春　　상수의 봄이 어떠하던가
悠然一長嘯　　유연하게 한 번 휘파람 부노니
妙絕兩無倫　　절묘함이 두 짝이 없도다

進賢道中　　진현도중

往辭湘水曲　　상수의 구비 갔다가 돌아와
今過豫章城　　이제는 예장성을 지나도다
改歲無多日　　해가 바뀔 날이 얼마 없는데

到家才幾程　　　집에 이르는 것은 얼마 안 남았네
晝憐春意迫　　　낮에는 봄 생각 절박함을 가엾어 하고
夜喜月華淸　　　밤에는 달빛의 맑음을 기뻐하네
此去無淹軌　　　이번 길에 오래 머물 길 없으니
前塗似掌平　　　앞길이 손바닥처럼 평탄하기를

野望　　　야망

登高立馬瞰晴川　　　높은 데 올라 말 세우고, 맑은 시내 바라보니

四面平林接暝煙　　　4면이 평평한 숲인데 검은 노을 닿았네
東望不堪頻極目　　　동쪽을 바라보며 자주 멀리 보고 싶음을 이기지 못하니

歸心已度鳥飛前　　　돌아가고 싶은 마음이 이미 까마귀 나는 앞에 갔도다

次韻擇之進賢道中　　　차운택지진현도중
漫成五首　　　만성5수

白酒頻斟當啜茶　　　소주를 자주 마시면 마땅히 차를 들어야지
何妨一醉野人家　　　촌사람 집에서 한 번 취하는 것 어찌 막으리

據鞍又向岡頭望　　　말안장에 올라 산머리 향해 바라보니
落日天風鴈字斜　　　지는 해 하늬바람에 기러기들 비꼈네

其二　　　　　　　　　　2

笑指斜陽天外山　　　웃으며 해 기우는 하늘 밖의 산을 가리
　　　　　　　　　　키니
無端長作翠眉攢　　　까닭 없이 길이 파란 눈썹 중기중기 모
　　　　　　　　　　였네
豈知男子桑蓬志　　　어찌 남자의 웅장하고 원대한 뜻 알리오
萬里東西不作難　　　10,000리 동서에 어려울 것 없어라

其三　　　　　　　　　　3

夜宿林岡月滿川　　　밤에 숲 날망에서 자노니 달이 시내에 가득
歸期屈指正茫然　　　돌아갈 날짜 손꼽으니 바로 아찔해라
也知地脈無贏縮　　　대지의 혈맥 뻗음과 쭈그러듦 없나니
只把陰晴更問天　　　오직 흐릴는지 갤는지 하늘에 물어보세

其四　　　　　　　　　　4

誰作窓間擁鼻聲　　　누가 창 사이에서 콧노래를 부르다가
更哦樂府短歌行　　　다시 악부의 단가행을 읊조리나
從敎永夜淸無寐　　　하여금 긴 밤에 쓸쓸히 잠 못 이루니
只恐晨鷄不肯鳴　　　오직 새벽닭이 울지 않을까 두려워라

其五　　　　　　　　　　5

日暮重岡上　　　　　해 저무는 겹산 날망 위에
人勞馬亦飢　　　　　사람 피로하고 말도 또한 줄였네
不妨隨野雀　　　　　들 참새들 따라서 편안히 찬 가지에
容易宿寒枝　　　　　자는 것 막지 않겠지

次韻択之夜宿进賢客舍　　　차운택지야숙진현객사

白日照寒野	하얀 해는 찬 들을 비추는데
緬然千里平	흘겨보니 1,000리가 평평하네
馳暉壹以沒	달리는 햇볕이 한 번 사라지니
浩蕩驚飆生	호탕하게 놀란 회오리바람 일도다
露彩林表見	이슬 광채는 숲 끝에 나타나고
月華波上明	달빛은 파도 위에 밝아라
同行魯狂士	함께 가는 노나라 진취적 선비
忽発商歌聲	홀연히 상나라 노래 부르네
洗耳金石奏	귀를 씻고 악기를 연주하면
信知尘累轻	참으로 티끌에 얽힌 것 가벼우리라

次韻択之润陂有作　　　차운택지윤파유작

我行欲安適	나의 가는 길 어디로 가려는가
莽莽窮山陂	초목이 우거진 깊은 산언덕이어라
晨裝遠林表	새벽에는 먼 산 끝에서 길 준비하고
午憩通川湄	낮에는 통한 냇가에서 쉬는도다
曠望想慈親	멀리 어머니를 생각노니
行役嗟吾兒	행군하는 우리 아들 탄식하겠네
喟然陟屺歎	아! 민둥산에 올라가 탄식함이여!
歸心浩無涯	돌아가고 싶은 마음 넓어 끝이 없도다
曉霜徒御寒	새벽서리에 한갓 추위 막고
暮雨朋儔悲	저녁 비에 벗들이 슬퍼하네
前期谅非远	앞으로 기약 참으로 멀지 않으니
無为苦愁思	괴롭게 근심하지 마소서

次韻擇之金步喜　　　차운택지김보희
見大江有作　　　　　견대강유작

江頭四望遠峯稠　　　강 머리에서 사방을 바라보니 먼 봉우리 주밀한데
江水中間自在流　　　강물은 가운데서 스스로 흘러라
竝岸東行三百里　　　강 언덕과 나란히 동쪽 300리 가면
水源窮處即吾州　　　물줄기 시작하는 곳이 우리 고향

次韻擇之餘干道中　　차운택지여간도중

寒盡春生草又靑　　　추위가 다 가니 봄이 와 풀이 다시 파란데
化工消息幾曾停　　　조화공의 소식이 거의 일찍 멈추었네
因君一詠陵陂麥　　　그대를 인연하여 한 번 언덕에 보리밭을 읊으니
恍憶儂家老圃亭　　　우리 집 농사짓는 정자 황홀하게 생각나도다

安仁曉行　　　　　　안인효행

夙駕安仁道　　　　　일찍 멍에 씌워 안인 길로 나서니
行行得自娛　　　　　가는 곳마다 저절로 재미나도다
荒山圍野闊　　　　　거친 산 주위는 들도 넓고
遠樹出林孤　　　　　먼 나무는 숲 속에 외로이 솟았네
景晦長煙合　　　　　볕이 희미하니 긴 안개 합쳤고
天寒碧草枯　　　　　날씨가 추우니 파란 풀도 말랐네

歸心懷往路 　　　돌아가는 마음 갈 길을 생각하니
極目尙平蕪 　　　멀리 보아도 아직 평평한 풀만 우거졌도다

十七日早霜晴觀日出 　　17일조상청관일출
霧中喜而成詩 　　　무중희이성시

斜月夜窓白 　　　기운 달은 밤 창을 밝히고
肅霜朝氣淸 　　　날카로운 서리는 아침 기운에 맑도다
長塗披素錦 　　　긴 길에 하얀 비단 펼치며
寒霧湧金鉦 　　　찬 안개 햇빛에 피어나네
已作三冬雨 　　　이미 세 달의 겨울비가 내렸으니
何妨十日晴 　　　한 열흘 맑은 것 어찌 막으리
天公且相念 　　　하느님도 또한 서로 생각하여
莫遣暮雲生 　　　저녁 구름으로 하여금 일게 마소서

再用前韻 　　　재용전운

久陰冬竟暖 　　　오래 음울하던 겨울 마침내 따뜻하여
欲霽氣先淸 　　　개이고자 하니 기운 먼저 맑아라
田舍占煙火 　　　논밭 언덕에 불을 붙이고
軍家候鼓鉦 　　　군대들은 진군의 북을 치도다
風霜千里肅 　　　바람과 서리 1,000리에 사나운데
天地一朝晴 　　　하늘땅은 하루아침에 맑아지네
明日知何日 　　　내일은 어떤 날인 줄 아는가?
陽春又發生 　　　따뜻한 봄기운 또다시 일어나도다

次韻擇之過丫頭巖　　차운택지과아두암

四面晴岡紫石崖　　네 면의 맑은 봉우리 붉은 돌 낭떠러지
如何渾作白皚皚　　어찌하여 모두 눈으로 희어졌나
須知暖入陰泉溜　　모름지기 따뜻함이 그늘 샘물로 들어가고
不是寒封積雪堆　　찬 봉우리 눈 쌓인 언덕이 아님을 알아야지

章巖　　장암

豁爾天開字　　너의 하늘을 활짝 열어 놓은 글자
呀然夜不扃　　놀라워라 밤에도 빗장 닫지 않네
閑雲任棲宿　　한가로운 구름 걸쳐 자는데 맡기고
密雨斷飄零　　가득한 비 나부끼는 찬바람에 끊어지도다
破屋僧常住　　부서진 집에도 중이 항상 살거니
高軒客屢經　　높은 집에 나그네 자주 드나드네
古今題寫處　　고금에 시 짓고 그림 그리던 곳
一半蘚文靑　　여기저기 이끼 무늬 푸르도다

次韻擇之章巖　　차운택지장암

驅馬倦長道　　달리는 말이 긴 길에 피로하니
投鞭憩此巖　　채찍을 던지고 이 바위에 쉬도다
來應六鰲載　　올 때 응당 여섯 자라를 이었노니
跡是五丁劖　　발자취를 이에 다섯 정으로 뚫었도다
泉脉流靑潤　　물줄기는 흘러 푸르게 윤나고
林梢擁碧巉　　나무 등걸은 푸른 낭떠러지 안았네

老禪深閉戶　　　　늙은 중이 문을 깊이 닫았거니
客子且征衫　　　　나그네도 또한 옷 더 입고 가도다

鉛山立春六言二首　　연산입춘6언2수

雪擁山腰洞口　　　　눈이 산을 안고 동네 어귀 들렀는데
春廻楚尾吳頭　　　　봄은 초나라 꼬리 오나라 머리를 감도네
欲問閩天何處　　　　민땅의 하늘이 어느 곳인가 묻고자 하니
明朝嶺水南流　　　　내일 아침 산마루의 물이 남쪽으로 흐르리

其二　　　　2

行盡風林雪徑　　　　발길이 바람 숲 눈길 다하니
依然水館山村　　　　의연히 물가 집 산마을
却是春風有脚　　　　문득 봄바람이 다리가 있다면
今朝先到柴門　　　　오늘 아침 먼저 사립문에 이르리

次二友石井之作三首　　차2우석정지작3수

一竇陰風萬斛泉　　　한 구멍의 서늘한 바람 만 섬의 우물
新秋曾此弄淸漣　　　초가을에 일찍이 여기에서 맑은 물을 즐
　　　　　　　　　　기도다
人言湛碧深無底　　　사람이 말하기를 맑고 푸른 못 깊이가
　　　　　　　　　　바닥없다 하니
只恐潛通小有天　　　오직 잠겨 통한데 작은 별세계 있을까
　　　　　　　　　　두려워라

其二

2

聯騎君登泉上亭　　말을 이어 그대와 우물 위에 정자 오르니
黃塵雙眼想曾明　　누런 먼지 두 눈에 생각 일찍이 밝아라
籃輿獨向溪南路　　대나무 수레 홀로 시내 남쪽 길로 향할제
惆悵不成同隊行　　쓸쓸하여 함께 떼 지어 감을 이루지 못
　　　　　　　　　하도다

其三

3

泉嵌側畔一川明　　샘물 파인 옆이랑 한 내도 맑은데
水石縈廻更有情　　물과 돌이 감싸 도니 다시 정취 있도다
聞說近來疏茸好　　듣건대 요즈음 성긴 지붕이 좋다니
想應仍是舊溪聲　　생각은 응당 이에 옛 시내 소리겠지

次韻擇之鉛山道中二首　　차운택지연산도중2수

幾月高堂闕問安　　몇 달이나 어버이에게 문안 못했나
歸塗不管上天難　　돌아오는 길 하늘에 오르기처럼 어려운
　　　　　　　　　것 상관없어라
誦君兩疊思親句　　그대가 읊은 두 짝의 어버이 생각하는
　　　　　　　　　구절
也信從來取友端　　그때에 벗을 취함이 단정한 것 분명하도다

其二

2

行盡江湘萬疊山　　가는 길이 강산의 만 겹산을 다하니
家山猶在有無間　　집의 산은 오히려 있고 없는 사이에 있

　　　　　　　　　　　　도다

明朝漸喜登閩嶺　　　내일 아침 점점 기뻐하며 민령을 오르리니
澗水分流響珮環　　　골짜기 물은 나뉘어 흘러 옥돌을 울리리

次韻擇之發紫溪有作　　차운택지발자계유작

明日振衣千仞岡　　　내일은 천길 산봉우리에서 옷을 털고
夜分起看月和霜　　　한밤에 일어나 달과 서리 보리라
久知行路難如此　　　가는 길이 이와 같이 어려운 것 안 지
　　　　　　　　　　　　오래니
不用悲歌淚滿裳　　　슬픈 노래로 옷깃에 눈물 흘리지 말라

次韻別林擇之　　　차운별임택지

暫時相別不須悲　　　잠시 서로 이별에 모름지기 슬퍼하지 말라
楚調凄凉政爾爲　　　초나라 곡조 처량하니 바로 그대 위함일세
幾曲淸溪足相送　　　몇 구비 맑은 시내에 족히 서로 보내지만
一天明月豈曾離　　　한 하늘 밝은 달이야 어찌 일찍 떨어지리
上堂嘉慶多爲問　　　당에 올라 어버이의 수복 많이 문안드리고
緣道風光少賦詩　　　지나는 길 경치 시는 조금 지어야지
更謝同袍二三子　　　다시 같은 옷 입은 두 서너 분이여!
夜來幽夢滿春池　　　밤마다 깊은 꿈속에 봄물 가득하여라

次韻別范伯崇二首　　차운별범백숭2수

平生罪我只春秋　　　평생에 나를 죄할 것은 오직 춘추인데

更作囂囂萬里遊　　　다시 시끄럽게 10,000리 유람하였네
賴有吾人肯相伴　　　우리 사람 있어 서로 짝하기 허락하니
群譏衆詆不能憂　　　뭇 사람들 비방하는 것 근심할 것 없도다

其二　　　　　　　　2

累月追隨今別離　　　몇 달을 따라다니다가 이제 헤어지니
人生離合豈無時　　　인생이 만났다 헤어짐이 어찌 때가 없으리
願言更勵堅高志　　　원컨대 다시 굳고 높은 뜻 힘써
力索窮探慰所思　　　힘써 찾고 모두 더듬어 생각한바 달래게

有懷南軒老兄呈伯崇　　유회남헌로형정백숭
擇之二友二首　　　　　택지2우2수

憶昔秋風裏　　　지난가을 바람 속을 생각하니
尋盟湘水傍　　　상수 근방을 다시 찾아 만났도다
勝遊朝挽袂　　　아름다운 놀이에 아침부터 옷소매 거두고
妙語夜連牀　　　오묘한 말에 밤까지 상을 이었네
別去多遺恨　　　헤어져 떠남에 남은 한도 많더니
歸來識大方　　　돌아와서야 큰 법칙 깨달았네
惟應微密處　　　오직 은밀한 곳에 응할제
猶欲細商量　　　오히려 자세히 생각하여야지

其二　　　　　　　2

積雨芳菲暗　　　오래 내리는 비 흐리고 어둡더니
新晴始豁然　　　새로이 개이니 바야흐로 시원해라
園林媚幽獨　　　동산의 숲은 그윽이 홀로 뽐내고

窓戶愜淸姸　　　창문은 환하게 맑고 아리따워라
晤語心何遠　　　마주 대하여 말하니 마음 어찌 고원한지
書題意未宣　　　글로 써도 생각 나타내지 못하겠네
懸知今夜月　　　멀리 오늘밤의 달을 알리노니
同夢舞雩邊　　　함께 무우가를 꿈꾸세

九日登天湖以菊花須　9월등천호이국화수
插滿頭歸分韻賦詩　삼만두귀분운부시
得歸字　득귀자

去歲瀟湘重九時　　지난해에 소수와 상수에서 9월 9일
滿城寒雨客思歸　　성안에 가득한 찬비에 나그네가 돌아갈
　　　　　　　　　것 생각더니
故山此日還佳節　　고향산천에 오늘은 좋은 절기 돌아와서
黃菊淸罇更晩暉　　노랑 국화 맑은 술에 다시 저녁볕이 빛
　　　　　　　　　나도다
短髮無多休落帽　　짧은 머리 많지 않아 떨어지는 모자를
　　　　　　　　　벗으니
長風不斷且吹衣　　긴 바람 그침 없이 또한 옷깃에 불도다
相看下視人寰小　　서로 보며 내려다보니 사람 사는 바닥
　　　　　　　　　좁은데
秪合從今老翠微　　이제부터 늙었으니 8푼 산등성이에만 올
　　　　　　　　　라야지

歸報德再用前韻　　　　귀보덕재용전운

幾枝藤竹醉相携　　　　몇 가지 등나무, 대나무를 취하여 서로
　　　　　　　　　　　이끌고
何處千峯頂上歸　　　　어느 곳 1,000봉우리 꼭대기로 돌아갈까
正好臨風眺平楚　　　　바람을 임하여 평평한 풀팥을 내려다보
　　　　　　　　　　　기 좋으나
却須入谷避斜暉　　　　문득 골짜기에 들어 기우는 빛 피해야지
酒邊泉溜寒侵骨　　　　술옆에 샘물 웅덩이에서 추위가 뼛속에
　　　　　　　　　　　드는데
坐上嵐光翠染衣　　　　앉은 위에 아지랑이 파랗게 옷을 물들이네
踏月過橋驚易晚　　　　달빛 아래 다리를 밟으면서 쉬이 저녁
　　　　　　　　　　　됨 놀라고
林坰回首更依微　　　　숲 벌판에 머리 돌리니 다시 평안하여라

雲中與林擇之祝弟登劉圍之　　　운중여임택지축제등유위지
宴坐巖有懷南嶽舊遊賦此呈　　　연좌암유회남악구유부차정
擇之屬和幷寄敬夫兄　　　　　　택지촉화병기경부형

風雪集歲晏　　　　　눈보라가 세밑에 모이니
掩關聊自休　　　　　문을 닫고 한가로이 스스로 쉬도다
今辰展遐眺　　　　　오늘 날씨 멀리 펼쳐 보이니
倚此寒巖幽　　　　　이 찬 바위 그윽한 곳에 기대도다
同雲暗空室　　　　　한 가지 구름에 빈방이 어둡고
皓彩迷林丘　　　　　하얀 무늬에 숲 언덕이 안 보이네
崩奔小澗歇　　　　　흘러 달리는 산골 물 작아지고
飛舞增綢繆　　　　　날아 춤추는 어지러움 더하도다

仰看鸞鶴翔　　　우러러보니 난학이 나는데
俯視江漢流　　　내려 보니 은하수가 흐르도다
乾坤有奇變　　　하늘땅에 기묘한 변화 있나니
涳洞驚兩眸　　　어지러운 모양에 두 눈동자 놀라네
三酌不自溫　　　세 잔 술에도 스스로 훈훈하지 않아
倚杖空冥搜　　　지팡이 짚고 부질없이 어둠 속 찾도다
悲歌動華薄　　　슬픈 노랫소리가 세상에 울리는데
璀璨忽滿裘　　　옥의 광채가 갑자기 가죽옷에 가득해라
向來一杯酒　　　지난번 한 잔의 술
浩蕩千里遊　　　호탕하게 1,000리를 다녔더니
亦復有茲賞　　　또한 다시 이런 경치 있거늘
微言寄淸酬　　　은미한 말을 맑은 술에 부치네
解携今幾許　　　풀어져 헤어진 지 이제 몇 번인가
光景逝不留　　　빛나는 경치는 흘러가 머물지 않도다
懷人眇山嶽　　　사람이 그리워 산속이 아득한데
省己紛愆尤　　　자기를 반성하니 허물도 많아라
對此奇絶境　　　이처럼 기묘한 절경을 대하여
一懽生百憂　　　한 번 즐김에 100가지 걱정 생기네
茫然發孤詠　　　망연히 외로운 시를 보내노니
遠思誰能收　　　멀리 생각함 누가 능히 거두리

和人遊西巖　　　화인유서암

平生壯志浩無窮　　　평생의 장한 뜻 넓어 끝이 없더니
老寄寒泉亂石中　　　늙어서 찬 우물 어지러운 돌 속에 살도다
閒去披襟弄淸泚　　　한가로이 옷깃을 걷고 맑은 물장난하고
靜來合眼聽玲瓏　　　고요히 눈을 감고 영롱한 소리 듣도다
不知澗寺晴時雨　　　골짜기 절에 맑은 날 비 오는 것 알지

못하는데

何似溪亭落處風	시내 정자 낭떠러지 바람과 어찌 같은고
吟罷君詩自瀟灑	그대 시를 다 읽으니 스스로 시원하거늘
此心端不限東西	이 마음으로 하여금 동쪽 서쪽 나누지 마소

次知郡章丈遊山之韻　차지군장장유산지운

前峯鸞鶴去無蹤	앞 봉우리에 난학은 가 버리고 자취 없지만
邂逅荒尋得故宮	우연히 서로 만나 찾으면 옛집을 얻으리
但覺風煙隨意好	다만 바람안개 느끼니 생각대로 좋은데
便驚塵土轉頭空	문득 티끌 흙에 놀라 머리 둘러 허무해라
提壺命駕幽期遠	술병을 들고 수레를 준비하여 그윽이 멀리가기 기약하노니
授簡哦詩妙處同	책을 주어 시를 읊음에 오묘한 곳 같도다
安得西山一丸藥	어떻게 서산의 한 환약을 얻어서
共隨簫鼓向雲中	피리와 북소리 따라 함께 구름 속에 갈까

題周氏溪園三首　제주씨계원3수

溪亭　계정

循澗闢芳園	골짜기 물 따라가니 꽃다운 동산 열렸는데
結亭對虛壁	정자를 얽어서 빈 벽을 대하도다
澄潭俯幽鑒	맑은 연못을 내려 보니 그윽한 거울
空翠仰寒滴	공중 기운 올려 보니 차가운 물방울
主人心事遠	주인의 마음과 일 원대하여

妙寄塵壤隔　　신묘하게 티끌세상 비꼈도다
豈爲功名期　　어찌 공리와 명성을 기약하리오
而忘此泉石　　이 산천 자연도 잊고 사는 것을

雪亭　　　　설정

危亭竹栢間　　높은 정자는 대나무 잣나무 사이에 있어
悄蒨日幽絶　　조용히 날로 그윽이 아름다워라
朔風一以厲　　북쪽 바람 한번 사나운데
愛此枝上雪　　가지 위에 눈송이 즐기도다
仰悲玄景駛　　우러러 넓은 하늘 달아나는 것 슬퍼하고
俯歎群芳歇　　내려 보고 온갖 꽃 사라진 것 탄식하도다
不用此時來　　이러한 때에 오지 않은다면
那知歲寒節　　겨울날의 추운 시절 어찌 알리오

嫣然亭　　　　언연정

手種籬間樹　　손수 심은 울타리 사이 나무
枝繁不忍刪　　가지가 무성해도 차마 자르지 못해라
新亭最佳處　　새 정자 가장 아름다운 곳에
勝日共歡顔　　좋은 날 함께 즐거운 얼굴
景晏春紅淺　　볕이 고요하니 봄꽃이 바래고
雨餘寒翠潸　　비온 뒤에 찬 잎에 물방울
光風回巧笑　　밝은 바람은 웃음 속에 돌고
桃李任漫山　　복숭아꽃 오얏꽃은 한가한 산에 맡기도다

寄林擇之   기임택지

故人千里寄書來   옛 친구가 1,000리에 편지 부쳐오니
三復塵襟頓豁開   세 번 탄식하여 먼지 묻은 회포 활짝 열
                      리도다
勤我從容深燕養   나 보고 조용히 한가롭게 수양하라 권하여
莫將佔畢苦沈埋   장차 글귀나 밝히며 괴롭게 파묻히지 말
                      라 하였네
杖藜此日應同趣   지팡이 짚은 오늘 응당 같은 취미려니
揮塵何時得共陪   먼지를 털고 어느 때 함께 따르리
珍重相期俱努力   진중하게 서로 노력할 것 기약하며
自慙殊未竭淵才   유달리 깊은 재주 다하지 못함 부끄러워라

送林擇之還鄕赴選三首   송임택지지환향부선3수

靑驢去路欲駸駸   푸른 말은 가는 길 달리고자 하는데
回首猶須話此心   머리 돌려 오히려 이 마음을 말하네
一別便成三數月   한 번 헤어지면 문득 서너 달 되리니
有疑誰講過誰箴   의심나면 누구와 무슨 잠을 강하리

其二   2

門外槐花似欲黃   문 밖에 느티나무 꽃은 누릇누릇 하는데
高堂應望促歸裝   어버이의 소망 따라 돌아갈 길 재촉하네
箇中自有超然處   그 가운데 스스로 초연한 곳 있으리니
肯學兒曹一例忙   아이들과 한 가지로 허둥대며 배우세

其三　　　　　　3

今朝握手送君歸　　오늘 아침 손잡고 그대를 보내노니
馬上薰風拂面吹　　말 위에 훈풍이 낯에 튕겨 불도다
不用丁寧防曲學　　참으로 굽힌 학문 막으려 아니하랴
寒窓久矣共心期　　찬 창문에 오래도록 마음 함께할 것 기
　　　　　　　　　약하세

題林擇之欣木亭　　제임택지흔목정

危亭俯清川　　높은 정자가 맑은 시내 내려 보아
登覽自晨暮　　올라가 보니 스스로 아침저녁이네
佳哉陽春節　　아름다워라! 따뜻한 봄철
看此隔溪樹　　시내 저쪽 나무를 구경하도다
連林爭秀發　　이어진 숲은 다투어 싹이 피어나는데
生意各呈露　　살고 싶은 생각 각각 드러내네
大化本無言　　우주의 변화 본래 말이 없거늘
此心誰與晤　　이 마음을 누구와 마주하리
眞驩水菽外　　참다운 기쁨은 물 마시고, 콩 먹는 가난
　　　　　　한 살림 밖에 있나니
一笑和樂孺　　한 번 웃어버리면 화락함이 어린이 같아
聊復共徜徉　　애오라지 다시 함께 거닐제
殊形乃同趣　　모양은 달라도 이에 취향 같은 것

擇之誦所賦擬呂子進　　택지송소부의여자진

元宵詩因用元韻二首　　원소시인용원운2수

何處元宵好　　어느 곳 정월 보름날 밤이 좋은가
山房入定僧　　산속 절에 중이 명상에 들어간 때일세
往來衣上月　　가고 오는 것, 옷 위에 달빛이요
明暗佛前燈　　밝고 어두운 건 부처 앞에 등불이라
實際徒勞說　　실생활엔 부질없이 수고로운 이야기
空華詎可憑　　실속 없이 화려함을 어찌 기대리
還敎知此意　　도리어 하여금 이 뜻 알리면
妙用一時興　　신묘한 작용이 한 때에 일어나리라

其二　　　　　　2

何處元宵好　　어느 곳 정월 보름날 밤이 좋은가
寒龕獨寐人　　찬 닫집에 홀로 자는 사람일세
月窓同皎皎　　달빛 창문 다 같이 하얗고
燈鏡自塵塵　　등 받임 거울 스스로 먼지 앉네
靜鑑通天地　　고요히 살펴보면 하늘땅이 통하고
潛思妙鬼神　　잠기어 생각하면 귀신도 신묘해라
却憐迷路子　　문득 길 잃은 이 미친 듯 달려
狂走鬧城闉　　성문 안 시끄러운 것 불쌍해라

次韻擇之梧竹二首　　차임택지지오죽2수

幷呈季通　　　　　　병정계통

竹塢深深處　　대밭 언덕 깊고 깊은 곳

檀欒遶舍靑　　　　　박달나무가 집을 둘러 푸르네
暑風成慘淡　　　　　더운 바람은 싸늘하게 되고
寒月助淸泠　　　　　찬 달이 맑은 기운 더하도다
客去空塵榻　　　　　손이 떠나니 부질없이 방석에 먼지요
詩來拓采櫺　　　　　시가 오니 문채 난간에 붙이도다
此君同一笑　　　　　이에 그대와 함께 한번 웃노니
午夢頓能醒　　　　　낮에 꿈을 문득 깨우도다

其二　　　　　　　　2

永日長梧下　　　　　긴 해에 높은 오동나무 아래
淸陰小院幽　　　　　시원한 그늘에 작은 뜰이 그윽하네
自憐風嫋嫋　　　　　바람이 솔솔 부는 것 스스로 안타까운데
客賦雨瀏瀏　　　　　나그네는 비가 뚝뚝 떨어진 것 노래하도다
作別今千里　　　　　헤어지면 이제 1,000리 밖이니
相思欲九秋　　　　　서로 생각하며 9월 가을되기 바라세
更憐同社友　　　　　또다시 우리 모임에 벗들 섭섭하니
復此誤淹留　　　　　다시 여기에 그릇 머물러 버릴까

擇之寄示深卿唱和烏石　　　　택지기시김경창화오석
南湖佳句輒次元韻三首　　　　남호가구첩차원운3수

未識南湖景　　　　　남호의 경치를 알지 못하지만
遙欣二子遊　　　　　멀리 두 사람 노는 것 기뻐하도다
賞心幷勝日　　　　　감상하는 마음 아울러 좋은 날씨
妙語逼淸秋　　　　　오묘한 말에 초가을 하늘도 낮아라
賸欲携書卷　　　　　남은 욕심은 책을 가지고 다님이니
相將買釣舟　　　　　서로 낚싯배 살 것 기약하세

微吟歸去晚　　　　낮은 소리로 읊으며 돌아감이 늦으니
杜若滿汀洲　　　　막힘이 마치 가득한 물가에 섬 같도다

其二　　　　　　　2

平湖渺空闊　　　　평평한 호수 아득히 끝없는데
積水暮生寒　　　　담긴 물은 저녁 찬 기운 생기네
但見綠千頃　　　　오직 보이는 건 푸른 물결 1,000이랑
不知深幾竿　　　　길이가 몇 길인지 알 수 없어라
人間元迫隘　　　　인간은 원래 쫓기고 막혔나니
世路足艱難　　　　세상살이 아주 어려워라
若了滄洲趣　　　　만약 자연의 취미를 모두 깨달으면
無勞正眼看　　　　애쓰지 않아도 바른 눈으로 보일걸

其三　　　　　　　3

年來年去爲誰忙　　　한 해 오고, 한 해 감에 누구를 위해 바쁘나
三伏炎蒸忽變凉　　　3복에 더운 기운 홀연히 바뀌어 서늘하네
閱世謾勞心悄悄　　　세상을 보니 부질없는 수고 마음도 초조
　　　　　　　　　한데
懷人空得鬢蒼蒼　　　사람을 그리워하며 부질없이 수염만 희
　　　　　　　　　어졌네
詩篇眼界何終極　　　시 읽는 눈길에 어찌 끝이 있으리
道學心期未遽央　　　도학의 마음 기약 문득 한이 없도다
安得追尋二三子　　　어떻게 두서너 벗을 찾아
舞雩風月共徜徉　　　무우의 바람 달 함께 거닐까

小詩奉送擇之仁友赴漕　　소시봉송택지인우부조
臺之招後篇喜趙公之得　　대지초후편희조공지득
士而不敢致私怨焉然別　　사이불감치사원언연별
懷黯然不能成章亦足以　　회암연불능성장역족이
見區區也二首　　　　　　견구구야2수

之子論交久　　그 아들과 교분을 논한 지 오래거니
深衷兩目知　　깊은 가슴속 두 눈이 알도다
提攜方有賴　　손잡고 바야흐로 힘입음 있었는데
離索遽成悲　　헤어져서 찾을 제 문득 슬퍼라
聖處應無數　　성스러운 곳은 응당 셀 수 없을지나
書來肯見私　　글월이 오니 사사로운 정 보였네
臨分莫惆悵　　헤어질 때 임하여 서러워하지 말기로
努力共心期　　노력하여 함께 마음에 기약하세

其二　　　　　　2

珍重東臺老　　진중한 동쪽 누대 늙은이
英聲舊所聞　　꽃다운 명성 예 듣던 바이네
能懷吐哺意　　능히 효심을 품었으니
豈但枉書勤　　어찌 다만 글 굽힌 데만 부지런하리
得士看如許　　선비를 얻음은 보아서 허락하고
持心定不群　　마음을 간직함은 정하여 떼 짓지 않네
願言推此志　　하고 싶은 말은 이 뜻을 미루어
淸濁見明分　　맑고 흐림에 보는 것 분명하기를

擇之賢友歸途左顧示以　　　　택지현우귀도좌고시이
四明酬唱煥爛盈編三復　　　　4명수창환란영편3복
咏嘆想見聚游之樂輒用　　　　영탄상견취유지락첩용
黃山即事之韻賦呈擇之　　　　황산즉사지운부정택지
兼懷子重老兄順之賢友　　　　겸회자중노형순지현우

十年身臥白雲堆　　10년 동안 몸을 흰 구름 속에 누이니
已分黃塵斷往回　　이미 경지가 나뉘어 누런 먼지 와서 도
　　　　　　　　　는 것 끊어졌네
不是幽人遺俗去　　그윽한 사람 속세를 버리고 떠나간 것이
　　　　　　　　　아니라면
肯尋流水度關來　　흐르는 물길 따라 관문 통해 왔겠지
三秋風月從頭説　　한가을의 바람 달 머리 따라 말하고
千里湖山覿面開　　1,000리의 호수와 산 눈앞에 열리도다
久欲過逢須一快　　오래도록 지나다 만나면 모름지기 한 번
　　　　　　　　　통쾌하렸거늘
豈知勞結倍難裁　　수고롭게 맺기가 배나 만들기 어려운 것
　　　　　　　　　어찌 알리

夜聞擇之誦師曾題畵絶　　　　야문택지송사증제화절구
句遐想高致偶成小詩　　　　　하상고치우성소시

一幅瀟湘不易求　　한 폭의 소상8경 구하기 쉽지 않거늘
新詩誰遣送閒愁　　새로운 시구는 누가 보내 한가로운 수심
　　　　　　　　　일게 하나
遙知水遠天長外　　아득히 물 멀고 하늘 긴 밖에

更有離騷極目秋　　　다시 시끄러움 떠난 한없는 가을 있는
　　　　　　　　　　것 알겠네

次林擴之開善避暑韻二首　　　차임확지개선피서운2수

炎官虐焰遍山村　　　더위가 기승을 부려 산골 마을에 퍼졌는데
也到蕭蕭柳下門　　　이르는 찬바람은 버드나무 아래 문일네
水玉秋菰那可得　　　옥돌과 가을 줄 풀을 어찌 얻을 수 있으리
羨君行處午陰繁　　　그대가 가는 곳 낮 그늘 늘어진 것 부러
　　　　　　　　　　워라

其二　　　2

山齊幾日旱塵昏　　　산집에 며칠이나 가뭄 먼지 어두웠나
欲拂朱絃已憚煩　　　붉은 가야금 튕기려 하다가 이미 번거로
　　　　　　　　　　움 꺼리네
凉意感君持寄我　　　서늘한 생각 그대가 나에게 부친 것 감
　　　　　　　　　　사하니
雨聲花思滿胷存　　　빗소리 꽃 생각 가슴에 가득 있어라

送林熙之詩五首　　　송임희지시5수

君行往返一千里　　　그대의 길 갔다 옴이 1,000리인데
過我屏山山下村　　　병산 산 아래 마을로 나를 지나가네
濁酒寒燈靜相對　　　막걸리로 찬 등불에 고요히 서로 대하니
論心直欲到忘言　　　마음을 논함에 다만 말 잊고자 하도다

其二

2

仁體難明君所疑
인의 본체는 밝히기 어려우니 그대가 의심한바

欲求直截轉支離
곧장 쪼개듯 찾으려 하면 도리어 지리해지네

聖言妙緼無窮意
성인의 말씀 오묘한 경험, 끝없는 생각에

涵泳從容只自知
푹 잠겨 조용히 기르면 오직 저절로 알 걸

其三

3

天理生生本不窮
하늘 이치 낳고, 나서 본래 끝이 없나니

要從知覺驗流通
요체는 지각을 쫓아 흘러 통하는 것 겪어야지

若知體用元無間
만약에 본체와 작용이 원래 틈 없는 것 알면

始笑前來說異同
비로소 종래의 학설 같고 다름에 웃겠지

其四

4

十年燈火與君同
10년 등불을 그대와 같이하였는데

誰道年來西復東
그 누가 연래로 동서로 나누게 하였나

不學世情雲雨手
세정의 구름 비 솜씨 배우지 않고

從敎人事馬牛風
하여금 인사의 마소 바람을 본받았지

其五

5

古鏡重磨要古方
옛 거울 다시 가는 것이 옛날 방법의 요체니

眼明偏與日爭光　　눈이 밝아지면 문득 해와 더불어 빛을 다루리
明明直照吾家路　　밝고 밝게 바로 비치는 우리 집 길
莫指幷州作故鄕　　고을을 아울러 고향이라고 가리키지 마소

春雪用韓昌黎韻　　춘설용한창려운

同彭應之作　　동팽응지작

旣有陽春曲　　이미 따뜻한 봄노래가 있거늘
那無白雲謠　　어찌 흰 구름 가락 없으리오
連天飛不斷　　하늘에 이어 날면 그치지 않은데
著地煖還銷　　땅에 붙어 따뜻하면 도리어 녹누나
未掩高人戶　　높은 사람의 문을 가리지 못하고
難齊衲子腰　　중의 허리에 가지런하기 어려워라
稍開銀世界　　하얀 은세계를 조금 열어 놓고
漸長玉枝條　　옥의 가지를 점점 자라게 하도다
興盡愁煙艇　　흥이 다하니 안개 배가 근심이요
行迷認野橋　　길을 잃으니 들 다리로 보이네
酒腸渾欲凍　　술 창자가 모두 얼었는데
吟筆爲誰搖　　시 지은 붓은 누구를 위하여 움직이나
殘臘成三白　　세밑에 정월달 눈이 이루어지고
餘寒又一朝　　남은 추위 또한 하루아침이니
香隨梅蘂落　　향기는 매화 꽃잎 따라 떨어지고
輕伴柳花飄　　경박하게 버드나무 꽃을 짝하여 나부끼네
神女羞捐佩　　신녀가 부끄러워 패물을 던지니
鮫人敢獻綃　　인어가 감히 비단을 바치도다
東皇應好事　　봄 하느님은 응당 좋은 일이 있으리니

避舍亦相饒　　　　　　집을 피하여 또한 서로 즐기세

次彭應之餐雪韻　　　차팽응지찬설운

雪水瀹清茗　　　　　　눈 녹은 물에 맑은 차를 띄우니
自謂絶世清　　　　　　스스로 일러 세상에 없는 맑은 물이라 하네
終然犯煙火　　　　　　마침내 연기 불에 쐬이리니
況復勞煎烹　　　　　　하물며 다시 수고롭게 끓이리오
豈如午霽餘　　　　　　어찌 한낮 비갠 풍경처럼
探此竹外楹　　　　　　이 대나무 밖의 집에서 찾으리
拓漿發甘和　　　　　　초장을 뿌리니 달고 화한 맛 나오고
寶盌凝寒晶　　　　　　보배 은잔에 담으니 찬 결정 엉기도다
心胷旣清凉　　　　　　마음과 가슴이 이미 맑고 시원하며
齒頰亦鏘鳴　　　　　　이빨과 볼에서 또한 으드득 하도다
吞腥期永謝　　　　　　날고기를 삼키는 것 길이 사양 하고
飲玉希長生　　　　　　옥수를 마시고 길이 살기 바랄까

次彭應之魚樂亭韻　　차팽응지어락정운

亭前活水破輕氷　　　　정자 앞에 흐르는 물 가벼운 얼음 깨니
漸見遊鮍傍石稜　　　　노는 피라미 점점 보여 돌 모서리에 있
　　　　　　　　　　　도다
老子自知魚樂處　　　　늙은이는 스스로 고기 즐거운 곳 알리니
不須莊惠與同登　　　　장주나 혜시와 함께 오를 것 없도다

與劉德明祝濟之胡子寬　　　여유덕명축제지호자관
晚步偶成　　　　　　　　　만보우성

雨罷寒逾勁　　　비 그치니 추위 날카롭고
霜威正凜然　　　서리 발이 바로 소름 끼치네
不知荒逕濕　　　거칠고 쓸쓸한 오솔길에 젖은 것 알지
　　　　　　　　못하고
行到野橋邊　　　발길이 들 다리 옆에 이르렀네
曠望情何極　　　둘러보는 생각 어찌 다하리오
徘徊意莫傳　　　빙빙 돌면서 생각 전하지 못해라
淸波涵衆影　　　푸른 물결은 뭇 그림자 품은데
日落暗晴川　　　해 떨어지니 맑은 시내 어둡네

劉明德彦集祝弟以夏雲　　　유명덕언집축제이하운
多奇峯爲韻賦詩戲成五絶　　　다기봉위운부시희성5절

出山幾何時　　　산에서 나온 지 그 얼마인가?
歸來便長夏　　　돌아오니 바로 긴 긴 여름
端居心不怡　　　단정하게 살아도 마음 기쁘지 않아
散策長林下　　　긴 숲 아래에 산책을 하도다

其二　　　　　　2

爲客厭城市　　　나그네 되어 성안에 저자가 싫증나
還家辭世紛　　　집에 돌아와 세상 어지러움 물리쳤네
朝昏何所見　　　아침저녁 보는 바가 뭐인가?
但有四山雲　　　다만 4방에 산 구름 있도다

其三   3

閉門事幽討   문을 잠그고 일 그윽이 생각하니
歲月忽已多   지나간 세월 홀연 이미 많았네
客來無可問   나그네가 와도 물을 것이 없으니
與君共絃歌   그대와 더불어 거문고 노래할까?

其四   4

于時本已懶   때로 본디 게으름을 버렸거늘
胷次況亡奇   가슴속에 하물며 기묘함이 없으리
若問中林趣   만약 숲 속의 취미를 물어 온다면
婆娑秖自知   거닐다 앉아 보면 스스로 알리라

其五   5

炎蒸不可奈   더운 김을 어찌할 수 없을 제
雲氣滿前峯   구름 기운 앞 봉우리에 가득해라
向夕風吹盡   저녁을 향하여 바람 다 부니
微聞遠寺鐘   먼 절의 종소리 희미하게 들리네

仙洲新亭熹名以畫寒紫   선주신정희명이주한자

微張公爲書其額判院劉   미장공위서기액판원유

丈乃出新句輒次高韻二首   장내출신구첩차고운2수

聞說藤蘿外   들건대 넝쿨 풀 숲 밖에는
神龍舊所蟠   신령스러운 용이 옛날에 웅크린 데라네
擘開千丈峽   1,000길의 계곡을 나누어 열었는데

寫盡一襟寒　　　다 그려내니 한 옷깃이 차가워라
賞寄三杯酒　　　감상함엔 세 잔 술에 기대고
歸投六尺竿　　　돌아와서 여섯 자 낚싯대 던지도다
若無詩律好　　　만약 시율에 좋은 것이 없으면
淸絶不成歡　　　맑은 경치도 기쁘지 못하리

其二　　　　　2

悄蒨非人境　　　쓸쓸히 우거진 곳 사람 사는데 아니거니
寒蟬夏已稠　　　가을 매미소리 여름 이미 시들었네
陰崖驚素雪　　　낭떠러지 그늘에 하얀 눈 놀랍고
午扇怯淸秋　　　한낮에 부채 초가을을 겁내네
共說新亭好　　　새 정자 좋은 것 함께 말하다가
眞堪妙墨留　　　기묘한 글씨 참으로 남기도다
賞心元不厭　　　구경하는 마음 원래 싫증 없나니
仙夢肯来游　　　신선 꿈속에 와서 놀아야지

次韻晝寒　　　차운주한

行穿危磴盡　　　가는 길을 뚫어 높은 돌사다리 다하니
林表見孤亭　　　숲 위에 한 정자 보이네
澗瀉千尋白　　　골짜기 물은 쏟아져 8,000척 하얗고
峯回四面靑　　　봉우리는 돌아 4면이 푸르네
塵襟元落落　　　티끌 묻은 옷깃 원체 높고 높으니
風腋自泠泠　　　바람 겨드랑이 저절로 시원하여라
一醉今何許　　　한 번 취함을 이제 누가 허락하리
無心賦獨醒　　　무심히 시 지어 홀로 깨도다.

次判院丈畵寒亭韻　　차판원장주한정운
有懷平父　　유회평보

把酒懷人處	술잔을 잡고 사람 그리워한 곳
幽尋記往時	그윽이 찾아 지난 일을 추억하는 때로세
新亭勞指顧	새로운 정자 수고롭게 돌아보고
勝踐闕追随	좋은 경치 따라 홀로 떨어졌도다
爲報層欄出	알리는 건 층 난간 나옴이니
莫憂浮柱攲	뜬 기둥 기운 것 걱정 마소
惟應舊飛雪	오직 옛 날던 눈발을 응하여
想象合心知	마음 합쳐진 것 알리라고 상상하도다

次判院丈淸湍之什　　차판원장청단지십

明滅靑羅帶	푸르게 펼친 띠가 아른 거린데
周遭碧玉環	파란 옥 반지 두루 만나도다
孤亭感陳迹	외로운 정자에 옛 자취 느끼고
茂樹喜重攀	어우러진 숲에 다시 오르기 즐거워라
爽氣琴尊外	상쾌한 기분 가야금 술잔 밖이요
泉聲枕簟間	우물 소리는 베개 자리 사이네
詩成無寫處	시구는 그려낼 수 없는 곳에서 이룬데
絶壁蘚痕斑	끊어진 낭떠러지에 이끼가 얼룩졌네

遊密菴分韻賦詩得還字　　유밀암분운부시득환자

我行得佳友	나의 가는 길에 좋은 벗 얻어

勝日尋名山	아름다운 날 명산을 찾네
春山旣姸秀	봄 동산은 벌써 아리따이 싹텄는데
淸溪亦潺湲	맑은 시냇물 또한 졸졸 흐르도다
行行造禪扉	머뭇거리며 걸으니 고요한 사립문 만들었는데
小憩腰脚頑	조금 쉬니 허리 다리 뻣뻣하네
窮探意未已	끝까지 더듬어도 생각 그치지 않아
理策重蹟攀	지팡이를 짚고 다시 오르도다
入谷翳蒙密	골짜기에 드니 나뭇가지 우거졌는데
俯澗隨泓灣	산속 물을 보며 물가를 따라가네
誰將百尺絹	그 누가 100척의 비단을 들어다
掛此長林間	이곳 긴 숲 사이에 걸었는가?
雄聲殷地厚	웅장한 소리는 대지에 크게 퍼지고
洪源瀉天慳	큰 근원 쏟아짐 하늘이 아끼도다
偉哉奇特觀	위대하여라! 기특한 경치
償此一日閒	이것을 감상함에 하루가 한가롭네
所恨境過淸	한 되는 바는 맑은 경계 지나감이니
悄愴暮當還	쓸쓸히 저녁 되면 돌아오네
顧步三嘆息	걸음을 뒤돌아보고 세 번 탄식하노니
人生何苦艱	인생이 어찌 괴로운가!

遊密菴分韻賦詩得絶字　　유밀암분운부시득절자

閩鄕饒奇山	민땅 고을에 기묘한 산 둘렀는데
仙洲故稱傑	신령한 바닥에 예로부터 인걸 나네
巍然一峯高	우뚝하게 한 봉우리 높으니
復與衆山絶	다시 뭇 산과 떨어졌도다
傳聞極目處	전해 듣거니 보이는 끝에

天水遠明滅　　　　하늘에 은하수 멀리 아른거리는데
萬里倏往還　　　　10,000리를 금방 왔다 가고
三光下羅列　　　　해 달 별이 아래에 펼쳐 있다네
我來發孤興　　　　내가 와 보니 혼자 신명이 나서
徑欲躋嶄嶮　　　　지름길로 높은 산에 올랐네
病骨竟支離　　　　병든 몸은 마침내 지루하거니
何當攀去轍　　　　어찌 올라감에 수레를 버리리오

次韻宿密菴　　　차운숙밀암

忽作經宵別　　　　홀연히 밤을 보내고 이별하니
胷奇莫與陳　　　　가슴속의 기묘한 느낌 말할 수 없네
暮歸誇得句　　　　저녁에 돌아와 시구를 자랑하고
寒苦頓生春　　　　추위에 괴롭더니 문득 봄이 왔도다
道義知無斁　　　　도의가 사라지지 않을 것 안다면
文章自有眞　　　　문장에 스스로 진실함이 있으리
他年應共說　　　　다른 해에 응당 오늘의 자유로웠던
此日自由身　　　　몸 함께 말하리라

遊密菴　　　유밀암

弱齡慕丘壑　　　　젊어서부터 산골을 사모하여
玆山屢遊盤　　　　이 산에 자주 놀러 왔도다
朝隮青冥外　　　　아침에는 푸른 하늘 밖으로 오르고
暮陟浮雲端　　　　저녁에는 뜬 구름 끝에 올라라
晴嵐染襟裾　　　　맑은 아지랑이 옷깃을 물들이고
水石清肺肝　　　　물과 돌은 폐와 간을 시원하게 하네

俯仰未云已　　　　오르락내리락 그치지 못함에
歲月如飛翰　　　　세월은 나는 새처럼 흘렀네
中年塵務牽　　　　중년에 세속 일에 이끌리어
引脰空長歎　　　　목을 빼고 한갓 길이 탄식만 했도다
曠歲一登歷　　　　몇 해 만에 한 번 올라가 보니
心期殊未闌　　　　마음에 기약 유달리 다하지 못하리오
矧此親友集　　　　하물며 이에 친한 벗이 모였나니
笑談有餘歡　　　　웃음 이야기 남은 기쁨 있도다
結架迫彎碕　　　　정자를 굽이진 언덕 끝에 엮어
徙倚臨奔湍　　　　가서 의지하여 흐르는 물결 임하였도다
共惜前古祕　　　　옛날의 비경을 함께 아끼노니
今爲後來觀　　　　이제 뒷날 와서 보네
落景麗雲木　　　　떨어지는 볕은 구름나무에 걸리고
回風馥秋蘭　　　　회오리치는 바람은 가을 난초 향기일네
林昏景益佳　　　　숲이 어두워지니 경치 더욱 좋은데
悵然撫歸鞍　　　　쓸쓸히 돌아가는 안장 어루만지도다
諒哉故山好　　　　진실로 옛 산이 좋거니
莫遣玆盟寒　　　　이 맹서로 하여금 식지 말라

游畫寒以茂林修竹淸流　　　　유주한이무림수죽청류
激湍分韻賦詩得竹字　　　　　격단분운부시득죽자
(畫寒亭在崇安縣)　　　　　　(주한정재승안현)

仙洲幾千仞　　　　신선이 사는 땅이 몇 1,000길인가
下有雲一谷　　　　아래에 구름 낀 한 골이 있도다
道人何年來　　　　도인이 어느 해에 와서
借地結茅屋　　　　이 땅을 빌려 띳집을 지었나

想應厭塵網　　　생각건대 응당 티끌세상에 얽힌 일 싫증
　　　　　　　　이 나서
寄此媚幽獨　　　이 아름다운 곳에 그윽이 홀로 살았네
架亭俯淸湍　　　정자를 얽어 맑은 여울 내려 보고
開徑玩飛瀑　　　지름길을 만들어 나는 폭포 즐겼네
交游得名勝　　　사귀어 놂에 명승지 얻어
還往有篇牘　　　가고 오는 글월 편지 있도다
杖屨或鼎來　　　지팡이에 신 끌고 혹 솥 가지고 와서
共此巖下宿　　　이 바위 아래에 함께 자도다
夜燈照奇語　　　밤에 등불은 기묘한 말을 비치고
曉策散游目　　　새벽에 지팡이는 눈 둘러볼 데 헤치네
茗椀共甘寒　　　찻잔을 드니 함께 달고 시원한데
蘭皐薦淸馥　　　난초 언덕이 맑은 향기 보내도다
至今壁間字　　　지금 벽 사이에 글자
來者必三讀　　　온 사람마다 반드시 세 번 읽도다
再拜仰高山　　　두 번 절하고 높은 산처럼 우러러보니
懍然心神肅　　　두렵게 마음과 정신 가지런하네
我生雖已後　　　내가 사는 건 비록 이미 후세지만
久此寄齋粥　　　오래도록 이 집 죽을 먹었도다
孤興屢呻吟　　　혼자 신나서 자주 읊조리다가
群游幾追逐　　　떼 지어 노는데 몇 번이나 쫓겨났나
十年落塵土　　　10년을 티끌 땅에 떨어졌으나
尙幸不遠復　　　아직 요행히 돌아올 길 멀지 않도다
新涼有佳期　　　초가을 서늘함에 좋은 기약 있노니
幾日戒征軸　　　며칠날이 떠날 길을 경계하나
宵興出門去　　　밤에 일어나 문을 열고 나가니
急雨遍原陸　　　쏟아지는 비가 들판에 가득해라
入谷尙輕埃　　　골짜기에 들어감에 아직 먼지 가볍고
解裝已銀竹　　　여장을 푸니 이미 하얀 대로다

虛空一瞻望　　　　　　공중을 한 번 바라보고
遠思翻蹙恧　　　　　　멀리 생각하며 자주 찡그리며 부끄러워
　　　　　　　　　　　하네
袒跣亟躋攀　　　　　　발을 벗고 자주 기어오르니
冠巾如膏沐　　　　　　관과 건이 땀에 목욕한 듯
雲泉增舊觀　　　　　　구름과 우물이 옛 경치 더한데
怒響震寒木　　　　　　성낸 소리는 찬 나무 흔드네
深尋得新賞　　　　　　깊이 찾아들어 새로운 시구 얻으니
一簣今再覆　　　　　　한 삼태기를 이제 다시 엎도다
同來況才彦　　　　　　함께 온 사람들 하물며 재주 아름다워
行酒屢更僕　　　　　　술잔 돌림에 자주 다시 시키도다
從容出妙句　　　　　　조용하면 기묘한 시구 나오거니
珠貝爛盈匊　　　　　　주옥같은 말이 손바닥에 넘치도다
後生更矗矗　　　　　　뒷날에 사람 다시 열심히 노력하고
俊語非碌碌　　　　　　큰 말은 자질구레하지 않거니
吾纓不復洗　　　　　　나의 갓끈을 다시 씻지 않아도
已失塵萬斛　　　　　　이미 먼지 더미를 잃어 버렸으나
所恨老無奇　　　　　　남은 한은 늙어서 기묘함 없음이니
千毫眞浪禿　　　　　　1,000붓끝이 참으로 아무렇게나 모지라
　　　　　　　　　　　졌네

聞季通德明諸友入山以　　　문계통덕명제우입산이
詩迎之仍請先生觀瀑布　　　시영지잉청선생관폭포

勝友南窓底　　　　　　아리따운 벗과 남쪽 창 아래
看書老歲華　　　　　　책을 보는 늙은 머리도 희여라
不因寒瀑響　　　　　　찬 폭포의 소리 때문이 아니라도

肯到野僧家 　촌중의 절에 이르도다
古徑開能久 　옛날 지름길을 열어 논 것 오래되었느니
新亭去豈賖 　새로운 정자와 떨어짐 어찌 멀리오
躋攀那可緩 　기어오름을 어떻게 늦출 수 있으리
寂寞有雄夸 　고요한데 웅장한 뽐냄 있었도다

次觀瀑布韻　　차관폭포운

快瀉蒼崖一道泉 　통쾌하게 쏟아지는 푸른 낭떠러지 한길
　　　　　　　　　샘물
白龍飛下欝藍天 　하얀 용이 날아 내린 울창하게 파란 하늘
空山有此眞奇觀 　빈산에 이렇게 참으로 기묘한 경관 있어
倚杖來看思凛然 　지팡이에 의지하여 와서 보니 생각 소름
　　　　　　　　　끼치도다

和季通畵寒韻　　화계통주한운

萬壑争流處 　10,000골짜기 다투어 흐르는 곳
千年树石幽 　1,000년 나무 돌 그윽하도다
危亭因我作 　높은 정자는 나를 인연하여 지었는데
勝日爲君留 　좋은 날은 그대 머물게 하도다
酒笑红裙醉 　술은 붉은 치마 취하는 꼴 비웃고
詩慙雜珮酬 　시는 이것저것 화답하는 것 부끄러워하네
尚嫌心境窄 　오히려 심경이 협착한 것 싫어하며
更約九垓游 　다시 땅끝에 놀기로 약속하도다

次韻謁忠顯劉公墓下　　차운알충현유공묘하

理亂由来今古同　　잘 다스리고, 어지러워짐이 말미암아 오
　　　　　　　　　는 것 옛날이나 이제나 같거늘
覆車那肯戒前蹤　　뒤집어진 차가 어찌 앞차의 바퀴 자욱
　　　　　　　　　경계하였으리
紛紛誤國人無数　　어지럽게 나라를 그르친 사람 수도 없는데
不昧丹心獨此公　　붉은 마음에 어둡지 않은 이 홀로 이 분
　　　　　　　　　일세

次季通畫寒亭韻二首　　차계통주한정운2수

不信高懷與世殊　　믿을 수 없이 높은 회포 세상 사람과 다
　　　　　　　　　르거니
清遊試問與誰俱　　깨끗하게 놂에 묻건대 누구와 더불어 짝
　　　　　　　　　하는가
相將靜聽潺湲水　　서로 장차 고요히 졸졸 흐르는 물소리
　　　　　　　　　들으며
洗滌塵襟肯自汚　　티 묻은 옷깃 씻어 스스로 더럽히리오

其二　　　　　　　2

山行前後有光輝　　산길은 앞뒤로 광채가 있는데
撲撲浮嵐翠染衣　　달라붙는 뜬 노을 파랗게 옷을 물들이네
直到仙洲奇絶處　　신선 사는 땅 기묘한 곳에 곧장 이르니
晝寒亭下玉龍飛　　주하정 아래에 하얀 용이 날도다

飮淸湍亭石上小醉　　음청단정석상소취
再登晝寒　　　　　　재등주한

水邊今日共傳杯　　물가에서 오늘 함께 술잔 돌리는데
多謝殷勤數子來　　감사하게도 은근한 몇 사람 와 주었네
三伏炎蒸那有此　　3복 더운 김 속에 어찌 이런 곳 있는지
百年懷抱頓能開　　100년의 회포를 문득 열게 하네
雲山合匝還生霧　　구름과 산이 합하여 두르니 도리어 안개
　　　　　　　　　생기고
雪澗崩騰怒吼雷　　눈과 골짜기 물이 달리고 날리니 성낸
　　　　　　　　　소리 진동하네
却恨蒼屛遮遠目　　문득 푸른 병풍이 멀리 보는 눈 가린 것
　　　　　　　　　한이나
凌風直欲跨蓬萊　　소름 끼치는 바람이 바로 봉래산에서 온
　　　　　　　　　것 뽐내네

次淸湍亭韻二首　　차청단정운2수

上下靑山今白頭　　위아래 푸른 산에 이제 하얀 머리
穿雲入塢未能休　　구름 뚫고, 언덕에 들어 쉬지 못하도다
因君去覓仙洲路　　그대를 인연하여 가며, 신선 땅 가는 길
　　　　　　　　　찾는데
却嘆周南獨滯留　　문득 주나라 남쪽에 홀로 남은 것 탄식
　　　　　　　　　하네

其二　　　　　　　2

仄徑穿林欲造天　　옆 지름길로 숲 속을 뚫고, 하늘 보고자

	하는데
未妨停策聽涓涓	지팡이 멈추고, 졸졸 흐르는 물소리 듣는 것 막지 말라
知君便有刀頭意	그대에게 문득 칼머리 생각 있는 것 알겠으나
莫忘仙洲澗底泉	신선 땅 골짜기 물 밑에 샘물 잊지 마소

立春大雪邀劉圭甫 입춘대설요유규보
諸兄遊天湖 제형유천호

同雲被四野	같은 구름으로 네 들을 입히니
寒氣慘悲凉	찬 기운이 슬프고 쓸쓸하도다
回風一以定	회오리바람 한번 그친 뒤에
密雪來飄揚	함박눈이 와서 나부끼도다
時當冬候窮	때는 바야흐로 동장군이 궁박하여
開歲五日彊	닷새 남은 새해도 힘들어하네
蓬巷無與適	갈대 우거진 시골에 마음에 든 것 없거니
陟此瓊臺岡	이 눈 누대 산마루에 올랐도다
賓友旣追隨	손님과 벗 이미 따라오고
兒童亦携將	아이들도 또한 부축이며
攀躋得冢頂	기어올라 무덤 꼭대기에 왔노니
徙倚聊彷徨	걸으며 기대며 애오라지 방황하네
俯視千里空	내려 보니 1,000리 허공이요
仰看萬鶴翔	올려 보니 10,000학이 날도다
遠迷亂峯翠	먼 데는 뭇 봉우리 푸름 없고
近失平林蒼	가까이는 평평한 숲 파란빛 잃었는데
偃薄瑩神骨	높고 넓으니 정신과 뼈 밝아지고

咀嚼清肝腸　　　　얼음 씹어 삼키니 간장도 시원해라
朗詠招隱作　　　　명랑하게 숨은 이 찾는 시 노래하다가
悲吟黃竹章　　　　슬프게 누렇게 죽은 대나무 글 읊조리네
古人不可見　　　　옛사람을 다시 볼 수 없거늘
來者誰能量　　　　뒤에 올 사람 누가 헤아리리
且復記玆日　　　　또한 다시 오늘 일 기록하노니
他年亦難忘　　　　다른 해에도 또한 잊기 어려우리

次圭父遊將軍巖韻二首　　　　차규보유장군암2수

極目危岑杳靄間　　　　멀리 보인 높은 봉우리 아련한 사이에
誰將層棟壓巑岏　　　　그 누가 층집 지으려고 쫑긋쫑긋한 산
　　　　　　　　　　밀었나
瘦筇上上莫辭遠　　　　가는 대 지팡이로 오르고, 오름에 먼 것
　　　　　　　　　　사양 않고
絶境行行得細看　　　　절경을 가고, 가면서 자세히 보도다
舀井尚餘茅経處　　　　쓰지 않은 우물이 아직 띠풀 속에 남아
　　　　　　　　　　있는데
考槃無復碩人寬　　　　숨어 사는 집은 다시 큰 사람 위하여 넓
　　　　　　　　　　게 않도다
倦來拂石支拳睡　　　　피곤하면 바위 쓸고, 주먹 베고 자노니
萬壑吟風午夢闌　　　　10,000골짜기 바람소리 낮 꿈에 다하도다

其二　　　　2

陳迹眞成俯仰間　　　　썩은 자취 참으로 올려 보고, 내려 본
　　　　　　　　　　사이에 이루니
回頭猶認碧巑岏　　　　머리를 돌려 오히려 푸르고, 높은 산 깨

닫네

更煩地主殷勤意	다시 지방장관의 은근한 생각 번거로워
得盡雲山表裏觀	구름 산 겉과 속의 경치 다 보도다
景晏共愁歸路遠	볕이 늦으니 함께 돌아갈 길 먼 것 걱정하고
年侵獨負酒杯寬	나이 드니 홀로 술잔 큰 것 저버리네
明朝覓句酬珠玉	내일 아침 시구를 찾음에 좋은 글 주리니
剩喜詩情却未闌	넘치는 기쁜 시정 문득 다하지 못하리

次彦集經營別墅之作　　차언집경영별서지작

回北成南指顧間	북쪽 둘러 남쪽 끝이 가리키며 돌아보는 사이인데
要今華敞對巑岏	요지에서 이제 아름답게 높은 산을 대하네
家山信有千巖擁	우리 산에 참으로 1,000바위 엉켜 있나니
雲月何妨兩處觀	구름과 달 양쪽에서 보는 것 어찌 막으리
傑閣已資隣築勝	큰 집은 이미 이웃집도 아름답게 하였는데
新基還見繚牆寬	새 터가 도리어 두른 담장 넓어 보이도다
老仙鶴骨殊蕭爽	늙은 신선 학의 뼈 유달리 상쾌하거니
歸興從今豈易束	돌아가는 신바람 이제부터 어찌 쉽게 그치리

彦集圭丈擇之同飮白雲　　　언집규장택지동음백운

精舍以醉酒飽德爲韻憙　　　정사이취주포덕위운희

分得飽字醉中走筆奉呈　　　분득포자취중주필봉정

奔趨名利場　　　명예와 이익의 마당으로 달려가는데

禍福急相絞　　　재앙과 복으로 급히 서로 목 조르네

夜窓一反側　　　밤 창에 한 번 뒤척이노니

膚垢紛兩爪　　　몸에 때가 두 손톱에 묻어나도다

豈如親朋集　　　어찌 친한 벗이 모여 느직이 밥 먹어

晚食聊一飽　　　한 번 배부름만 같으리오

心期共悠悠　　　마음은 함께 유유하기를 기약하고

文字各稍稍　　　문자는 각각 조금씩 다르게

華燭旣屢更　　　밝은 촛불은 이미 여러 번 바꾸었고

試腸亦頻攪　　　시의 창자도 또한 자주 흔들어라

寒更儘渠深　　　찬 밤이 모두 어찌 깊었는가

孤諷寧至卯　　　혼자 노래하며 차라리 날을 새울까?

次劉圭甫和人梅花韻　　　차유규보화인매화운

意行欲遍江村路　　　생각은 강촌의 길을 두루 다니어

恰到詩人斷魂處　　　시인의 넋이 끊어진 곳에 이르고 싶은데

梅花未肯笑春風　　　매화는 봄바람에 웃으려 하지 않거늘

蔓草何須怨零露　　　넝쿨풀이 어찌 모름지기 찬 이슬 원망하리

歸來四壁無餘聲　　　돌아오니 네 벽에 남은 소리 없는데

俯檻秖有寒塘靑　　　난간에 내려 보니 오직 찬 연못이 파랗
　　　　　　　　　게 있네

美人邂逅一笑粲　　　아름다운 사람 만나 한 번 껄껄 웃으니

倒影的皪疏枝橫	거꾸로 선 그림자 뚜렷이 옆 가지도 드물어라
寸心久矣遺紛雜	마음에 오래도록 번잡함을 버리거니
不但老禪齋夏臘	다만 늙은 중이 여름에 입제한 것만 아닐레
此時恨恨欲何言	이때에 한탄하며 무슨 말을 하리오
本根落落幾難合	뿌리는 우뚝 높아 거의 합치기 어려워라
走遍諸君詩卷中	달리는 여러분의 시집 가운데
西湖東閣病還同	서쪽 호수 동쪽 층집 병통 도리어 같도다
劃然長嘯驚夢破	뚜렷이 긴 휘파람에 놀라 꿈을 깨니
碧雲散盡山叢叢	푸른 구름 모두 사라진 산만 빽빽하여라

奉酬圭父末利之作　봉수규보말리지작

玉蕊琅玕樹	옥 같은 문장 아름다운 대나무 같아
天香知見薰	자연스런 향기 훈훈하게 알리도다
露寒淸透骨	이슬이 차가우니 뼈까지 시원하고
風定遠舍芬	바람이 자니 향기 멀리 퍼지네
爽致銷繁暑	상쾌하니 번거로운 더위 녹고
高情謝曉雲	높은 정취 새벽 구름에 떠나보내도다
遙憐河朔飮	아득히 황하 북쪽에서 마시는 것 그리운데
那得醉時聞	어찌 취한 때 들을 수 있으리

奉酬圭父白蓮之作　봉수규보백련지작

| 忽傳夒府句 | 홀연히 기나라의 글월이 전해 오더니 |
| 幷送遠公蓮 | 아울러 멀리 있는 임 연꽃을 보냈네 |

翠蓋臨風廻　　　　　푸른 덮개는 바람을 임하여 빛나고
氷華浥露鮮　　　　　얼음 꽃은 이슬을 머금고 신선하여라
舞衣淸縞袂　　　　　춤추는 옷은 맑고 하얀 소매요
倒景爛珠躔　　　　　물속에 비친 경치 아름다운 별자리이어라
想象芙蓉闕　　　　　부용의 궁궐을 상상하노니
冥冥絶世緣　　　　　깊이깊이 세상 인연 끊어졌네

次圭父觀魚韻　　　차규보관어운

平生三伏斷追遊　　　평생 3복에는 따라 놀지 않았더니
誰喚來穿澗樹幽　　　그 누가 골짜기 숲 그윽한 데로 부르며
　　　　　　　　　　오는가
初訝網橫天影破　　　처음에는 그물을 던져 하늘 그림자 깰까
　　　　　　　　　　의심하고
忽驚人蹴浪花浮　　　문득 사람이 차서 물결 꽃 뜰까 놀라도다
鳴榔不用齊吳榜　　　몽둥이를 내려침에 오나라 매와같이 쓸
　　　　　　　　　　것 없고
鼓世何須學楚謳　　　세상에 울림에 어찌 모름지기 초나라 노
　　　　　　　　　　래를 배우리
便有金盤堆白雪　　　한편 금 소반에 하얀 눈이 쌓였는데
却憐淸泚向東流　　　맑은 물이 동쪽으로 흐르는 것 문득 안
　　　　　　　　　　타까워라

奉同黃子厚賦白芙蓉　　봉동황자후부백부용
呈劉彥集平父　　　　정유언집평보

湛湛曲池水　　맑고 맑은 굽은 연못 물
曉含風露淸　　새벽에 바람 머금고 시원함 드러냈네
田田綠羅蓋　　연꽃잎 물 위 떠서 푸른 비단으로 덮고
粲粲白玉英　　울긋불긋 하얀 옥 같은 꽃
澹然絕世姿　　담담하게 세상에 없는 자태
不與穠艷幷　　짙게 고운 것들과 더불어 합치지 않네
俯鑑冰雪影　　물은 내려 보니 얼음 눈의 그림자
詎懷兒女情　　어찌 아녀의 감정 품으리
山中徒淹留　　산속에서 부질없이 오래 머무르니
堂下空目成　　당 아래에 한갓 눈길 이루네
獨有忘機客　　홀로 마음 잊은 손 있어
相看兩無營　　서로 봄에 둘 다 꾸밈없도다

觀洪遵雙陸譜有感　　관홍준쌍륙보유감
呈劉平甫范仲宣二兄　　정유평보법중선2형

近從新譜識梟盧　　요즈음 새 기보로부터 놀음을 알았는데
擬喚安陽舊博徒　　안양에 옛 도박사들을 불러온 듯하여라
只恐分陰閒過了　　오직 시간을 한가히 보낸 것 두렵고
更教人誚牧豬奴　　다시 사람으로 하여금 돼지 치는 놈들이
　　　　　　　　라고 꾸짖게 하리

次劉彦集木犀韻三首   차유언집목서운3수

衆芳搖落九秋期　　온갖 꽃이 흔들려 떨어지는 한가을
橫出天香第一枝　　옆으로 나온 좋은 향기 한 가지
莫似寒梅太古絶　　찬 매화처럼 태초에 뛰어난 것 없나니
更交遙夜笛中吹　　다시 깊은 밤 피리소리와 사귀도다

其二   2

僊衣纔試鬱金黃　　신선 옷을 바야흐로 울금의 진노랑 빛으
　　　　　　　　　　로 만들었는데
便覺秋風滿院芳　　문득 가을바람이 뜰에 가득하도다
定觀極知先透徹　　고정하여 보니 먼저 꿰뚫는 것 다 알겠
　　　　　　　　　　거니
通心豈是故迎將　　마음을 통하면 어찌 짐짓 보내고 맞이하
　　　　　　　　　　리오

其三   3

秋到寒巖桂樹叢　　가을에 찬 바위 계수나무 떨기에 이르러
小山吟罷思悲翁　　작은 산에서 노래를 마치고 슬프게 생각
　　　　　　　　　　하는 늙은이
不妨更作淹留計　　다시 오래 머물 계획 막지 않거니
占取人間十里風　　인간의 10리 바람을 점쳐서 가지도다.

寄謝劉彦集菖蒲之貺二首　　기사유언집창포지황2수

君家蘭杜久萋萋　　그대 집에 난초와 향초 오래 무성하더니

近養菖蒲綠未齊　　　요즈음 창포를 길러 푸름 한이 없어라
乞與幽人伴岑寂　　　그윽한 사람에게 나누어 주어 고요함을
　　　　　　　　　　짝하니
小窓風露日低迷　　　작은 창에 바람이슬 날이 저물도다

其二　　　　　　　2

泉淸石瘦碧纖長　　　우물 맑고, 돌 늙은 데 파랗게 돋아나니
秋露懸珠炯夜光　　　가을 이슬에 구슬 꿰어 밤에도 빛나네
箇裏無窮閒造化　　　그 속에 끝없이 한가로운 조화
別來誰與共平章　　　각별히 누구와 더불어 와서 함께 평화로
　　　　　　　　　　우리

公濟惠山蔬四種幷以佳　　　공제혜산소4종병이가편
篇來貺因次其韻　　　　　　래황인차기운

葟　　　　　　　　한

靈草生何許　　　　　산갓이 어느 곳에서 나는가
風泉古澗傍　　　　　바람 샘물 옛 산골 물가로다
褰裳勤采擷　　　　　치마를 걷어 올려 부지런히 캘제
挾筯嚏芳香　　　　　젓가락을 끼고, 꽃다운 향기에 재채기를
　　　　　　　　　　하도다
泠入玄根閟　　　　　서늘하면 깊은 뿌리에 으슥히 들어가고
春歸翠穎長　　　　　봄이 오면 파랗게 돋아 자라도다
遙知拈起處　　　　　아득히 따고 일어나는 곳 전체의
全體露眞常　　　　　참모습 드러내는 것 알도다

芹　　　　　근

晚食寧論肉　　느직이 먹는 밥 어찌 고기반찬 논하리
知君薄世榮　　그대가 박한 세상에 자란 것 알겠도다
瓊田何日種　　옥돌 밭에 어느 날 심었나
玉本一時生　　하얀 뿌리 한 번에 나왔네
白鶴今休誤　　하얀 학이 이제 잘못 쉬었거니
靑泥舊得名　　푸른 진흙탕 예전에 이름 얻었네
收單還炙背　　하나씩 거두어 도리어 적꼬치에 꿰이니
北闕儻關情　　북쪽 대궐을 응당 생각 하리라

筍　　　　　순

新筍因君寄　　새 죽순을 그대가 부쳐 주니
匡廬入夢中　　광려의 땅이 꿈속에 들어오네
丹元餘故宅　　단원 선생은 옛집에 남아 있고
翠竹尙餘風　　푸른 대는 아직 남은 풍모 있도다
日日來威鳳　　날마다 봉황이 날아오니
年年饌籜龍　　해마다 대 열매를 먹이도다
猶嫌有兼味　　오히려 겸하는 맛 들까 혐의하니
不似一源功　　한 뿌리에 노력함만 같지 못하리

蕨　　　　　궐

西山采蕨人　　수양산에서 고사리를 캐는 사람
蓬首尙傾國　　덥수룩한 머리로 오히려 나라 기울었네
懷哉遠莫致　　생각하여도 멀어서 이르지 못해

引脰氣已塞　　　　　목을 빼어 볼 제 기가 이미 막히도다
頃筐忽墮前　　　　　갑자기 광주리를 문득 앞에 떨어뜨리니
此意豈易得　　　　　이 생각을 어찌 쉽게 얻으리
良遇不可遲　　　　　진실한 만남 늦출 수 없나니
枯笻有餘力　　　　　마른 지팡이에 남은 힘 있도다

題吳公濟風泉亭　　　　　제오공제풍천정

澗谷居永久　　　　　산골에 사는 지 오래되니
高情未云酬　　　　　높은 정취에 대답할 이 있지 않네
玆焉發天祕　　　　　이에 하늘 비밀 밝혀
始造寒巖幽　　　　　처음으로 찬 바위 그윽한 데 지었도다
上有茂樹陰　　　　　위에는 무성한 나무그늘 있고
下有淸泉流　　　　　아래는 맑은 샘물 흐르도다
結亭倚蒼峭　　　　　정자를 엮어 푸른 산 의지하고
鑿磴窮嵌丘　　　　　돌사다리를 뚫어 골짝 언덕 다 가도다
翠壁自屛立　　　　　파란 벽은 스스로 막아서고
靑蘚亦環周　　　　　푸른 이끼 또한 두루 둘렀네
揭來憩永夏　　　　　가고 오며 긴 여름 쉬니
凜若臨淸秋　　　　　서늘하기가 맑은 가을 만난 것 같네
仰空韻笙竽　　　　　공중을 쳐다보니 생황소리 울리고
俯檻鏘琳璆　　　　　난간을 내려 보니 옥이 쟁그랑 울리네
幽聽一以會　　　　　그윽이 들어 한 번에 깨달으니
悠然與神謀　　　　　유연하게 정신이 들도다
邈哉超世心　　　　　멀어라! 세상을 초월한 마음
暇日聊娛憂　　　　　틈나는 날 애오라지 즐기고 근심하네
笑問車馬客　　　　　웃으며 묻건대 말 수레 타는 나그네여
誰能淹此留　　　　　그 누가 능히 오래 여기에 머물리

再題吳公濟風泉亭　　재제오공제풍천정

華林翠磵響風泉	꽃 숲 푸른 돌 사이 물 바람 샘물 울리는데
竟日閒來石上眠	하루 종일 한가히 와서 돌 위에 졸도다
更結危亭俯幽聽	다시 높은 정자 엮어 내려 보며 그윽이 듣거니
未妨長作地行仙	길이 땅 위에 신선되는 것 막지 못하리

奉和公濟兄留周賓之句　　봉화공제형류주빈지구

端居感時序	단정하게 살며 시절 변함 느끼거니
駕言誰適從	성왕의 말씀 누가 마침 따르리
聊携二三子	애오라지 두서너 벗과 손잡고
杖屨此日同	지팡이와 신발 오늘 함께하도다
悠哉素心人	아득하여라! 본디 마음 가진 사람
宴坐空巖中	빈 바위 가운데 둘러앉았네
眞成三秋別	진실로 한가을에는 이별하리니
夢想情何窮	꿈속에서 생각하는 정 어찌 다하리
行行陟崇岡	걷고 걸어 높은 산봉우리에 올라
引脰希高風	목을 빼고 높은 바람 바라도다
忽然兩相值	갑자기 둘이 서로 만났다가
俯仰迷西東	오르고 내리며 동서를 잃었네
鱣堂偶休閒	강당은 우연히 쉬어 한가하고
鷄黍聊從容	사람을 대접하는 일도 애오라지 조용하여
不辭腰脚勞	허리와 다리의 아픈 것 사양치 않고
共上西南峰	함께 서남 봉우리에 올랐도다
佩茰笑長房	수유를 차고 장방을 비웃고

把菊追陶公　　　국화를 잡고 도연명을 추념하네
遐觀衆山廻　　　멀리 보니 뭇 산도 아름다운데
一酌千慮融　　　술 한 잔에 1,000걱정 풀어지도다
興罷復來歸　　　흥이 다하여 다시 돌아오거니
杳靄秋堂空　　　어두운 노을에 가을집이 비었네
窺樽訖餘瀝　　　술병을 엿보고 남은 찌꺼기 다 마시고
倚閣聞疏鐘　　　층집에 기대어 드문 종소리 듣도다
主人意未闌　　　주인의 생각 다하지 못하였노니
驪駒勿忽忽　　　돌아가는 말은 바쁘게 서둘지 말라

寄吳公濟兼簡李伯諫五首　　　기오공제겸간이백간5수

客子歸來春未深　　　나그네가 돌아오니 봄이 길지 않았거늘
秪應寒雨罷登臨　　　오직 찬비에 산에 오르기 그만두었네
閒窓竟日焚香坐　　　한가로운 창가에 하루 종일 향 피우고
　　　　　　　　　앉았노니
一段孤明見此心　　　한 줄기 외로운 빛에 이 마음 보도다

其二　　　2

三徑苺苔晝掩關　　　친구 찾는 길 이끼 끼어 낮에도 문을 닫
　　　　　　　　　았더니
君來問道却空還　　　그대가 와서 길 묻다가 헛되이 돌아갔네
從今蠟履應無恙　　　이로부터 밀을 바른 신이 응당 탈 없으
　　　　　　　　　리니
有興何妨再入山　　　신나면 다시 산에 들어가는 것 어찌 막
　　　　　　　　　으리

其三

3

盤翁別去久無書　반곡의 늙은이와 헤어져 오래 편지 없으니
可復因循自作疏　다시 옛날처럼 홀로 글을 쓰도다
珍重寄聲煩問訊　진중한 소리에 붙여 번거롭게 묻노니
箇中消息定何如　그 가운데 소식이 참으로 어떠한지

其四

4

繁絃急筦盛流傳　번거로운 거문고 빠른 피리 성대하게 흘
　　　　　　　　러 전하니
淸廟遺音久絶絃　맑은 조정에서 남긴 음악 오래 끊어졌네
欲識寥寥千古意　고요히 1,000년의 옛날 생각 알고 싶거든
莫將新語勘塵編　새로운 말로 경전을 고치지 말라

其五

5

憶昔殊方久滯淫　옛날을 생각하니 여러 가지 학문 방법에
　　　　　　　　오래 막히었더니
年深歸路始駸駸　해가 깊어 돌아가는 길에야 비로소 마구
　　　　　　　　달렸네
傍人欲問簞瓢樂　옆에서 보는 이 대바구니의 밥과 바가지
　　　　　　　　의 물로 즐거움을 묻고자 하지만
理義誰知悅我心　천리와 도의가 내 마음 즐겁게 함을 그
　　　　　　　　누가 알리

公濟和試見閔耽書勉以　　　　공제화시견민탐서면이
教外之樂以詩請問二首　　　　교외지락이시청문2수

至理無言絶淺深　　　지극한 이치는 말 없이 깊고 얕음 끊었나니
塵塵刹刹不相侵　　　대대로 어디서나 서로 침노하지 못하네
如云教外傳眞的　　　만약에 가르침 밖에 참자취를 전한다면
却是瞿曇有兩心　　　문득 이것은 석가모니의 두 마음 둠이로세

其二　　　　　2

未必瞿曇有兩心　　　반드시 석가모니가 두 마음 둠은 아닐지나
莫將此意攪儒林　　　장차 이런 뜻으로 유림을 교란하지 말라
欲知陋巷憂時樂　　　더러운 시장거리에 근심 속의 즐거움 알고자 하거든
只向韋編絶處尋　　　오르지 주역 책을 엮은 끈이 끊어진 데서 찾아야지

伯諫和詩云邪色哇聲方　　　백간화시운사색와성방
漫漫是中正氣愈駸駸　　　만만시중정기유침침
予謂此乃聖人從心之妙　　　여위차내성인종심지묘
三歎成詩重以問彼二首　　　3만성시중이문피2수

任從耳畔姦聲過　　　귓가에 간사한 소리 지나가게 내버려 두는 것
特地胷中順氣萌　　　특별한 경지 가슴속에 화순한 기운 싹텄네

箇裏詎容思勉得　　　그 속에 어찌 생각하고 힘써 얻음을 용
　　　　　　　　　　납하리
羨君一躍了平生　　　그대가 한 번에 평생을 깨달은 것 부러
　　　　　　　　　　워라

其三　　　　　　　　2

闕里當年語從心　　　공자님이 그때 마음따라 하는 것 말했지만
至今蹤跡尙難尋　　　오늘까지 그 자취를 아직도 찾기 어려운데
況君直至無心處　　　하물며 그대가 곧장 마음 없는 곳에 이
　　　　　　　　　　르렀다 하니
肯向人前話淺深　　　사람 앞을 향하여 깊고 얕음 말하겠나

游百丈山以徙倚弄雲泉　　　유백장산이사의농운천
分韻賦詩得雲字　　　　　　분운부시득운자

執熱倦煩跼　　　숨이 막히니 번거롭게 걷는 것 싫고
駕言起宵分　　　성왕의 말씀은 밤중에 일어나네
隨川踏曉月　　　내를 따라 새벽달 아래 거닐고
度嶺披朝雲　　　산 모릉에 올라 아침 구름 잡도다
攀緣白石梯　　　올라감은 하얀 돌사다리 따라서
拂拭蒼蘚紋　　　푸른 이끼 무늬 털도다
噴薄驚快覩　　　뿜어 올리는 태양을 놀라 유쾌하게 보며
琮琤喜先聞　　　우물 물 흐르는 소리 기쁘게 먼저 들도다
奇哉此精廬　　　기묘하여라! 이 정결한 집
眇然隔塵氛　　　아득하게 세속 기분 막았네
諸公肯同來　　　여러분이 함께 왔거니

定非俗子群	분명 세속 사람과 떼 짓지 않았도다
永日坐淸樾	긴 낮에 맑은 가로수 그늘에 앉아서
短章策奇勳	짧은 글월로 기묘한 시구에 상 주고
慨然念疇昔	감개하여 옛날을 생각하니
聯裾已荒墳	이은 옷 뒷자락이 이미 거친 무덤 되었네
中路忘磬折	중간 길에 경쇠모양과 같이 허리 굽혀 절함을 잊고
寸心謾絲芬	마음은 열 겹실처럼 어지리이 두도다
惟應泉石願	오직 자연의 살고 싶은 소원에 따라
三生有餘薰	3생을 살아도 남은 향기 있으리
茲遊獲重尋	이 놀이를 거듭거듭 얻으니
十載心氤氳	10년에 마음 덩어리이어라
他年訪舊躅	다른 해에 옛 자취 찾아오리니
山靈莫移文	산신령이여 문채 옮기지 말라

百丈山六詠　　백장산6영

石磴　　석등

層崖俯深幽	겹겹 낭떠러지 굽어 보니 길고 그윽한데
微逕忽中斷	작은 길이 홀연히 가운데 끊어졌네
努力一躋攀	노력하여 한 번 기어오르니
前行有奇觀	앞으로 감에 기묘한 경관 있도다

小澗　　　　소간

兩崖交翠陰　　양쪽 절벽이 사귀어 푸르게 그늘졌는데
一水自清瀉　　한 줄기 물은 스스로 맑게 흐르네
俯仰契幽情　　오르락내리락 그윽한 정취 있으니
神襟頓飄灑　　정신 금도가 갑자기 나부끼어 시원하도다

山門　　　　산문

置屋兩山間　　두 산 사이에다 집을 지었는데
巧當奇絶處　　정교하게 기묘한 곳이어라
峽束百泉傾　　산골은 100샘물 묶어 기울이고
澗激回風度　　골짜기 물은 회오리바람 쳐서 지나가네

石臺　　　　석대

出谷轉石稜　　골짜기를 나옴에 돌 모서리 돌고
俯身窺木末　　몸을 굽힘에 나무 끝이 엿보이네
夕眺嵐翠分　　저녁에 보니 노을 파랗게 나뉘었는데
朝隮雲海濶　　아침에 오르니 구름바다도 넓어라

西閣　　　　서각

借此雲窓眠　　이곳 구름 창문을 빌려 자거니
靜夜心獨苦　　고요한 밤에 마음 홀로 괴로워라
安得枕下泉　　베개 아래 샘물을 어떻게 얻어다가

| 去作人間雨 | 인간 세상에 비를 뿌릴까 |

瀑布　　　　　　　　폭포

巓崖出飛泉	산꼭대기 낭떠러지에 나는 샘물 나오니
百尺散風雨	100척 위에서 바람비를 뿌리네
空質麗晴暉	공중에 맑고 빛나게 걸렸거니
龍鸞共掀舞	용과 학이 함께 춤을 추도다

登蘆峯　　　　　　　등로봉

行到蘆峯最上頭	발길이 노봉 가장 높은 머리에 이르니
幾回振策又還休	몇 번이나 지팡이를 털다가 돌아와 쉬었나
因君好句撩孤興	그대를 인연하여 좋은 글귀에 혼자 신이 났는데
却恨雲煙末肯收	구름안개 거두지 못하는 것 문득 한하네

九月六日早發潭溪　9월6일조발담계
夜登雲谷翌旦賦此　야등운곡익단부차

懷山不能寐	산을 그리워하여 잠잘 수 없어
中宵命行軒	한밤중에 초헌을 가자고 명하네
亭午息畏景	한낮에 외경스런 경치에서 쉬고
薄暮登危巒	늦은 저녁에 높은 꼭대기에 오르도다
峻極踰百磴	높은 끝에는 100돌사다리 넘고
縈紆欲千盤	물결은 굽이쳐 1,000번 돌고자 하네

行行遂曛黑	걷고 걸으며 드디어 희미하게 어두워지는데
月落天風寒	달이 지니 하늘바람 차도다
羽人候中塗	신선이 가운데 길 살펴주고
良朋亦林端	좋은 벗이 또한 숲 끝에 있도다
問我何所迫	나에게 묻기를 무엇 때문에 절박하게
而嘗茲險艱	이 고생을 하느냐고 하누나
疲勞旣云極	피로는 이미 극도에 달하고
飢渴不能言	배고프고 목마름 말할 수 없도다
投裝臥中丘	장비를 내려놓고 가운데 언덕에 누우니
幸此一室寬	다행하게도 한 방이 넓어라
怒號竟永夕	성내어 외치며 긴 저녁 다하니
客枕無時安	나그네 베개 언제나 편안해라
旦起闢幽戶	아침에 일어나 그윽한 문 여니
竹樹靑檀欒	대나무 숲이 박달나무 난나무 사이에 푸르네
驚喜非昔觀	놀라 옛 보던 경치 아님을 기뻐하여
披尋得新觀	헤쳐 찾아 새로운 경관 얻었도다
淹留十日期	10일동안 오래 머물 것 기약하고
俯仰有餘歡	오르락내리락 남은 기쁨 있네
寄語後來子	뒤에 올 사람에게 말 전하노니
勿辭行路難	가는 길이 어려운 것 사양하지 말라

雲谷二十六詠　　　　　운곡26영

雲谷　　　　　　　　　운곡

寒雲無四時　　　　　찬 구름이 4철 없이
散漫此山谷　　　　　이 골짜기에 흩어져 있네
幸乏霖雨姿　　　　　다행히 장맛비 올 모양 적으니
何妨媚幽獨　　　　　그윽이 홀로 아리따움 어찌 막으리

南澗　　　　　　　　　남간

危石下崢嶸　　　　　높은 돌 아래 길고 험한데
高林上蒼翠　　　　　높다란 숲 위에 파란 하늘 푸르러라
中有橫飛泉　　　　　가운데 옆으로 나는 샘물 있어
崩奔雜奇麗　　　　　달려가니 온갖 것 기묘 화려해라

瀑布　　　　　　　　　폭포

峰回危逕轉　　　　　봉우리를 돌아 높은 길 돌아가니
垂練忽千尋　　　　　가는 베를 드리워 문득 8,000척이어라
不爲登山倦　　　　　산에 오르기가 싫어서가 아니라
躊躇秋澗陰　　　　　가을 산골 속에 머뭇거리도다

雲關　　　　운관

白雲去復還　　흰 구름은 갔다가 돌아오고
黃塵倒難入　　누런 티끌 쓰러져 들어가기 어려워라
只有澗水聲　　오직 골짜기 물소리만 있는데
出關流更急　　관문을 나오니 흐름 더욱 빠르네

蓮沼　　　　연소

亭亭玉芙蓉　　아름다운 하얀 부용꽃
迥立映澄碧　　멀리 서서 맑은 물에 비치네
只愁山月明　　오로지 근심은 산속에 달이 밝아
照作寒露滴　　찬 이슬 적시는 것 비쳐 줌이로다

杉逕　　　　삼경

南起雲關口　　남쪽에서 일어난 구름 관문 입구에서
縈紆上草堂　　빙빙 돌아 초당에 오르도다
天風發淸籟　　하늘바람이 시원한 소리 내는데
山月度寒光　　산속에 달이 찬 빛을 재도다

雲莊　　　　운장

小丘橫翠兀　　작은 언덕이 비껴 푸르러 오똑한데
層嶂復嵯峨　　겹겹 산봉우리는 다시 쭝긋쭝긋 하여라
釋耒閑來看　　괭이를 놓고 한가이 와서 보니

嚴姿此處多　　　　엄숙한 자태 이곳에 많네

泉硤　　　　천협

入關但平田　　　　관문에 들어가니 다만 평평한 들인데
復此得清響　　　　다시 이곳에 맑은 소리 얻었도다
何必問眞源　　　　어찌 반드시 참원천을 물으리오
神襟一蕭爽　　　　정신과 가슴이 한번 맑게 시원하네

石池　　　　석지

兩崖蒼峭石　　　　양쪽 언덕에 푸르게 깎아지른 돌
護此碧泓寒　　　　이곳 푸른 물 차갑게 보호하네
秋月來窺影　　　　가을 달이 와서 엿본 그림자
驪珠吐玉盤　　　　여의주를 옥쟁반에 토하도다

山楹　　　　산영

山楹一悵望　　　　산기둥에서 한번 쓸쓸히 바라보니
恨此雲迷谷　　　　구름 속에 골짜기 사라진 것 한이로세
仙人不可期　　　　신선을 기약할 수 없거늘
縹緲雙髻綠　　　　아득히 넓은 곳에 쌍 상투 푸르러라

藥圃

| | 약포 |

長鑱劚靈根
　긴 보습으로 약초 뿌리 캐다가
蒔此泉下圃
　이 샘물 아래 밭에 모종하도다
珍劑未須論
　좋은 약을 반드시 논하는 것 아니라
丹莧已堪煮
　붉은 비름을 이미 삶아 먹었네

井泉

정천

山高澤氣通
　산이 높은데도 못 기운 통하여
石竇飛靈液
　돌구멍 속에 이슬이 날도다
默料谷中雲
　말 없이 골짜기 속에 구름 헤아리니
多應從此出
　대부분 응당 이곳에서 나왔으리

西寮

서료

畬田種胡麻
　3년 된 밭에 오랑캐 삼을 심으니
結草寄林樾
　풀을 맺어 가로수에 붙었도다
珍重無心人
　진중한 마음 없는 사람이
寒棲弄明月
　찬 집에서 밝은 달을 희롱하네

晦菴

회암

憶昔屏山翁
　지난날 생각하니 병상 땅에 노인이
示我一言教
　나에게 한마디 가르침을 주었네
自信久未能
　스스로 믿음을 오래 잘하지 못해

巖棲冀微效　　　　　바위틈에 살면서 미미한 효과 바라도다

草廬　　　　　초려

青山繞蓬廬　　　　푸른 산이 초가집을 둘렀는데
白雲障幽戶　　　　흰 구름은 그윽한 문을 막았네
卒歲聊自娛　　　　죽을 때까지 애오라지 스스로 즐기노니
時人莫留顧　　　　당시 사람이여! 머물러 돌아보지 말라

懷仙　　　　　회선

四望多奇峯　　　　서쪽을 바라보니 기묘한 봉우리도 많은데
北瞰獨仙府　　　　북녘을 보니 홀로 신선 고을이네
欲致武夷君　　　　무이산 산신령을 이르게 하려고
石壇羅桂醑　　　　돌 제단에 계피술을 차리도다

揮手　　　　　휘수

山臺一揮手　　　　산 누대에서 한번 손을 뿌리치니
從此斷將迎　　　　이로부터 보내고 맞이함 끊어졌네
不見塵中事　　　　티끌 속의 일이 보이지는 않으나
惟聞打麥聲　　　　오직 들리는 건 보리타작하는 소리로다

雲社　　　　　　　　　운사

自作山中人　　　　스스로 산속사람 되었노니
即與雲爲友　　　　곧 구름과 더불어 벗이 되었네
一嘯兩紛紛　　　　한 번 휘파람에 두 번 어지러우니
無勞三奠酒　　　　석 잔 술을 따르지 말라

桃蹊　　　　　　　　　도혜

澗裏春泉響　　　　골짜기 속에 봄물 흐르는 소리
種桃泉上頭　　　　샘물 머리에 복숭아를 심도다
爛紅紛委地　　　　떨어진 꽃잎 어지러이 땅에 깔리어
未肯出山流　　　　산을 나가는 물에 흘려보내지 않노라

竹塢　　　　　　　　　죽오

悄蒨桃蹊北　　　　고요한 복숭아나무 있는 지름길 북쪽
蕭槮竹塢深　　　　곧고 늘씬한 대나무 언덕도 깊어라
不堪秋夜永　　　　가을밤 긴 것을 견디지 못하는데
風雨助悲吟　　　　바람비가 슬픈 노래 더해 주도다

漆園　　　　　　　　　칠원

舊聞南華仙　　　　옛적에 들으니 남화의 신선 장주가
作吏漆園裏　　　　칠원 속에서 벼슬아치 되었다네
應悟見割憂　　　　제사 때 희생물 되는 근심 응당 깨닫고는

嗒然空隱几　　　　우두커니 한갓 책상 앞에 숨었도다

茶坂　　　　다판

携籯北嶺西　　　　젓가락 통을 들고, 북녘 재 서쪽에 가
采撷供茗飮　　　　찻잎을 따서 차를 끓여
一啜夜窓寒　　　　한 입 마시니 밤 창도 서늘해
跏趺謝衾枕　　　　양발 개고 앉아 이불 베개 사양하네

絶頂　　　　절정

當年赫曦臺　　　　그때 햇빛 맞이한 누대
移治在茲嶺　　　　옮겨서 이 재에다 세웠도다
寥廓無四隣　　　　고요히 툭 터져 네 이웃 없으니
三光疑倒影　　　　해 달 별이 거꾸로 걸렸는가 의심나네

北澗　　　　북간

土斷川亦分　　　　땅이 끊어진데 내도 또한 나뉘어
北下成陰澗　　　　북쪽 아래 그늘진 골짜기 물 되었네
秀石得佳名　　　　빼어난 돌이 인의석(仁義石)이란 아름다
　　　　　　　　　운 이름얻었으니
服膺吾敢慢　　　　가슴에 간직하여 내가 감히 게으르리

中溪   중계

南下東嶺阿   남녘 아래 동쪽 재 언덕
云是中溪道   말하기를 이에 중계도라 하네
巖樹愛樛枝   바위틈에 나무 늘어진 가지 즐기는데
石田悲蔓草   돌밭에는 넝쿨진 풀 슬퍼하도다

休菴   휴암

別嶺有精廬   외딴 재에 정결한 집 있는데
林巒亦幽絕   숲 산이 둘러 또한 그윽하여라
無事一往來   일 없을 때 한번 왔다가거니
茶瓜不須設   차와 외를 모름지기 내놓지 말라

雲谷雜詩十二首   운곡잡시12수

登山   등산

夕陽翳東峯   저녁볕은 동녘 봉우리에 숨는데
微月下西嶺   희미한 달은 서쪽 몰랑으로 넘어가네
不辭青鞋穿   대껍질 가죽신 떨어지는 것 사양하지 않
              지만
陟此巖路永   이곳을 오르는데 바윗길도 길어라
巖路永且躋   바윗길이 길어도 또한 올라가지만
中情何耿耿   가슴속이 어찌 편안치 못한가?

值風   치풍

山下風吹衣   산 아래 바람은 옷을 휘날리고
山上風拔木   산 위에 바람은 나무를 뽑도다
茅茨何足保   띳집을 어찌 족히 보존하리
瀛海慮飜覆   큰 바다도 뒤집어질까 걱정하네
永念執鬯人   길이 생각하며 강신 술잔 잡은 사람
無心還自惡   아무 생각 없이 도리어 스스로 겸연쩍어
                       하도다

翫月   완월

風起雲氣昏   바람 일어나니 구름 기운 어둡더니
風定天宇肅   바람 자니 하늘도 맑아라
遥遥萬里暉   아득하고 아득하게 10,000리의 빛이
炯炯穿我屋   반짝반짝 나의 집에 비추네
良友共徘徊   좋은 벗과 함께 맴돌거니
山中詎幽獨   산속이라고 어찌 그윽하게 혼자이리

謝客   사객

野人載酒來   촌사람이 술을 지고 와서
農談日西夕   농사 이야기에 해가 서쪽에 진 저녁이네
此意良已勤   이 뜻이 진실로 이미 부지런하거니
感歎情何極   감탄하는 정 어찌 다하리오
歸去莫頻來   돌아가 자주 오지 말게나
林深山路黑   숲이 깊어 산길 어둡도다

勞農　　　　　　노농

四體久不勤　　　손발을 오래 부지런히 아니하니
筋力坐駑緩　　　근력이 앉아서 늘어지도다
何事兩山阿　　　어쩐 일로 두 산 언덕에
離離豆苗滿　　　무성하게 자란 콩 싹이 가득하네
多謝植杖翁　　　지팡이 꽂은 늙은이에게 감사하며
居然見長短　　　우두커니 길고 짧은 것 보도다

講道　　　　　　강도

高居遠塵雜　　　높은 데 살며 티끌 번잡 멀리하고
崇論探杳冥　　　높은 이론 아득히 깊은 데 찾도다
亹亹玄運駛　　　부지런히 힘써 하늘 조화 달리니
林林群動爭　　　많이 모여 떼 지어 다니며 다투도다
天道固如此　　　하늘 이치 참으로 이러하거늘
吾生安得寧　　　우리 인생 어찌 편안하리오

懷人　　　　　　회인

吾黨二三子　　　우리 무리 두서너 벗이
欲來從我遊　　　와서 나를 쫓아 놀고자 하네
塵機諒擾擾　　　세속 일들 참으로 뒤숭숭하니
遐諾終悠悠　　　먼 약속 마침내 아득하여라
空山日復晚　　　빈산에 해가 다시 저무는데
佇立悵夷猶　　　우두커니 서서 쓸쓸히 머뭇거리도다

倦遊　　　　　　　권유

故人千里別　　　옛사람이 1,000리 밖으로 헤어질제
約我仍丹丘　　　나와 신선 사는 산에 가기로 약속하였네
云何一解散　　　어찌하여 한 번 헤어지자는
書到令人愁　　　편지가 와서 사람을 근심케 하나
此山豈不幽　　　이 산도 어찌 그윽하지 않으리오
何必賦遠遊　　　어찌 반드시 멀리 노는 것만 노래하리

修書　　　　　　　수서

紬書厭塵累　　　글을 씀에는 티끌에 얽히는 것 싫어하니
執簡投雲關　　　편지를 집어 구름 관문에 들도다
靈鑰啓玄秘　　　신령스런 열쇠는 깊은 비밀 열고
蕭斧鋤幽姦　　　날카로운 도끼는 숨은 간사함 캐내네
書成莫示人　　　글월이 이루어져도 사람에게 보이지 말고
留置此山間　　　이 산속에다 머물러 두어라

宴坐　　　　　　　연좌

登山思無窮　　　산에 오르니 생각도 끝없는데
臨水心未厭　　　물을 보니 마음 싫지 않도다
沈痾何當平　　　오랜 병은 언제 나을는지
膏肓今自砭　　　고질병을 이제 스스로 버리도다
默坐秋堂空　　　말 없이 앉아 가을 집에 비었노니
逈觀靡餘念　　　멀리 바라봄에 남은 생각 없네

下山　　　　　　　하산

行隨流水聲	가는 길은 흐르는 물소리 따라가고
步出哀壑底	걸음은 슬픈 골짜기 밑으로 나오도다
綠樹枝相樛	푸른 나뭇가지 서로 늘어졌는데
白澗石齒齒	하얀 골짜기 물에 돌도 줄지어 있네
樹石無窮年	나무 돌은 다한 해가 없거늘
流水日千里	흐르는 물은 하루에 1,000리 가도다

還家　　　　　　　환가

出去柴門掩	나아갈 때 사립문을 닫았더니
歸來蕙草秋	돌아오니 난초 핀 가을이네
素蕚林下吐	하얀 꽃을 숲 아래 토하니
淸芬衣上浮	맑은 향기가 옷 위에 뜨도다
欲寄山中友	산속의 벗에게 부치고 하나
日暮悵離憂	해가 저물어 쓸쓸히 근심하도다

雲谷懷魏元履　　　운곡회위원이

歎息艮齋老	간재가 늙는 것을 탄식하노니
當年共此來	젊을 때에 함께 여기에 왔었네
千峯奇絶處	1,000봉우리 기묘한 곳에
一望興悠哉	한 번 바라보고 신바람도 아득하였지
病怯披雲臥	병이 겁나 구름 잡고 누웠고
詩勞擁鼻裁	시가 괴로워 코 움켜쥐고 지었네
秖今何處所	오직 이제는 어느 곳 있나

宿草閟餘哀　　　　묵은 풀에 남은 슬픔 길도다

送許順之南歸二首　　송허순지남귀2수

門前三逕長蒿萊　　문 앞에 친구 다니는 길 쑥 갈대 자랐는데
愧子殷勤千里來　　부끄럽게도 그대가 은근하게 천릿길을
　　　　　　　　　왔네
校罷遺書却歸北　　학교를 파하고 글을 남겨 문득 북녘으로
　　　　　　　　　가니
此心元自不曾灰　　이 마음 원래부터 일찍 없지 않았도다

其二　　　　　2

幾年江海事幽尋　　몇 해의 초야 생화 일마다 그윽한 것 찾
　　　　　　　　　는데
偏與雲僧話此心　　두루 떠도는 중과 이 마음을 이야기하네
今日肯來論舊學　　오늘 와서 옛 학문 논하거니
歲寒猶恐雪霜侵　　절기도 차가운데 오히려 눈서리 침노할
　　　　　　　　　까 두려워라

宿雲際寺許順之將別　숙운제사허순지장별
以詩求教次韻　　　이시구교차운

薄暮投花縣　　　　희미한 저녁에 화현에 드니
聯車入翠微　　　　수레 이어 8분 산에 올랐도다
長林生缺月　　　　긴 숲에 일그러진 달이 나와
永夜照寒扉　　　　긴 밤에 찬 사립문 비추도다

情話欣無斁　　　　정다운 이야기 즐겁게 끝이 없는데
離懷悵有違　　　　떠나온 회포 쓸쓸히 어김 있네
勉哉強毅力　　　　힘쓸지어다, 억지로 굳센 힘
千里要同歸　　　　1,000리길을 함께 돌아가야지

寄題宜春使君定叟　기제의춘사군정수
張兄隱齋　　　　　장형은재

大專槃萬生　　　　큰 하나의 땅 위에 10,000가지 생명
異體實同氣　　　　몸은 달라도 참으로 한가지 기운이네
云胡分彼已　　　　어찌하여 저와 나를 나누어
直以私自蔽　　　　단지 사욕으로 스스로 가린가

君家桂林伯　　　　그대의 집 계림백
德學妙一世　　　　덕성과 학문이 한 세대에 기묘하였네
閉戶不忘憂　　　　문을 닫고 근심 잊지 못하면
纓冠矧行義　　　　갓끈을 매고 하물며 의로움 행하리오

眷言介弟賢　　　　돌아보는 말은 떳떳하고 어질거니
四益謹先卑　　　　네 가지 이익에 삼가 먼저 낮춤이네
千里各分符　　　　천 리 밖으로 각각 벼슬살이 가지만
一心同盡瘁　　　　한마음으로 함께 충성 다해야지

遠題齋戶冊　　　　멀리 재호책이라고 제목하고
來表棲息地　　　　와서 살 땅을 표시하였네
系述寫心胷　　　　가닥가닥 마음속 그려 기술한 것
俯仰資惕厲　　　　오르고 내리며 경계 삼는 밑천일세

陽嘉旣滌蕩　　　드러내 놓고 치하함은 이미 씻은 듯 사
　　　　　　　　라지고
陰慝失封閉　　　숨은 간특함 닫아 두는 것 잃었도다
介然彼苛癢　　　꺼림칙한 저 가려운 옴병
赫若我黥劓　　　뚜렷이 나를 형벌 주는 것 같다네

拊摩極哀恫　　　손으로 어루만져 주자니 지극히 애통하고
征取敢常藝　　　세금 거두는 것 감히 일상 재주일네
戰兢一日力　　　전전긍긍 조심하는 하루의 힘
洋溢四封被　　　4방으로 흘러넘치리

君看物我間　　　그대는 만물과 나 사이를 보라
隱顯豈殊致　　　숨은 이치 나타난 흔적 어찌 다르리오
願反振民功　　　원컨대 백성을 떨쳐 일어나게 하는 공을
　　　　　　　　돌이켜
更懋根本計　　　다시 근본 계획을 힘쓸지어다

次韻題平父兄重建一枝堂　　　차운제평보형중건일지당

畫戟朱門枕碧山　　　그림 창 붉은 대문이 푸른 산을 베었는데
貂蟬元自出儒冠　　　높은 벼슬은 원래부터 선비에서 나왔네
更餘此日林間樂　　　다시 남은 이날 숲 속의 즐거움
遠繼當年膝下歡　　　멀리 그때 어버이 무릎 아래 기쁨이었도다
命駕賓朋千里近　　　수레 타고 온 손님과 벗 천 리도 가깝게
放懷琴酒百憂寬　　　회포를 놓은 가야금과 술 일백 근심 잊
　　　　　　　　　　도다
遺編却好傳子孫　　　경전은 자손에게 전하기 좋으니
莫遣因循學宴安　　　하여금 버릇 들어 편안히 노는 것 배우

지 말라

日用自警示平父　　　일용자경시평보

圓融無際大無餘　　둥글게 녹아 끝없이 커서 남음이 없는데
即此身心是太虛　　여기에 만난 몸과 마음이 곧 태허일세
不向用時勤猛省　　쓸 때를 향하여 부지런히 사납게 반성하지 아니하면

却於何處味眞腴　　문득 어느 곳에서 참맛을 보리오
尋常應對尤須謹　　보통 하는 말에 더욱 모름지기 삼가고
造次施爲更莫踈　　잠깐 하는 일에도 다시 소홀히 말라
一日洞然無別體　　하루를 환하게 별다른 몸이 없어야
方知不枉費功夫　　바야흐로 공부가 헛되지 않음 알리라

抄二南寄平父因題此詩　　초2남기평보인제차시

闕里言詩得賜商　　궐리에서 공자가 시를 말하여 자공 자하 얻었으니

千秋誰復與相望　　천추에 누가 다시 더불어 서로 바라리오
鄒汾斷簡光前載　　맹자와 문중자 끊어진 책으로 이전 말씀 빛내고

關洛新書襲舊芳　　횡거와 정자가 새로운 글로 옛 향기 이었네

析句分章功自小　　글귀를 풀이하고 장절을 나눔 공 스스로 적으니

吟風弄月興何長　　바람을 노래하고 달을 희롱한 신바람 어찌 길리오

從容咏嘆無古今　　조용히 노래하고 탄식함 옛 이제 없나니
此樂從玆樂未央　　이 음악은 이로부터 즐거움 끝이 없도다

題劉平甫定菴五詠　　제유평보정암5영

定菴　　　　정암

風生長林悲　　바람이 나니 긴 숲이 슬퍼하고
雲起空谷暝　　구름이 이니 빈 골짜기 어두워라
下有不死人　　아래에 죽지 않는 사람 있어
一室常在定　　한 방에 항상 앉아 명상하도다

巢雲　　　　소운

入山何所見　　산에 들어 보는 것이 무엇인가?
雲樹春濛濛　　구름 나무 봄 무르익도다
安知巢居子　　나무 위에 사는 사람
避世於其中　　그 속에서 세상을 피하는 줄 어찌 알리오

山臺　　　　산대

林居厭棲迷　　숲 속에 살아 사는 곳 잃어버리는 것 싫어
山頂幸清曠　　산꼭대기가 다행히 맑고 넓어라
無事一登臨　　일 없을 제 한번 올라가 보니
却愁心浩蕩　　문득 근심스러운 마음 호탕해지도다

井泉

정천

開山昔何人　　산길을 여는 게 그 옛날 누가
鑿此寒泉井　　이곳에 찬 우물 팠나
獨夜漱瓊瑤　　홀로 밤중에 양치질하는 물
泠然發深渚　　써늘하여 깊이 정신 들도다

壽穴

수혈

百年不可期　　100년을 산다고 기약할 수 없다면
一壑當預卜　　한 골짝을 마땅히 미리 점쳐야지
自憐木偶人　　스스로 무능한 사람 불쌍히 여기면서
空羨王官谷　　부질없이 좋은 묏자리 부러워하네

和喜雨二絶

화희우2절

雨師誰遣送餘春　　비를 부리는 관리는 누구로 하여금 남은
　　　　　　　　　봄 보내나
珍重天公惠我民　　진중한 하느님이 우리 백성에게 은혜 주네
且看歡顔垂白叟　　또한 기쁜 얼굴에 하얗게 늙은이 보니
莫愁顑頷踏靑人　　어여쁜 얼굴에 봄놀이하는 사람 걱정 말라

其二

2

黃昏一雨到天明　　해질녘에 한 번 온 비 날 샐 때까지 오니
夢裏豊年有頌聲　　꿈속에서 풍년을 노래하였도다
起望平疇煙草綠　　일어나 평평한 논을 보니 아련히 풀도

                           푸르러

只今投筆事農耕　　　　　이제 붓을 던지고, 농사를 지어야지

雲谷次吳公濟韻　　　　운곡차오공제운

昔營此幽棲　　　　　옛날에 경영한 이 으슥한 집

邈與世相絕　　　　　아득히 세상과 서로 떨어졌도다

誓將百年身　　　　　맹세코 장차 100년의 몸뚱이를

來守固窮節　　　　　이끌고 와서 가난할수록 더욱 단단한 절
　　　　　　　　　개 지키리

心期苦未遂　　　　　마음의 기약을 이루지 못하였는데

歲月一何闊　　　　　세월은 한결같이 어찌 많이 흘렀는가

終然匹夫志　　　　　마침내 필부의 뜻

肯遽甘汲汲　　　　　문득 급급하리오

玆晨復登瞰　　　　　오늘 다시 올라 내려 보니

目盡雲一抹　　　　　저 끝에 구름 한 점 사라지네

激烈永嘯餘　　　　　우렁차게 길게 휘파람 분 뒤

朗寥高韻發　　　　　밝고 조용히 높은 운치 피어나네

夫君內德備　　　　　대저 그대는 속에 덕을 갖추었으니

不學王駘兀　　　　　편안히 앉아 노는 것 배우지 않으리

觀心見參倚　　　　　마음을 관찰하여 하늘땅 서 있는 진리보고

出世自英傑　　　　　세상에 나와 스스로 영걸스러워라

竭來肯顧我　　　　　멀리 와서 나를 돌아보니

同去弄雲月　　　　　함께 가서 구름 달 희롱하도다

微言得深扣　　　　　은밀한 말은 깊이 두드려야 얻고

大句亦孤拔　　　　　큰 구절도 또한 혼자 뽑도다

多謝警疎慵　　　　　소략하고 용열함을 경고해 줌 감사하며

未敢嘆瞻忽　　　　　감히 놀래서 감탄하지 못하도다

更問毫釐間　　　다시 묻거니 터럭 끝 사이에
是同端是別　　　같은 것과 다른 것이 무엇인가?

宿休菴用德功壁間韻　　숙휴암용덕공벽간운
贈陳道人　　　　증진도인

暮入千峯裏　　　저녁에 1,000봉우리 속에 드니
寒棲一草菴　　　쓸쓸히 사는 한 초가집이네
室連丹竈煖　　　방에 정결한 부엌이어 따뜻하고
廚引石泉甘　　　주방에 돌에서 나온 샘물 이끌어 달기도
　　　　　　　　하여라

塵慮紛難到　　　티끌생각 어지러이 이르기 어려우니
神光暖內含　　　정신이 맑아 속에 머금었네
非君有道氣　　　그대의 도력 기운 있지 않았다면
孤絶詎能堪　　　홀로 떨어진 것 어찌 능히 이겨내리

挽劉樞密三首　　　만유추밀3수

天畀經綸業　　　하늘이 준 경륜 사업
家傳忠義心　　　가정에 전한 충의의 마음
謀謨經國遠　　　아름다운 계획은 나라를 멀리 경영하고
勳烈到人深　　　공훈은 사람에 깊이 이르렀네
廊廟風雲斷　　　조정에 바람 구름 끊어지고
江湖歲月侵　　　초야에 세월도 조용해라
一朝成殄瘁　　　하루아침에 쓰러지니
九牧共沾襟　　　온 지방이 모두 눈물 흘리도다

其二   2

談笑平蠻策   웃으면서 말한 오랑캐 평정할 대책
焦勞振廩功   노심초사한 백성 구제한 공
復讎乖宿志   복수하려는 옛 뜻은 어그러졌지만
忍死馨餘忠   죽음을 참고 견딘 남은 충성 아름다워
人歎百身贖   사람은 일백 몸 풀어준 것 감탄하고
天悲一鑑空   하늘은 한 거울 빈 것 슬퍼하네
九原終莫起   저 세상에서 마침내 일어나지는 못할지나
千載自英風   1,000년에 스스로 영웅의 풍모이어라

其三   3

久矣身無用   오랫동안 이 몸이 쓸데없어
前恩歎莫償   옛날 은혜 갚지 못한 것 탄식하여
豈期今老大   이제 늙어버릴 줄 어찌 기약했으리
復此重悲傷   다시 이에 거듭 슬퍼하도다
淚向遺書盡   눈물은 남긴 글을 향하여 다 흘리고
心隨宿草荒   마음은 묵은 풀을 따라 거칠도다
諸君那不死   여러분도 어찌 죽지 않으리
慟絶鬢成霜   수염이 희어진 것 애통하도다

武夷七詠   무이7영

天柱峯   천주봉

屹然天一柱   우뚝한 하늘의 한 기둥
雄鎭幹維東   크게 눌러앉아 줄기는 동녘으로

秪說乾坤大 　오직 하늘땅이 큰 것을 말할 뿐
誰知立極功 　그 누가 중심을 세운 공을 알리오

洞天　　　　동천

絶壁上千尋 　절벽은 위로 8,000척인데
隱約巖栖處 　바위틈에 보금자리 숨겨 있도다
笙鶴去不還 　노래하는 학이 가서 돌아오지 않으니
人間自古今 　사람들만 저절로 오락가락

畫鶴　　　　화학

誰寫青田質 　그 누가 푸릇푸릇한 볏논을 그리어
高超鴈鶩群 　높이 나는 기러기 따오기 떼 지었나
長疑風月夜 　한동안 바람 달밤에
清唳九霄聞 　하늘에서 맑게 우는 것처럼 생각하였네

仰高堂　　　앙고당

面勢來空翠 　보이는 형세가 와서 허공에 푸르니
哦詩獨好仁 　시를 읊어 홀로 인을 좋아하도다
懷仁今已矣 　인을 사모함 이제 끝났거늘
誰遣棟樑新 　누구로 하여금 기둥들보 새롭게 하리

趨眞亭　　　　　　　추진정

危亭久已傾　　　　높은 정자 이미 기운 지 오래되어
秖有頹基在　　　　오직 무너진 터만 남아 있도다
何事往來人　　　　어쩐 일로 오고 가는 사람들
不知容髮改　　　　얼굴과 머리를 고쳐 다듬을 줄 모르나

大小藏巖　　　　　대소장암

藏室岌相望　　　　저장하는 집은 높이 서로 마주보되
塵編何莽鹵　　　　먼지 앉은 책은 어찌 그리 추솔하나
欲問伯陽翁　　　　백양의 늙은이에게 묻고자 하노니
風煙迷所處　　　　바람 안개에 살 곳을 잃었는가?

丹竈　　　　　　　단조

仙人推卦節　　　　신선이 주역 수리를 추리하여
煉火守金丹　　　　불을 일구어 금 알약을 만드는데
一上煙宵路　　　　한번 연기 하늘 길에 올라가
千年亦不還　　　　1,000년이 되어도 돌아오지 않도다

壬子三月二十七日　　**임자3월27일**
聞迅雷有感　　　　　**문신뢰유감**

誰將神斧破頑陰　　그 누가 장차 신비로운 도끼로 완고한

음을 치는가

地裂山開鬼失林　　　　땅이 찢어지고 산이 열려 마귀들이 숲을 잃었네

我願君王法天造　　　　나의 소원은 임금이 하느님 조화 본받아

早施雄斷答群心　　　　일찍 큰 결단 내려 뭇 마음에 보답하소서

崇壽客舍夜聞子規得三　　　승수객사야문자규득3

絶句寫呈平父兄煩爲轉　　　절구사정평보형번위전

寄彦集兄及兩縣間諸親友　　기언집형급양현간제친우

空山初夜子規鳴　　　　빈산 초저녁에 소쩍새 우는데

靜對琴書百慮淸　　　　고요히 가야금과 책을 대하니 100생각 맑아라

喚得形神兩超越　　　　몸과 정신을 깨우쳐 모두 초월하니

不知底是斷腸聲　　　　깊숙이 애끓는 소리 알지 못해라

其二　　　　2

空山中夜子規啼　　　　빈산 한밤에 소쩍새 우는데

病怯餘寒覓故衣　　　　병든 몸 남은 찬 기운 겁내 옛 옷을 찾도다

不爲明時堪眷戀　　　　밝은 때 사모함을 이기지 못하여

久知岐路不如歸　　　　다른 길로 돌아가지 못함 오래 알았네

其三　　　　3

空山後夜子規號　　　　빈산 새벽에 소쩍새 우는데

斗轉星移月尙高　　　　북두칠성 돌고 별 옮겼는데 달 아직 높네

夢裏不知歸未得　　꿈속에서 돌아갈 수 없음을 알지 못하니
已驅黃犢度寒皐　　이미 누런 송아지를 몰아 찬 언덕 넘었네

寄雲谷瑞泉菴主　　기운곡서천암주

憶昔誅茅日　　옛날 띳집 처마 자르던 날 생각하니
山房我自名　　산속의 집 내가 스스로 이름 지었네
風埃猶俗累　　바람 티끌에 오히려 세속 얽혀
煙雨負巖耕　　안개비에 돌밭 가는 것 저버렸네
多謝空門侶　　감사하게도 빈 문의 짝 있어
能同物外情　　사물 밖에 정을 함께할 수 있었도다
肯來分半壑　　와서 반쪽 골짝을 나누어
聊爾度平生　　애오라지 한평생 살아 보세
少待淸秋日　　맑은 가을 날씨 조금 기다려
閒尋遠嶽盟　　한가로이 먼 산에 오르기 약속하세
不知誰是客　　그 누가 이에 나그네인 줄은 알지 못하
　　　　　　　지만
一笑絶塵纓　　한 번 웃고, 갓끈 먼지 털어 보세

**入南康界閱圖經感陶公　　입남강계열도경감도공
李渤劉凝之事戲作　　이발유응지지사희작**

長官定笑歸來晩　　오랜 벼슬에 늦게 돌아온 것 우스운데
中允應嫌去却回　　속마음은 응당 갔다가 돌아온 것 꺼리리
惟有山人莫相笑　　오직 산사람 있어 서로 웃지 마소
也曾還俗做官來　　일찍이 세속에 돌아와 벼슬 마치고 왔도다

屢遊蘆阜欲賦一篇而不　　　　누유로부욕부1편이불

能就六月中休董役臥龍　　　　능취6월중휴동역와룡

偶成此詩　　　　　　　　　　　우성차시

登車閩嶺徼　　　　수레에 올라 민산 고개를 돌아다니다가

息駕康山陽　　　　강산 양지쪽에 말을 쉬도다

康山高不極　　　　강산은 높이가 지극하지는 않지만

連峰鬱蒼蒼　　　　봉우리가 이여 빽빽이 푸르도다

金輪西嵯峨　　　　금륜 봉우리는 서쪽에서 쭝긋쭝긋

五老東昂藏　　　　오로 봉우리는 동녘에서 높이 감추었네

想象仙聖集　　　　신선과 성인이 모인 것 상상하니

似聞笙鶴翔　　　　노래하는 학이 나는 소리 들리는 듯하도다

林谷下凄迷　　　　숲 속 골짜기는 아래를 알 수 없고

雲關杳相望　　　　구름 관문은 아득히 서로 바라보네

千巖雖競秀　　　　1,000바위 비록 아름다움 다투나

二勝終莫量　　　　두 곳 경치는 마침내 헤아릴 수 없도다

仰瞻銀河翻　　　　우러러보니 은하수가 뒤집어졌고

俯看交龍驤　　　　내려 보니 교룡이 꿈틀거리네

長吟謫仙句　　　　길이 유배 온 신선의 시구를 읊으니

和以玉局章　　　　신선세계 글로 화답하네

疇昔勞夢思　　　　옛날에 번거로이 꿈속에서 하던 생각

玆今幸徜徉　　　　이제 오늘 다행히 거닐도다

尚恨忝符竹　　　　오히려 한은 관직에 있음이니

未愜棲雲房　　　　시원하게 구름 방에 살지 못하여라

已尋兩峯間　　　　이미 두 봉우리 사이 찾았거니

結屋依陽岡　　　　양지 날망 의지하여 집을 지어야지

上有飛瀑駛　　　　위에는 나는 폭포 달려가고

下有清流長　　　　아래는 맑은 물줄기 길기도 하여라

循名恊心期　　　　명분 따라 마음에 들기 기약하고
弔古增悲凉　　　　옛날을 위로하니 슬픔이 더하네
壯齒乏奇節　　　　젊은 날에 기묘한 절의 없었거니
頹年矧昏荒　　　　늙은 나이에 하물며 어리둥절함일까
誓將塵土蹤　　　　맹세코 장차 티끌 흙을 밟다가
暫寄雲水鄉　　　　잠시 신선 마을에 살리로다
封章儻從欲　　　　임금님에게 사표를 올리고 마땅히 하고
　　　　　　　　　자 함을 따르리니
歸哉澡滄浪　　　　돌아가서 창랑 물에 목욕하리라

讀李賓老玉潤詩偶成　　독이빈로옥윤시우성

獨抱瑤琴過玉溪　　홀로 아름다운 가야금 안고, 옥계를 지
　　　　　　　　　나가니
琅然淸夜月明時　　쟁그랑 맑은 밤 달 밝은 때로세
秖今已是無心久　　오직 이제 이미 마음 없는 지 오래거니
却怕山前荷簣知　　산 앞에 농부들 알까 문득 두려워라

立秋日同子澄寺簿及僉　　입추일동자징시부급첨
判敎授二同僚星子令尹　　판교수2동료성자영윤
約周君段君同遊三峽過　　약주군단군동유3협과
山房登折桂分韻賦詩得　　산방등절계분운부시득
萬字輒成十韻呈諸同遊　　만자첩성10운정제동유

抗塵幾何時　　　　먼지와 싸운 지 그 얼마인가
猿鶴共悲怨　　　　원숭이와 학이 함께 슬피 원망하네

豈知朱墨暇　　　어찌 알리오 관청에서 틈 있으면
乃適山水願　　　이에 산수를 즐기는 소원을
玆晨秋令初　　　오늘 새벽 가을 절기 처음이니
休沐謹邦憲　　　아리따이 목욕하고 지방행정 삼가네
佳賓忽四來　　　아리따운 손님이 갑자기 4방에서 오시니
英僚亦三勸　　　재주 있는 동료도 또 세 번 권하도다
駕言北郭門　　　북곽의 문으로 말 몰라고 말하고
謝此旟隼建　　　이에 새매 깃대 세움 사양하네
散目山崔嵬　　　눈을 둘러보니 산이 높은데
縱轡路修曼　　　말고삐를 놓아두니 길이 길고 굽었도다
凭欄快倒峽　　　난간에 기대어 기울어진 골짝 위에 쾌활
　　　　　　　　한데
躋塈困脫輐　　　골짜기에 오르며 수레를 내리니 힘 들어라
追攀林樾深　　　쫓아 오르니 숲 속도 깊은데
懽喜脚力健　　　기쁜 것은 다릿심 건장함이네
登高眺遠浦　　　높은 데 올라 먼 포구 바라보니
衆景爭自獻　　　뭇 경치가 다투어 스스로 나타나네
何必仍丹丘　　　어찌 반드시 신선 사는 언덕 인연하리
徑欲淩九萬　　　금방 90,000리 공중을 밟고 싶어라

和子澄白鹿之句　　　화자징백록지구

經旬不到鹿場陰　　　열흘이 넘도록 사슴언덕 그늘에 이르지
　　　　　　　　　　못하니
夢想飛馳不自禁　　　꿈속에서 날아 달려감을 스스로 이기지
　　　　　　　　　　못하네
幸有高軒同勝賞　　　다행히 높은 집 있어 함께 경치 구경하니
何妨折屐共幽尋　　　나막신 천천히 끌고 같이 그윽이 찾아감

徘徊未厭詩書樂　　　거닐면서 시와 글 즐거움 싫지 않고
感慨難忘忠孝心　　　감개하여 충성 효도하는 마음 잊기 어려
　　　　　　　　　워라
更對豐鑣哦伐木　　　다시 풍전을 대하여 벌목시를 읊으니
風泉雲壑助淸吟　　　바람 물 구름 골짝이 맑은 노래 돕도다

暇日侍法曹叔父陪諸名　　가일시법조숙부배제명
勝爲落星之遊分韻得往　　승위낙성지유분운득왕
字率爾賦呈聊發一笑　　　자솔이부정료발일소

長江西委輸　　　긴 강물은 서쪽으로 흘러가고
匯澤東滉瀁　　　큰 못은 동녘에서 깊고 넓어라
中川屹孤嶼　　　가운데 내에 우뚝 홀로 있는 섬
佛屋寄幽賞　　　절간이 그윽한 경치에 붙어 있네
我來此何日　　　내가 여기에 온 지 얼마인가
秋氣欲蕭爽　　　가을 기운이 써늘하려고 하도다
共載得高儔　　　함께 실려 높은 짝을 얻었거니
良辰豈孤往　　　좋은 때에 어찌 홀로 가리오
酒酣淸歠發　　　술은 익어가 맑은 버큼 뜨고
浪湧初月上　　　물결은 출렁이는데 초승달이 뜨도다
疊鼓喚歸艎　　　북을 치며 돌아가는 배 부르는데
陳迹眞俯仰　　　썩은 자취 참으로 부질없어라

九日登紫霄絶頂　　　9일등자소절정
次仲衡韻　　　　　　차중형운

此日登高處　　　이날 높은 곳에 올라 보니
千巖錦樹稠　　　1,000바위에 비단 숲이 둘렀네
無人嘲落帽　　　사람이 없어 처진 벼슬길 희롱하는데
有客賦悲秋　　　나그네 있어 슬픈 가을 노래하도다
忽忽塵中老　　　떠도는 티끌 속의 늙은이
怱怱物外遊　　　바쁘게 사물 밖에서 놀거니
江湖空極目　　　강과 호수를 부질없이 다 보지만
不盡古今愁　　　옛날 오늘 근심 다할 수 없어라

臥龍之遊得秋字賦詩紀事　　　와룡지유득추자부시기사
呈同遊諸名勝聊発一笑　　　정동유제명승료발일소

躡石度急澗　　　돌을 밟고 세게 흐르는 골짜기 물 건너
窮源得靈湫　　　끝 샘에서 신령한 못 찾았네
谽谺兩對立　　　휑한 골짜기가 양쪽에 마주 섰는데
噴薄中怒投　　　용솟음치다가 가운데로 성나 떨어지네
何年避人世　　　어느 해에 사람 세상 피하여
結屋棲巖陬　　　집을 엮어 바위 마을에 살까
嘉名信有託　　　아름다운 이름 참으로 부칠 데 있나니
故迹誰能求　　　옛 자취를 그 누가 찾으리
我來一經行　　　내가 온 한 번 지나간 길
凄其仰前修　　　처량하게 앞길을 우러러보도다
鄰翁識此意　　　이웃 늙은이 이 생각 알아차리고
伐木南山幽　　　나무를 베어 남산 그윽한 곳에

爲我立精舍 나를 위하여 깨끗한 집 세웠네
開軒俯淸流 추녀를 열고 맑은 물 내려 보도다
多歧諒匪安 이리저리 얽힌 곳 참으로 편치 못하거니
一壑眞良謀 한 골짜기가 참으로 좋은 계획일세
解組云未遂 벼슬자리 내놓은 것 뜻 이루지 못하니
驅車且來遊 수레를 달려 또다시 와서 놀도다
嘉賓頗蟬聯 아름다운 손님이 자못 이야기 그침 없거늘
野蔌更獻酬 들나물에 다시 술잔 올리도다
飮罷不知晩 술자리를 파하는 것 늦은 줄을 몰라
欲去還淹留 돌아가려다가 다시 오래 머물도다
躋攀已別峯 기어오르니 이미 다른 봉우리인데
窺臨忽滄洲 임하여 보니 문득 신선 고을이라
下集西澗底 내려와서 서쪽 골짜기 물 밑에 모여
沈吟樹相樛 노래를 하니 나무 서로 얽혀졌네
玉淵茗飮餘 옥 같은 못물에 차 끓여 마신 뒤
三峽空尊愁 세 골짜기에 빈 술병 근심스러워라
懷賢旣伊鬱 어진이를 사모하여 이미 울적한데
感事增綢繆 일을 느끼니 더욱 어지러워라
前旌向城郭 앞에 가는 깃대 성으로 향하는데
回首千峯秋 머리를 돌려 보니 일천 봉우리 가을이네

臥龍之遊錢通守得江字　　와룡지유전통수득강자
不及賦詩已解維矣熹用　　불급부시이해유의희용
其韻紀事以贈並附卷末　　기운기사이증병부권말

君行安所適 그대가 떠나서 가는 곳이 어디인가?
衝風泝濤江 바람을 맞아 파도치는 강일세

傳聞閬州好　　　　　전하여 듣건대 랑주 고을이 좋다니
未見心已降　　　　　보지 않았는데도 마음 이미 끌렸어라
邀君匡山遊　　　　　그대가 청하여 광산에서 놀고
聽此巨壑淙　　　　　이 큰 골짜기 물소리 들으며
班坐酌溪石　　　　　나란히 앉아 시내 돌에서 잔질하고
幽尋憩雲窓　　　　　그윽이 찾아 구름 창에서 쉬도다
勸君盡此杯　　　　　그대가 이 잔을 다 들기 권하노니
錦帆已稠杠　　　　　비단 돛대를 이미 빽빽이 깃대 달았네
明年儻來東　　　　　내년에 마땅히 동쪽으로 와서
鳴鐃建高幢　　　　　징을 울리며 높은 깃대 세우세
訪我深澗底　　　　　나를 찾아 깊은 골짜기 물아래로 오니
晤言絶紛哤　　　　　마주 보며 한 말 세속이야기 끊었네
城南且細說　　　　　성 남쪽에서 다시 자세히 말하여
慰我心恀恀　　　　　내 마음의 어리둥절함을 달래 주게

分韻得眠意二字賦醉石　　　　분운득면의2자부취석
簡寂各一篇呈同遊諸兄　　　　간적1편정동유제형

醉石　　　　　취석

驅車何所適　　　　　수레를 몰고 가는 곳이 어디인가
往至秋雲邊　　　　　가다가 이른 곳 가을구름 가로세
企彼澗中石　　　　　저 골짜기 가운데 돌에 올라가서
擧觴酌飛泉　　　　　잔을 들고 떨어진 물로 제사 지내도다
懷哉千載人　　　　　1,000년의 사람을 사모하여
矯首辭世喧　　　　　머리를 들고 세속 시끄러움 벗어났네
凄涼義熙後　　　　　처량하여라 의희 뒤로는

日醉向此眠　　　　날마다 취하여 이곳을 향하여 졸도다
仰視但靑冥　　　　우러러보니 다만 푸른 하늘뿐인데
俯聽驚潺潺　　　　기울여 들으니 졸졸 소리에 놀라도다
起坐三太息　　　　일어나 앉아 세 번 크게 탄식하고
涕泗如奔川　　　　눈물이 줄줄 흐르는 냇물 같네
神馳北闕陰　　　　정신은 북쪽 대궐 속으로 달리는데
思屬東海壖　　　　생각은 동쪽 바다 건너 언덕에 닿네
丹衷竟莫展　　　　붉은 정성을 마침내 펴지 못하고
素節空復全　　　　하얀 절개만 부질없이 다시 온전히 하네
低徊萬古情　　　　고개를 숙이고 만고의 정을 둘러보니
愴惻顔公篇　　　　쓸쓸한 안연 편이어라
爲君結茅屋　　　　그대를 위하여 띳집을 엮노니
歲暮當來還　　　　해가 저물 때 마땅히 돌아오리라

簡寂　　　　간적

天秋山氣深　　　　가을 하늘 산 공기 시원한데
日落林景翠　　　　해 떨어지니 숲 경치 푸르러라
亦知後騎迫　　　　뒤에 가는 말 절박한 것 알지만
且復一流憩　　　　다시 한 물줄기에서 쉬어가도다
環瞻峯列屛　　　　둘러보니 봉우리 벌려 막았는데
廻矚泉下潠　　　　멀리 보니 물 흐르는 소리
永懷仙陸子　　　　길이 신선 사는 땅을 사모하여
久挹浮丘袂　　　　뜬 언덕 소매를 오래 잡도다
于今知幾載　　　　이제 몇 해나 알아보리
故宇日荒廢　　　　옛집은 날로 황폐하여 가네
空餘醮壇石　　　　부질없이 남아 있는 제사 상석
香火誰復繼　　　　향불을 그 누가 다시 이으리

更憐韋剌史　　　또한 위자사를 안타까이 여길제
五字有眞意　　　다섯 글자에 참뜻 있도다
虎竹付歸人　　　호랑이처럼 울리는 피리 돌아가는 사람
　　　　　　　　에게
悲風起橫吹　　　부치노니, 슬픈 바람에 일어나 비껴 불
　　　　　　　　도다
沈吟向絶迹　　　깊이 잠겨 노래하며 끊어진 자취 향하니
浩蕩発幽寄　　　호탕한 기운 그윽이 붙어 나오도다
來者知爲誰　　　오는 사람 누가 한 줄 알리오
念我儻三唱　　　나를 생각하여 마땅히 세 번 탄식하리

尋白鹿洞故址愛其幽邃　　　심백록동고지애기유수
議復興建感歎有作　　　　　의부흥건거감탄유작

淸冷寒澗水　　　맑게 굽이치는 찬 골짜기 물
窈窕靑山阿　　　그윽이 푸른 산언덕
昔賢有幽尙　　　옛날 어진이 그윽한 데 숭상하여
眷言此婆娑　　　돌아다보고 말하며 이곳 거닐었네
事往今幾時　　　일이 흘러간 지 이제 얼마인가
高軒絶來過　　　높은 사람 오고 간 것 끊어졌도다
學館空廃址　　　학교는 한낱 무너진 자리만 있고
鳴絃息遺歌　　　울리던 가야금 남은 노래 그쳤네
我來勸相餘　　　내가 와서 서로 권한 나머지
杖策搴綠蘿　　　지팡이를 세우고 푸른 담쟁이덩굴 뽑으며
謀野欣有獲　　　촌사람에게 이야기하니 유쾌하게 따르네
披圖知匪訛　　　계획을 펼치니 그릇되지 않은 것 알도다
永懷當年盛　　　그때의 성대함 길이 사모하고

莘莘衿佩多	너울너울 옷깃에 찬 것도 많도다
博約感明恩	널리 배워 예로 집약한 밝은 은혜에 감사하고
涵濡熙泰和	푹 젖어 함양한 태연하고 화락함 빛나도다
凄凉忽荒榛	처량하게 홀연히 거칠어 우거지니
俯仰驚頹波	올려 보고 내려 봄에 무너진 파도 놀라워라
發敎逮網紀	교육을 일으켜 기강에 미치거니
喟然心靡它	크게 탄식하는 마음 다름 아닐세
伐木循陰罔	나무를 베러 우거진 산마루 돌아가고
結屋依陽坡	집을 엮어 양지 언덕에 기대도다
一朝謝塵濁	하루아침에 먼지 흐려진 세상 사절하고
歸哉碩人蕅	큰 사람의 넉넉한 데로 돌아가리라

遊白鹿洞憙得謝字賦呈	유백록동희득사자부정
元範伯起之才三兄幷示	원법백기지재3형병시
諸同遊者	제동유자

歲月有還周	세월은 돌아옴이 있어
窮臘忽受謝	한 해가 문득 다 가도다
眷眷山水心	뫼와 물을 돌아보는 마음
幸此朱墨暇	다행히 휴가를 얻었네
招呼得良友	초청해 불러 어진 벗 얻어
邂逅成夙駕	서로 만나 일찍 떠나도다
深尋故轍迹	깊이 옛 자취 찾아가며
喜見新結架	즐겁게 새로 엮은 집 보도다
永懷拾遺公	남은 것 줍는 임 길이 사모하여

藏器此待價　　　　그릇을 감추고 살 사람 기다리네
橫流詩書澤　　　　가로 흐르는 시전 서경의 윤기
下及楊李覇　　　　아래로 미치는 양씨 이씨의 으뜸
炎神撫興運　　　　불 맡은 신이 흥성한 운 어루만져
制作流大化　　　　만들어서 큰 조화 돌리도다
石室萬卷藏　　　　돌집에 10,000권 책을 저장하여
綸言九天下　　　　임금의 말이 천하에 전하도다
規模未云遠　　　　규모는 멀다고 할 수 없으려니와
荒茀良可詫　　　　크게 우거진 것은 참으로 자랑할 만하네
自非賢邑宰　　　　나는 어진 읍장은 아니나
誰復此精舍　　　　그 누가 다시 이 서원을 복원하리
會當求救賜　　　　회의를 하여 마땅히 임금에게 도와 달라
　　　　　　　　　하고
畢願老耕稼　　　　소원을 다 얻으면 늙어서 농사지어야지
更與盡心期　　　　다시 더불어 마음 다할 것 기약하고
臨流抗風榭　　　　흐르는 물 임하니 바람을 막은 정자로세

元範尊兄示及十梅詩風　　　원범존형시급십매시풍
格淸新意寄深遠吟玩累　　　격청신의기심원음완루
日欲和不能昨夕自白鹿　　　일욕화불능작석자백록
玉澗歸偶得数語　　　　　　옥간귀우득수어

江梅　　　　　　　　강매

大雪天地閉　　　　큰 눈이 하늘땅을 덮었는데
窮陰渺寒濱　　　　마지막 추위 아득히 찬 물가에 있네
誰知江南信　　　　그 누가 강남 소식 알 수 있으리오만

已作明年春　　　　　매화는 벌써 내년 봄을 만들었도다

嶺梅　　　　　영매

梅花破蕚時　　　　　매화가 꽃봉오리 터뜨릴제
瘴雨吹成雪　　　　　독기 있는 비가 눈 되어 날리도다
驛使忽相逢　　　　　파발 사신이 갑자기 서로 만나
無言似愁絶　　　　　말 없이 근심 잊었도다

野梅　　　　　야매

野風吹孤芳　　　　　들바람이 외로운 꽃에 부니
逈立正愁絶　　　　　멀리 서서 바로 그윽하여라
皁盖莫徘徊　　　　　검은 우산은 거닐지 말라
堪看不堪折　　　　　보기만 하고 꺾지는 못하네

早梅　　　　　조매

霜風殊未高　　　　　서리 바람 유달리 높지 않아
杖策荒園裏　　　　　지팡이 짚고 거친 동산 속에서
仙子別經年　　　　　신선과 한 해를 이별하노니
相看共驚喜　　　　　서로 보고 같이 놀라 웃도다

寒梅

白玉堂前樹	하얀 옥집 앞에 나무
風淸月影殘	바람 맑은데 달그림자가 부서지네
無情三弄笛	무정한 세 번 희롱하는 피리소리
遙夜不勝寒	아득한 밤에 추위 이기지 못해라

小梅

且喜梅花開	매화가 피는 것 기뻐하거니
莫嗟梅花小	매화꽃 작은 것 탄식하지 마소
花小風味深	꽃은 작아도 느끼는 맛 깊거니
此意君已了	이 뜻을 그대는 이미 깨달았도다

疎梅

玉笛未黃昏	옥피리는 아직 황혼이 아닌데
氷灘已淸淺	얼음 여울은 이미 맑고 얕아라
疎影不勝姸	드문 그림자 아리따움 이기지 못하는데
愁心爲誰遠	근심스런 마음은 누구를 위하여 멀어지나

枯梅

樛枝卧龍蛇	얼크러진 가지 용과 뱀이 누웠는데
泠蘂綴冰雪	찬 꽃술에 얼음 눈 맺었네
千里故人心	1,000리 밖에 옛사람 생각하는 마음

한매

소매

소매

고매

今年爲誰折　　　　　올해는 누구를 위하여 꺾으리오

落梅　　　　　　　낙매

花開已凄凉　　　　　꽃필 때 이미 처량하였는데
花落更愁寂　　　　　꽃 떨어지니 다시 근심스러워라
來歲煙雨時　　　　　오는 해 안개비 올 때
爲君和鼎實　　　　　그대를 위하여 열매 더욱 늘어지리

賦梅　　　　　　　부매

君欲賦梅花　　　　　그대가 매화를 노래하고 싶거든
梅花若爲賦　　　　　매화가 마치 노래한 것처럼
繞樹百千回　　　　　나무를 둘러 백천 번 돌면
句在無言處　　　　　시구는 말 없는 곳에 있는 것을

觀梅小集以齋禁不得　관매소집이재금부득

奉陪因寄小詩　　　　봉배인기소시

梅花年後欲離披　　　매화가 해 끝에 피고자 하니
恰是先生變食時　　　흡사 선생이 죽을 때와 같네
送與西樓一尊酒　　　서쪽 누대에 한 병 술 보내노니
諸君莫負可憐枝　　　여러분은 가련한 가지 저버리지 말라

元範別後寄惠佳篇淸叟　　　원범별후기혜가편청수

次韻見示格律俱高詠歎　　　차운견시격율구고영탄

不置因亦用韻寫呈二兄　　　불치인역용운사정2형

聊発一笑　　　　　　　　　료발일소

呈元範　　　　　　　　　정원범

故人別我去　　벗이 나를 떠나가서

一月曠音驛　　한 달이나 소식이 없더니

今朝得新詩　　오늘 아침에야 새로운 시 얻어

開卷意已適　　책을 펼치자 생각 이미 들도다

知君到里門　　그대가 마을 문에 이르러

征騎聊一息　　가던 말을 잠깐 쉰 것 알았노니

行復敝天閽　　가는 길은 다시 하늘 문지기가 막아서니

從容正朝幘　　조용히 아침에 쓴 머릿수건 바로 하였도다

自今九霄路　　이제부터 하늘 끝에 가는 길

不復兩塵隔　　다시는 두 곳 떨어지지 않으리

容與日華東　　나그네 날로 화산 동쪽 더불은데

翺翔禁扉北　　높이 날아도 사립문 북녘 금하도다

回頭五峯下　　머리 돌려 다섯 봉우리 아래 보니

寂寞笑孤客　　쓸쓸히 외로운 나그네 비웃도다

不賦歸去來　　돌아가리를 노래하지 못하므로

心形謾相役　　마음과 육체 어지러이 서로 부리도다

呈淸叟　　　　　　정청수

五十行過二　　　　오십 줄에서 두 살이 지났으니
雙鬢颯秋草　　　　양쪽 구레나룻이 쓸쓸한 가을 풀일세
平生素心人　　　　평생에 한마음 가진 사람
誰與共玆抱　　　　누구와 더불어 이 회포 함께하리
今年廬山下　　　　올해 여산 아래에서
得子恨不早　　　　그대를 만나니 일찍 못 본 것 한이로세
歲月幸同庚　　　　나이도 다행히 동갑이요
詩書復同道　　　　학문도 또한 같은 길이네
惟應山南北　　　　오직 산의 남쪽 북쪽을 응하니
雲母夜堪擣　　　　운모를 밤에 두드리도다
獨生有先期　　　　혼자 살면서 먼저 기약 있노니
迴崖詎離到　　　　벼랑을 돌면 어찌 이르기 어려우리
丹經不我誑　　　　단경이 우리를 속이지 않는다면
白髮須一掃　　　　흰머리를 모름지기 한번 쓸어보세
看公鬚眉蒼　　　　그대의 수염과 눈썹 파란 것 보니
杖鉞督征討　　　　도끼를 짚고 토벌하기를 독려하도다

次卜掌書落成白鹿佳句　　　　차복장서낙성백록가구

重營舊館喜初成　　　　옛 서원 다시 지어 처음 이룬 것 기뻐하니
要共群賢聽鹿鳴　　　　여러 어진이 함께 녹명장을 듣세
三爵何妨奠蘋藻　　　　세 잔 술에 마름 드림을 어찌 막으며
一編詎敢議誠明　　　　한 권 책으로 어찌 감히 정성과 밝음 의
　　　　　　　　　　　논하리
深源定自閒中得　　　　깊은 근원은 절로 한가한 가운데 얻고

妙用元從樂處生　　오묘한 작용은 원래 즐거운 데서 생기네
莫問無窮菴外事　　끝없는 집 밖에 일 묻지 말라
此心聊與此山盟　　이 마음 애오라지 이 산과 약속하도다

白鹿講會次卜丈韻　　백록강회차복장운

宮墻蕪汲幾經年　　집 울타리 이끼 끼어 무너져 몇 해 지났나
秖有寒煙鑠澗泉　　오직 찬 노을 있어 골짜기 물 가두었네
結屋幸容追舊觀　　집을 엮어 다행히 옛 모습 따라 그렸으나
題名未許續遺編　　집 이름은 남은 글 잇기 허락하지 않도다
靑雲白石聊同趣　　푸른 구름, 하얀 돌과 취미 같거니
霽月光風更別傳　　비 갠 달, 맑은 바람 따로 전함 있네
珍重箇中無限樂　　진중히 그 속에서 끝없는 즐거움
諸郞莫苦羨騰騫　　여러분은 출세하여 뛰어 나가는것 부러워
　　　　　　　　하며 고민하지 말라

再用前韻示諸同遊　　재용전운시제동유

幽卧寒巖不記年　　그윽이 찬 바위에 누워 나이 생각지 않
　　　　　　　　으니
飽看山月聽風泉　　산과 달을 실컷 보고 풍천시를 듣도다
舒憂正得琴三疊　　금심을 푸는 것은 바로 가야금 3절 얻음
　　　　　　　　이요
玩意惟馮易一編　　생각을 즐기는 건 오직 주역 한 편 의지
　　　　　　　　하네
誤落塵中乖夙尙　　잘못 티끌 속에 떨어져 일찍이 숭상함
　　　　　　　　어그러지니

却思洞裏付眞傳　　　　문득 동네 가운데 참으로 전함 생각하네
封章儻行天從欲　　　　사표가 마땅히 받아지면 하고 싶은 대로
　　　　　　　　　　　하리니
便解銅符謝縶騫　　　　문득 관인을 풀고, 갇힌 집을 물러나리라

次四十叔父白鹿之作　　차40숙부백록지작

誅茅結屋想前賢　　　　띠풀 베어 집 얽어 옛 어진이 생각하니
千載遺蹤尙宛然　　　　1,000년 남긴 자취 아직 뚜렷하도다
故作軒窓挹蒼翠　　　　짐짓 마루 창에 푸름을 움켜쥐고
要將絃誦答潺湲　　　　장차 가야금으로 물소리 답하리
諸郎有志須精學　　　　여러분은 뜻 두어 모름지기 배움에 정진
　　　　　　　　　　　할지니
老子無能但欲眠　　　　늙은 선생 무능하여 다만 졸고 싶어라
多少箇中名敎樂　　　　얼마 있으면 그 가운에 유교의 즐거움
　　　　　　　　　　　느끼리니
莫談空諦莫求仙　　　　불교의 빈소리나 도교의 신선 구하지 말라

送四十叔父　　　　　송40숙부

吾家從昔號淸門　　　　우리 집은 예로부터 깨끗한 집으로 소문
　　　　　　　　　　　났고
叔父于今道更尊　　　　숙부는 이제 도가 다시 높도다
客路艱難空自惜　　　　나그네 길 어려움 부질없이 홀로 안타까
　　　　　　　　　　　워하고
遺經終始向誰論　　　　남은 경전 모두 누구를 향하여 논하리요
獨尋雲嶠逢孤姪　　　　홀로 구름 산길 찾아 외로운 조카 만나서

共愛春江接故園　　봄 강이 옛 고향에 붙어 있는 것 함께
　　　　　　　　　　즐기네
細說刈葵休放手　　여러 가지 이야기에 아욱 자른 것 손 놓
　　　　　　　　　　아 버렸으니
此来眞不爲盤餐　　이번에 오신 것은 참으로 반찬 때문이
　　　　　　　　　　아니도다

伏蒙秘閣張丈寵顧下邑　　복몽비각장장총고하읍
幷以長篇为眨降欢之餘　　병이장편위황강환지여
牽勉繼韻仰求斤削僭率皇恐　　견면계운앙구근삭참솔황공

向来滅迹东山东　　지난번에 동산 동쪽으로 자취를 감추고
閉門不問乌鷼雄　　문을 닫고 까마귀의 암컷 수컷 묻지 않
　　　　　　　　　　았네
门前有路向尘土　　문 앞에 티끌세상에 가는 길 있었지만
两足未举心先慵　　두 다리 들기 전에 마음 먼저 게을러져
當时亦有车马客　　그때 또한 말 수레 탄 나그네 있었는데
此意欲说嗟谁同　　이 뜻을 말하려 해도 그 누가 알아주리
窮居聊復追仲蔚　　가난하게 살면서 애오라지 다시 중위를
　　　　　　　　　　따르고
篤论何必须劉龔　　돈독하게 논함에 어찌 반드시 유공을 닮
　　　　　　　　　　으리
平生故人子張子　　평생의 벗은 장공이거니
相思安得长相从　　서로 생각하지만 어찌 길이 서로 쫓으리
每劳书疏问生死　　늘 수고로이 편지하여 생사를 묻고
坐想星宿罗心胷　　앉아서 생각하며 별자리에다 가슴을 펼
　　　　　　　　　　치네

幾年持节汉水上 어느 해에나 부절 가지고 한수 위에다가
木牛流马旌旗红 나무 소, 가는 말에 깃대 붉게 꽂으리
君王辍饋思頗牧 임금은 밥 먹다 말고 치우친 관리 생각
는데

外庸且讫来朝宗 지방의 용열한이 빌어 서울로 오도다
因能过我紫霄下 능력 있는 이 나를 제치고 붉은 하늘 아
래로 가고

後乘载得珠簾枕 뒤에 탄 이 바야흐로 주렴 난간 얻었네
蒼颜白髮应笑我 파란 얼굴 흰머리 응당 나를 비웃으리니
曷不饱卧陶窓风 어찌 옹기창 찬바람에 푹 드러눕지 않으리
开樽鹅池水清激 술병을 여니 거위 연못에 물도 맑게 흐
르고

下马醮石煙空濛 말에서 내리니 제단에 노을도 깊어라
须臾路转山更好 금방 길 바꾸니 산 다시 좋아
摩天巨刃排雙峯 하늘에 미친 큰 칼날 두 봉우리 나누었
는데

少看银河忽倒掛 조금 보니 은하수가 문득 거꾸로 걸렸느니
直欲跳下清冷中 곧장 맑은 물결 속에 뛰어내리고 싶어라
南临汇泽共指點 남녘으로 큰 못 임하여 함께 가리키며
缥缈贝闕浮珠宫 멀리 희미한 보배궁궐에 진주 궁이 떠
있네

公言平日爱登览 공이 평일에 올라가 보기 좋다고 말하였
노니

到此一洗群山空 여기에 이르러 한 번 눈 씻으니 뭇 산이
보이지 않네

坐间为我出奇句 앉은 사이 나를 위해 기묘한 시구 낼제
不用远寄南飞鸿 남쪽으로 날아가는 기러기 멀리 부치지
말라

上言雲泉足奇赏 위로 구름 물 말하면 기묘한 감상 족하고

下歎契闊歡相逢　　　아래로 넓은 것 탄식하면 서로 만난 것 기쁘리

紛吾失脚墮世網　　　어지러운 나는 다리를 잘못 디뎌 세상 그물에 떨어지니

乃有此會寧天窮　　　이번 기회 어찌 하늘 다함 있으리

流光过眼驚做梦　　　흐르는 세월 눈에 지나면 놀래 꿈 되고

舊約回首羞尘容　　　옛 약속 머리 돌리면 티끌 모습 부끄러워

明朝却上煙艇去　　　내일 아침 문득 올라 노을 속에 배 타고 가면

灭没萬顷追凫翁　　　만경창파에 자취 감추고 오리 따라가리

和張彦輔初到南康之句　　　화장언보춘도남강지구

十年不共賦陽春　　　10년 동안 봄날에 함께 글 짓지 않으니

正有胷中萬斛塵　　　바로 가슴속에 10,000섬 티끌 있도다

失喜清詩還入手　　　기쁨은 잃었으나 맑은 시 도리어 손에 들어오고

細看佳句転驚人　　　자세히 보니 아름다운 구절 굴러 사람 놀래네

知公近覺青山好　　　공이 요사이 푸른 산 좋은 것 깨달음 알았노니

顧我頻嗟白髮新　　　내 자신 돌아보고 흰 머리칼 새로운 것 자주 탄식하도다

肯過寒齋共尊酒　　　찬 집에 지나다 함께 술 들면서

向來心事請深陳　　　지나간 마음과 일 깊이 이야기하기 청하네

和張彦輔落星寺之作　화장언보낙성사지작

嵌空奇石戰驚濤　푸른 하늘 기묘한 돌 떨리는 파도
樓殿崢嶸勢自高　누대와 집 여기저기 솟아 형세 스스로 높도다
四面眞成開玉鑑　4면에 참으로 옥거울처럼 물 흐르는데
三山應是失金鰲　3산은 응당 황금 자라 잃었으리
題詩正爾難搜句　시를 짓자니 바로 구절 찾기 어려우니
舉酒何妨共作豪　술을 들어 함께 호걸이 되는 것 어찌 막으리
倚遍欄干更愁絶　난간 한쪽에 의지하니 다시 그윽한데
歸來白盡鬢邊毛　돌아옴에 구레나룻 털이 모두 하얗네

和張彦輔白鹿洞之作　화장언보백록동지작

邃谷新華館　깊은 골짜기에 새로 지은 화려한 서원
風煙再吐呑　바람 노을을 다시 토하고 삼키도다
舊眠聞野鹿　옛 잠에 들사슴 소리 들으니
遺恨響驚猿　남은 한은 놀란 원숭이 소리일세
共賞忻同趣　같은 취미 함께 감상 즐기나
分攜愴別魂　손을 놓으니 이별하는 마음 쓸쓸해라
徘徊空日夕　해 저녁에 부질없이 거니노니
無策駐行軒　멈춘 말을 채찍질하지 말라

次張彦輔西原之作　　차장언보서원지작

無處堪投跡　　발길을 옮길 데가 없어서
空山寄一椽　　빈산에 집 한 칸 지어 의지하도다
懸門窺絶壁　　매달린 문으로 절벽을 엿보고
繚徑上層巓　　엉클어진 지름길로 겹 산꼭대기 오르네
檻闊呑江浪　　난간이 넓어 강 물결 머금었고
窓虛響谷泉　　창문은 비어 골짜기 물소리 울리는데
丹經閒自讀　　신선 글을 한가히 스스로 읽노니
不爲學神仙　　신선을 배우려 함이 아니로세

次張彦輔臥龍之作　　차장언보와룡지작

瀑水源何處　　폭포물이 나오는 곳 어디인가?
高疑銀漢通　　너무 높으니 은하수와 통했는가 의심스
　　　　　　럽네
瀉時垂練直　　쏟아질 제는 비단을 드리운 듯 곧고
落處古潭空　　떨어지는 곳은 옛 못 비었도다
客寄詩能好　　나그네 시 짓기 정말 좋거늘
龍蟠意自雄　　용이 꿈틀거린 듯 생각 절로 크도다
知君來峴首　　그대가 언덕 머리에서 왔거니
爲我說隆中　　나를 위하여 우뚝한 가운데를 이야기하게

次張彦輔棲賢之作　　차장언보서현지작

融治何年事　　아득한 덕치 어느 해의 일이었던가
停杯莫問天　　술잔을 멈추고 날짜를 묻지 마소

秖今從痼疾　　　　오로지 이제는 깊은 병을 따르거니
疇昔似因緣　　　　옛날 일이 인연 같도다
傾耳眞三峽　　　　귀를 기울이니 3협처럼 참세계요
投文泝九淵　　　　글월을 던지니 9연같이 오묘해라
蘭亭那得此　　　　난정의 모임을 어찌 여기서 얻으리
猶足致群賢　　　　뭇 어진이 이른 것으로 오히려 족하도다

和張彦輔雪後棲賢之作　　　사장언보설후서현지작

夜來春雪遍林丘　　　밤에 내린 봄눈이 숲 동산에 가득한데
却喜風威曉便收　　　바람이 몰아와 새벽에 문득 거두어 간
　　　　　　　　　　것 기쁘도다
好上籃輿閒从目　　　즐겁게 수레에 올라 한가히 구경함에
莫將衲被苦蒙頭　　　장차 기운 이불로 죄인의 눈을 가려 괴
　　　　　　　　　　롭히지 말라
微官正愧逍遙社　　　낮은 벼슬은 자연에서 노는 사람들에게
　　　　　　　　　　바로 부끄러우나
勝日猶堪汗漫遊　　　좋은 날씨에 이리저리 노는 것 오히려
　　　　　　　　　　감당하도다
欲出林關戀瑤草　　　숲 문을 나가고자 하나 아름다운 풀 사
　　　　　　　　　　랑스러워
不妨尊酒更淹留　　　병술로 다시 오래 머무는 것 막지 않도다

谢張彦輔留別之作　　　사장언보유별지작

一別屢更歲　　　　한 번 헤어져 여러 해가 바뀌었으나
思君無已時　　　　그대 생각 그만둔 때 없었네

知君亦念我　　그대 또한 내 생각한 것 아노니
相望兩嗟咨　　서로 바라보며 둘이 탄식하였도다
我病臥田閒　　나는 병들어 초야에 드러눕고
君行護疆陲　　그대는 나아가 강토를 수호하네
隱顯旣殊跡　　숨고 나타남 이미 자취 다르거니
會合安可期　　모여 합침을 어찌 기약하리
今年定何年　　올해가 바로 어느 해인가?
有此一段奇　　이처럼 한 묶음 기묘함이 있을꼬
我來五峯陽　　내가 5봉산 양지쪽에 왔거늘
君歸九江湄　　그대는 9강 물가로 돌아가네
聞君肯來辱　　그대가 욕된 곳에 온다는 이야기 듣고
歡喜不自持　　즐겁고 기뻐서 스스로 이기지 못해라
迎君紫霄峯　　그대를 자소봉에서 맞이하여
舉觴白鵝池　　백아못에서 술잔을 들도다
強健初共欣　　건강함을 처음에 서로 기뻐하고
艱棘旋相悲　　어려웠던 길을 이어 서로 슬퍼하네
相顧出危涕　　서로 돌아보며 눈물방울 떨어뜨리고
薄言首東歧　　적은 말로 머리를 동쪽 길로 하도다
留連十日飮　　질펀히 열흘 동안 마시거니
愴恨八哀詩　　처량하게 여덟 가지 슬픔 노래하네
散懷水石幽　　회포를 물과 돌의 그윽한데 풀고
遂忘筋力疲　　드디어 근력이 피곤한 줄 잊었네
雄篇旣鼎來　　웅대한 글이 이미 새로 왔으니
逸韻方窮追　　높은 운치 바야흐로 모두 찾으리
云胡遽告別　　어찌하여 문득 이별을 알리는가?
牙纛風披披　　대장군의 기가 바람에 펄럭이네
攬祛不得留　　소매를 잡아당기며 붙잡을 수 없어
酌酒前致辭　　술을 권하면서 치사를 하도다
願君釂此觴　　원컨대 그대는 이 술잔을 들고

去上白玉墀　　　　　가서 하얀 옥 대궐 섬돌 오르라
國論罄忠益　　　　　국론은 충성과 유익에 다하나니
廟謨参設施　　　　　조정의 모범 베풀음에 참여하라
一請正紀綱　　　　　첫 번째 요청은 나라 기강 바로잡고
再請誅羌夷　　　　　두 번째 요청은 오랑캐를 물리침이니
及時樹勲業　　　　　때가 왔을제 공업을 세워
慰我空山飢　　　　　빈산에 주린 나를 위로해 주오

奉答張彦輔戲贈之句　　봉답장언보희증지구

已驅送客車　　　　　손님을 보내는 차 이미 달렸거늘
復著登山屐　　　　　다시 산에 오르는 신을 신도다
未論窺臨快　　　　　아직 엿보고 임하는 유쾌함을 논하지 못
　　　　　　　　　　했는데
且说詩酒厄　　　　　또한 시와 술통의 해악을 기뻐도다
從今謹出入　　　　　이제부터 나가고 들어옴을 삼가
保此頤貞吉　　　　　주역 이괘의 바르게 지켜 길함을 보존해
　　　　　　　　　　야지
不奈歲寒心　　　　　겨울에도 푸른 소나무 마음 어찌하지 못
　　　　　　　　　　하니
於公有深憶　　　　　공에 대하여 깊은 기억 있도다

奉答張彦輔 解嘲　　봉답장언보해조

康俗遺居萬疊山　　　태평한 시절에 살던 만겹산
高垂鐵鏁詎容攀　　　높이 쇠잠을쇠 걸어 어찌 올라가리
青鞋布襪非公事　　　비단신과 베버선 공의 일 아니요

古木寒泉要我閑　　　늙은 나무 찬 우물 나처럼 한가해야지

伏蒙某官寵示和陶見寄　　복몽모관총시화도견기
舊作伏讀歎仰又感知待　　구작복독앙탄우감지대
期许之意蓋非一日率易　　기허지의개비1일솔이
次韻少見谢臆伏惟矜憐　　차운소견사억복유긍린
有以敎之　　　　유이교지

吾公抱經濟　　　우리 공이 세상을 경영하고 백성 구제할
　　　　　　　　뜻을 품고도
軒冕非所欣　　　벼슬을 하는 것 기뻐하지 않았도다
向来淸禁闥　　　그때 궁궐 작은 문 깨끗하였으나
本自山林人　　　본래 산 숲에 살던 사람이었네
浩歌歸去来　　　호탕하게 돌아갈 것을 노래하니
神交邈何因　　　정신의 만남 아득히 어찌 인연 있으리
一朝脫冠去　　　하루아침에 벼슬 내놓고 떠나와
妙境聊同臻　　　오묘한 경지 애오라지 함께 이르도다
謂予雖後来　　　나는 비록 뒤에 왔다고 말하나
臭味亦有聞　　　냄새와 맛이 또한 소문 있었네
赓詞久見屬　　　글을 주고받으며 오래 보기를 바랐고
重以告語勤　　　거듭 알리는 말 부지런하였도다
荒寒想高風　　　거칠고 찬데 높은 바람 생각노니
令人思無鄰　　　사람으로 하여금 이웃 없는 것 생각게
　　　　　　　　하네
甘棠矧在此　　　시경 감당 편이 아직 여기에 있노니
躑躅晴湖濱　　　맑은 호숫가를 거닐어 보세

贈于盛二生　　　　　　　증우성2생

昔日豊城劒　　　지난날 풍성 땅의 칼날
寒光射斗牛　　　싸늘한 빛이 별처럼 빛났네
江山餘秀傑　　　강산은 빼어난 아름다움이 넘치는데
人物尙風流　　　사람은 풍류를 숭상하도다
二妙今安匹　　　두 가지 오묘함을 이제 어디서 짝지으리
孤帆各倦遊　　　외로운 배가 각각 놀기를 싫어하도다
還家問師友　　　집에 돌아가 스승과 벗에게 물어
折節慕前修　　　태도를 바꾸어 앞길을 닦아야지

秋日告病齋居奉懷黃子　　　추일고병재거봉회황자
厚刻平父及山間諸兄友　　　후유평보급신간제형우

出山今幾時　　　산에서 나온 지 이제 얼마인가?
忽忽歲再秋　　　어느덧 세월은 다시 가을이어라
江湖豈不求　　　자연을 어찌 찾지 않으리
我興終悠悠　　　나의 기분은 마침내 한가롭도다
況復逢旱魃　　　하물며 다시 가뭄을 만나
農畝無餘收　　　논밭에 남은 걷을 것이 없네
赤子亦何辜　　　백성이 또한 무슨 죄가 있으리
黃屋勞深憂　　　임금이 수고로이 깊이 근심하도다
而我忝朝寄　　　나는 부끄럽게 조정 벼슬에 붙어
政荒積愆尤　　　정치가 거칠어 허물만 쌓였네
懷痾臥空閣　　　깊은 병을 품고 빈 누각에 누웠으니
惻愴增綢繆　　　슬프고 쓰라림만 더욱 얽히도다
東南望故山　　　동남쪽으로 고향 산을 바라보니

上有玄煙浮　　　위에 검은 노을 떠 있네
平生采芝侶　　　한평생 난초를 캐던 짝
寂寞今焉儔　　　쓸쓸히 이제 누구와 벗하리
朝游雲峰巓　　　아침에 구름 봉우리 꼭대기에 놀고
夕宿寒巖幽　　　저녁에는 찬 바위 밑에 자는데
爲我泛瑤瑟　　　나를 위하여 비파소리 흘러가니
泠然發淸謳　　　시원하게 맑은 노래 하도다
裂牋寄晨風　　　전표를 찢어 새벽바람에 부치노니
問我君何求　　　나에게 묻기를 그대는 무엇을 찾나?
洪濤振君柂　　　큰 파도에 그대의 키 틀어 돌리고
狹破摧君輈　　　좁은 길에 그대의 수레 채 부러졌네
君還若不早　　　그대가 돌아감을 만약 일찍 아니하면
無乃非良謀　　　좋은 계책 아님이 없으리
再拜謝故人　　　두 번 절하고 벗들과 헤어져
低回更抱羞　　　고개를 숙이니 다시 부끄러워라
桂華幸未歇　　　계수나무 꽃이 다행히 다 떨어지지 않았
　　　　　　　　으니
去矣從君游　　　가서 그대 쫓아 놀리로다

夜坐有感　　　야좌유감

秋堂天氣淸　　　가을 집에 날씨도 맑거니
坐久寒露滴　　　오래 앉아 있으니 찬 이슬 적시네
幽獨不自憐　　　그윽이 홀로 있어도 안타깝지 않으니
玆心竟誰識　　　이 마음을 마침내 누가 알리
讀書久已懶　　　글 읽은 공부 이미 오래 게을렀고
理郡更無術　　　군을 다스리는 일 다시 재주 없도다
獨有憂世心　　　홀로 세상을 근심하는 마음만 있어

寒燈共蕭瑟　　　　　찬 등불과 함께 쓸쓸하여라

读诸友游山诗卷不容尽　　독제우유산시권불용진
和和首尾两篇　　　　　화화수미양편

去年尋得李家山　　지난해 이씨 집 산을 찾아
考卜眞成屋數間　　상고하여 점을 쳐 집 몇 칸 지었네
要與青衿時散帙　　젊은 선비와 더불다가 때로 헤어지며
閒臨碧澗共觀瀾　　한가로이 푸른 골짜기 물 함께 구경하였
　　　　　　　　　도다
詩書本說人間事　　시경과 서경 본래 사람 일을 말했노니
勳業休看鏡裏顏　　공 세운 사업 거울 속의 얼굴 보며 탄식
　　　　　　　　　하네
誰識寥寥千古意　　그 누가 아득한 천고의 뜻을 알리오
新詩題罷蘚痕斑　　새로운 시 제목에 이끼 자욱 아롱지도다

其二　　　　　　　2

向來結友尋名山　　그때부터 벗 맺어 이름난 산 찾았더니
下窮絶壑高危巓　　아래는 다 끊어진 골 위는 위태로이 넘
　　　　　　　　　어질듯
胡爲一旦墮塵網　　어찌하여 하루아침 먼지 그물에 떨어져
五老在望心茫然　　5로봉을 바라보니 마음 막막하여라
青牛底處有行迹　　어린 소가 이르는 곳 간 자취 있거늘
白鹿幾時同正員　　늙은 사슴 어느 때 둥글게 함께할까
清遊帶雨想幽絶　　맑은 놀이 비를 몰아 생각 그지없는데
妙處只恐詩中傳　　오묘한 곳 시 속에서만 전할까 오직 두

려워라

戱勝私老友　　　희승사로우

槐花黃盡不關渠　　느티나무 꽃 누렇게 다 된 것 상관없고
老向功名意自疏　　늙어서의 공명 생각 절로 없도다
乞得山田三百畝　　산골 논 300이랑 빌려 얻어 놓고
靑燈徹夜課農書　　파란 등불 밤새워 농사법을 읽도다

代勝私下一轉語　　대승사하1전어

碓下泉鳴溜決渠　　물레방아 아래 물소리 멈추었다 흘러가고
屋頭桑樹綠扶疏　　집 위에 뽕나무 푸르렀다 성글어라
朱虛正自知田事　　주허는 스스로 밭일을 알았거니
馬服何妨讀父書　　마복이 아버지 글 읽음 어찌 막으리

和戴主簿韻　　화대주부운

平生本自好樓居　　평생에 본래부터 누대에 살기 좋아한데
況接高人永晝餘　　하물며 높은 사람 만나 날도 길어라
共喜江山入尊俎　　강과 산이 술상에 든 것 함께 즐기노니
從敎幕府省文書　　관리들로 하여금 문서를 줄이게 하네
感君肯出新詩句　　그대가 내놓은 새 시구에 감동하고
恨我終思舊草廬　　내가 마침내 옛 초가집 생각함 한이로세
擬借韋編訂龍馬　　주역에다 비기어 용말그림 맞추어 보고
免推納甲話蟾蜍　　6갑을 꼽아 볼 것 없이 신선을 이야기하네

次沈侍郎游楞伽李氏　　　차심시랑유릉가이씨
山房韻 二句　　　　　　산방운 2구

喜陪後騎陟崔嵬　　　　뒤에 말을 기쁘게 따라 높은 산에 오르니
竹裏泉鳴古寺開　　　　대나무 속에 우물소리 옛 절 열리도다
吟罷蘇仙頭白句　　　　소양직의 흰머리 구절 읊고 나니
天風更送好詩來　　　　하늘바람이 다시 좋은 시 보내오네

其二　　　　　　　　　2

天聰已許一言悟　　　　타고난 총기 이미 한마디 말에 깨달아
年少懸知萬卷開　　　　나이 어려서 보인 지식 일만 권 열었네
珍重當時讀書處　　　　진중히 그때 글 읽던 곳
低回空有後人來　　　　머리 숙여 둘러보며 부질없이 뒷사람 와
　　　　　　　　　　　있네

奉同尤延之提舉　　　　봉동우연지제거
廬山雜詠十四篇　　　　려산잡영14편

白鹿洞書院　　　　　　백록동서원

昔人讀書地　　　　　　옛 사람 글 읽던 땅
町疃白鹿場　　　　　　사슴이 뛰어놀던 마당이어라
世道有升降　　　　　　세상의 도덕 오르고 내림 있거니
玆焉更表章　　　　　　여기에 다시 드러냈도다
矧今中興年　　　　　　하물며 이제는 중흥하는 해요
治具一以張　　　　　　다스리는 기구 한결같이 베풀었는데

絃歌獨不嗣　　거문고 노래 오직 잇지 못해
山水無輝光　　산과 물이 광채가 없었네
荒榛適剪除　　거친 넝쿨풀 마침 잘라내니
聖謨已汪洋　　성스런 규모 이미 넘치도다
亦有皇華使　　또한 임금님의 빛나는 사신 있어
肯來登此堂　　이 집에 와서 오르도다
問俗良懇惻　　풍속을 물으니 참으로 진실하고
懷賢增慨慷　　어진이를 사모하여 기운을 더하네
雅歌有餘韻　　우아한 노래 남은 운치 있거니
絶學何能忘　　끊어진 학문 어찌 잊을 수 있으리

折桂院黃雲觀　　절계원항운관

城中東北望　　성 가운데서 동북쪽을 바라보니
五老何蒼蒼　　5로봉이 어찌 그리 푸른가?
下有前朝寺　　아래에 전조사가 있어
一原頗深藏　　한 언덕을 자못 깊이 감추었네
門前林澗幽　　문 앞에 숲 골짜기 그윽하고
屋後雲木荒　　집 뒤에 구름나무 거칠어라
閒窓亦明潔　　한가로운 창이 또한 밝고 깨끗해
著此瑞錦張　　이에 서향화 꽃잎이 활짝 피었네
更能理枯筇　　다시 마른 지팡이 다듬어
步上林北岡　　걸어서 숲 북쪽 산마루에 오르도다
仰視天宇闊　　우러러보니 하늘도 넓고
俯瞰江流長　　내려 보니 강줄기도 길어라
受書彼何人　　글을 배운 이 그 어떤 사람인고
姓字不足詳　　성도 자도 자상치 않네
竹帛有遺臭　　역사에 남은 냄새 있나니

桂樹徒芬芳　　　　계수나무만 부질없이 꽃 피도다

楞伽院李氏山房　　　능가원이씨산방

躡石循急礀　　　　돌을 딛고 빠른 골짜기 물 건너고
穿林度重岡　　　　숲 속을 뚫어 겹 산등성 넘었네
俛入幽谷邃　　　　엎드려 그윽한 골짜기 깊숙이 들어가서
仰見奇峰蒼　　　　우러러보니 기묘한 봉우리 푸르러라
李公英妙年　　　　이공이 꽃다운 젊은 나이에
讀書此雲房　　　　이 구름 방에서 글을 읽다가
一去上臺閣　　　　한번 나아가 높은 벼슬에 올랐는데
致身何慨慷　　　　몸을 바침이 어찌 그리 힘찼는가?
蘇公記藏書　　　　소동파가 기록하여 둔 글월
文字有耿光　　　　글자마다 반짝반짝 빛나네
餘事亦騷雅　　　　남은 일은 또한 문장의 뛰어남이요
戲墨仍風霜　　　　글씨는 인하여 바람서리이어라
兩公不歸來　　　　두 사람이 돌아오지 않으니
歲月忽已荒　　　　세월이 어느덧 이미 오래되었도다
何用建遺烈　　　　어떻게 남긴 공덕을 세우리오
寒泉薦孤芳　　　　찬물이 외로운 향기 바치도다

棲賢院三峽橋　　　서현원3협고

兩岸蒼壁對　　　　양쪽 언덕에 푸른 벽이 마주하였는데
直下成斗絶　　　　곧장 아래는 매우 험준하도다
一水從中來　　　　한 줄기 물이 가운데로 흘러오니
湧潏知幾折　　　　꿈틀꿈틀 얼마나 꺾어진 줄 알겠네

石梁據其會　　　　　돌다리가 그것을 만나게 하니
迎望遠明滅　　　　　맞이하여 바라볼 제 멀리 깜박깜박
倏至走長蛟　　　　　홀연히 달아나는 긴 교룡이 이른데
捷來翻素雪　　　　　문득 나부끼는 흰 구름이 오도다
聲雄萬霹靂　　　　　소리가 우렁차 일만 우레 터지는 듯
勢倒千嶄嶻　　　　　형세가 뒤집혀 일천 봉우리 우뚝우뚝
足掉不自持　　　　　다리가 떨려 스스로 서 있지 못하고
魂驚詎堪說　　　　　얼이 놀라 어찌 이야기 감당하리
老仙有妙句　　　　　늙은 신선이 오묘한 구절 있어
千古擅奇崛　　　　　천 년을 기묘한 봉우리 제 마음대로 하
　　　　　　　　　　도다
尚想化鶴來　　　　　아직도 학이 와서 흐름을 타고
乘流弄明月　　　　　밝은 달을 희롱하는 것 상상하게 하네

西澗淸淨退菴　　　　서간청정퇴암

凌兢度三峽　　　　　거침없이 3협을 지나니
窈窕復一原　　　　　그윽이 다시 한 언덕이어라
絶壁擁蒼翠　　　　　절벽은 푸름을 움켜 안고
奔流逝潺湲　　　　　달려가는 물줄기는 가면서 졸졸
聞昔避世人　　　　　들으니 옛날에 세상을 피한 사람
寄此茅三間　　　　　이곳 띳집 3간에 의지하였도다
壯節未云遠　　　　　장한 절개 멀다고 할 수 없는데
高風杳難攀　　　　　높은 풍모 아득히 오르기 어려워라
深尋得遺墟　　　　　깊숙이 찾으니 남은 터가 있는데
縛屋臨淸灣　　　　　얽은 집이 푸른 물굽이 임했네
坐睨寒木杪　　　　　앉아서 흘겨보니 나무 끝도 찬데
飛泉閟雲關　　　　　날아가는 물줄기 구름관문 막았도다

兹游非昔游　　　이에 노는 것은 옛날 노는 것 아니니
累解身復閒　　　얽힌 것을 푸니 몸 다시 한가로워
保此清淨退　　　이 맑고 깨끗이 물러온 집 보존하고
當歌不能諼　　　마땅히 노래하여 잊지 말아야지

卧龍菴武侯祠　　　와룡암무후사

空山龍卧處　　　빈산에 용이 누운 자리
蒼峭神所鑿　　　푸르게 높아 신령이 뚫은 곳
下有寒潭幽　　　아래에는 찬 못 있어 그윽하고
上有明河落　　　위에는 은하수 있어 높아라
我來愛佳名　　　내가 옴은 아리따운 이름 사랑함이요
小築寄幽壑　　　작은 집이 깊은 골짜기 의지했네
永念千載人　　　길이 1,000년 전 사람 생각하니
丹心豈今昨　　　붉은 마음 어찌 어제오늘 있으리
英姿儼繪事　　　영웅의 자태 무서운 그림
凛若九原作　　　소름이 끼쳐 귀신이 그린 것 같네
寒藻薦芳馨　　　찬 마름 바치니 바로 향기 나고
飛泉奉明酌　　　떨어지는 물 올리니 밝게 잔질하도다
公來識此意　　　공이 와서 이 뜻 알았거니
顧步慘不樂　　　돌아보는 걸음 쓸쓸히 즐겁지 않네
抱膝一長吟　　　무릎을 안고 한 번 길게 읊으니
神交付冥漠　　　귀신과 만나 아득한데 들도다

萬杉寺　　　만삼사

休沐聊命駕　　　쉬어 목욕하고 애오라지 멍에 씌우라고

하니

駕言何所之 멍에 씌우면서 하는 말 어디로 갈까요
하네
行尋慶雲寺 경운사를 가서 찾아보고
想像昭陵時 소능의 시절을 상상하세
門前杉徑深 문 앞에는 삼나무 길이 깊은데
屋後杉色奇 집 뒤에는 삼나무 색깔 기막혀라
空山歲年晩 빈산에 세월만 깊어
鬱鬱凌寒姿 빽빽하게 겨울을 이겨 낸 모습
當年雨露恩 그때의 임금님의 은택
千載有餘滋 길이 남아 넘치도다
匠石不敢睨 옛날 이름난 목수 감히 돌아보지 못하게
孤標儼相持 외로운 표지판 무섭게 간직했네
更啓石室藏 다시 석실에 감춘 것 열고
仰瞻天像垂 우러러보니 임금님 모습 드리우니
願以淸淨化 원컨대 맑고 깨끗하게 조화하여
永爲太平基 길이 태평세월 기초되소서

開先漱玉亭　　　　개선수옥정

奇哉康山陽 기묘하여라 강산의 양지쪽이여
雙劒屹對起 두 칼이 높이 마주 일어섰네
上有橫飛雲 위에는 비껴나는 구름 있고
下有瀑布水 아래는 폭포 물 있도다
嶺勝復璀璨 산마루는 아름답고 다시 옥이 빛나는데
佳麗更雄偉 화려하고 또한 웅장하여라
勢從三梁外 형세는 3양 밖으로 쫓아가고
影落明湖裏 그림자는 명호 속으로 떨어지네

平生兩仙句　　　　평생 두 신선 말
詠嘆深仰止　　　　노래하고 탄식하며 깊이 우러르네
三年落星灣　　　　3년에 별 떨어진 후미진 곳
悵望眼空眯　　　　쓸쓸히 바라보니 눈만 부질없이 어지럽네
今朝隨杖屨　　　　오늘 아침 지팡이 신발 따라
得此弄淸泚　　　　이에 맑은 물줄기 희롱함을 얻었도다
更誦玉虹篇　　　　다시 무지개 글을 노래하니
塵襟諒昭洗　　　　먼지 묻은 옷깃 참으로 깨끗이 씻기네

簡寂觀　　　　간적관

高士昔遺世　　　　높은 선비 옛날에 세상 버리고
築室蒼崖陰　　　　푸른 낭떠러지 속에 집을 지었도다
朝眞石壇峻　　　　아침 참정신에 돌 제단 높은데
煉藥古井深　　　　약을 달이는 옛 우물 깊어라
結交五柳翁　　　　도연명과 맺어 사귀어
屢賞無絃琴　　　　줄 없는 가야금을 자주 감상하였네
相携白蓮渚　　　　서로 손잡고 흰 연꽃 물가에서
一笑傾夙心　　　　한 번 웃고 일찍 품은 마음 기울이도다
晩歲更市朝　　　　늙은 나이에 다시 조정에 팔리니
故山鎖雲岑　　　　옛 산이 구름 봉우리에 잠겼네
柴車竟不返　　　　헌 수레 마침 돌아오지 않으니
鸞鶴空遺音　　　　난학만 부질없이 소리를 남기도다
我來千載餘　　　　내가 1,000년 뒤에 찾아오니
舊事不可尋　　　　옛날 일을 찾을 길 없어라
西顧但絶壁　　　　서쪽을 보니 오직 절벽인데
苦竹寒蕭槮　　　　괴로운 대나무 쓸쓸히 서 있네

歸宗寺　　　　　귀종사

金輪紫霄上　　　화려한 수레로 붉은 하늘 올라가니
寶界鸞溪邊　　　신선 경계가 난학 시냇가에 있네
往昔王內史　　　지난 옛날 왕희지가
願香有餘煙　　　기원한 향불 남은 연기 있도다
千年今一歸　　　1,000년 만에 이제 한 번 와보니
景物還依然　　　경치와 사물이 도리어 예전 그대로네
澗水旣蕩濷　　　골짜기 물은 이미 질펀히 흐르는데
山花亦淸姸　　　산꽃은 또다시 맑고 아름다워
不辭原隰勞　　　높고 마른 땅과 낮고 젖은 땅에 수고를
　　　　　　　　사양치 않아도

樂此賓從賢　　　이 손님이 어진이 따르는 것 즐거워라
訪古共紆鬱　　　옛 곳을 찾아가 함께 답답한데
勞農獨勤拳　　　수고로운 농부 홀로 부지런한 손이어라
憐我乖勝踐　　　안타깝게도 나는 발걸음을 이기지 못해
裂牋寄眞詮　　　종이를 찢어 참생각 부치도다
逃禪公勿遽　　　선에서 도망치는 것 공은 갑자기 말고
且畢區中緣　　　또한 이 땅의 인연을 모두 마쳐야지

陶公醉石歸去來館　　　도공취석귀거래관

予生千載後　　　내가 1,000년의 뒤에 나서
尙友千載前　　　1,000년 전의 벗을 좋아하네
每尋高士傳　　　늘 높은 선비의 전기를 읽고
獨嘆淵明賢　　　홀로 도연명의 어짊을 감탄하도다
及此逢醉石　　　여기에 이르러 그가 취했던 돌 만나니

謂言公所眠　　　　　말하기를 공이 잤던 데라 하네
況復巖壑古　　　　　하물며 다시 바위 골짜기 늙어
縹緲藏風煙　　　　　아득히 바람 노을 감추었도다
仰看喬木陰　　　　　우러러보니 높은 나무 그늘이요
俯聽橫飛泉　　　　　내려 보고 들으니 빗겨나는 물소리
景物自淸絶　　　　　빛깔 진 모습 스스로 맑고 뛰어나
優游可忘年　　　　　한가롭게 나이를 잊겠네
結廬倚蒼峭　　　　　초가집을 엮어 푸른 산에 의지하고
舉觴酹潺湲　　　　　술잔을 들어 흐르는 물에 제사하네
臨風一長歗　　　　　바람을 안고 한 번 길이 휘파람 부니
亂以歸來篇　　　　　귀거래 편의 가사로세

溫湯　　　　　　　온탕

連山西南來　　　　　이어진 산이 서남쪽으로 와서
中斷還崛起　　　　　가운데가 끊어지며 도리어 높이 솟았네
干霄幾千仞　　　　　하늘을 찔러 몇 1,000길인가?
據地三百里　　　　　땅에 웅크림 300리로세
飛峯上靈秀　　　　　날아오른 봉우리 위에 신령스러운데
衆壑下淸美　　　　　뭇 골짜기 아래 맑고 아름다워라
逮玆勢力窮　　　　　여기에 이르러 뻗은 힘 다하였으나
猶能出奇偉　　　　　오히려 능히 기묘하고 위대함 나았도다
誰燃丹黃燄　　　　　그 누가 붉고 누런 불길 질렀는가?
爨此玉池水　　　　　이 옥 연못물을 끓이도다
客來爭解帶　　　　　나그네가 와서 다투어 허리띠 풀거니
萬劫付一洗　　　　　일만 겁 번뇌를 한 번에 씻어 버리도다
當年謝康樂　　　　　그때에 강락에게 감사하나
絃絶今已矣　　　　　가야금 줄이 끊어져 이제 그만

水碧復流溫　　　　물이 푸르고 다시 따뜻이 흐르니
相思五湖裏　　　　5호 속을 서로 생각하네

康王谷水簾　　　　강왕곡수렴

循山西北鶩　　　　산을 넘어 서북쪽으로 말 달리니
崎嶇幾經丘　　　　험한 길에 몇 번이나 언덕을 지났나
前行荒蹊斷　　　　앞으로 가는 데 우거진 지름길 끊어졌는데
豁見清溪流　　　　훤하여 보니 맑은 시냇물 흐르네
一涉臺殿古　　　　한 번 건너니 집들이 낡았는데
再涉川原幽　　　　다시 건너니 냇물도 그윽해라
縈紆復屢渡　　　　물결이 굽이쳐 도는 곳 다시 건너가서
乃得寒巖陬　　　　이에 찬 바위 마을 얻었도다
飛泉天上來　　　　나는 물은 하늘 위에서 왔는데
一落散不收　　　　한 번 떨어져 뿌리고 거두지 않도다
披崖日璀璨　　　　낭떠러지를 헤치니 해도 빛나는데
噴壑風颼飀　　　　골짜기에 뿜은 바람 소리를 내도다
追薪爨絶品　　　　쫓아가 나무 때서 끓이는 물 특품인데
瀹茗澆窮愁　　　　끓은 차는 모든 수심 녹이도다
敬酌古陸子　　　　경건히 옛날 육자에게 술 한 잔 올리노니
何年復來游　　　　어느 해에 다시 와서 놀는지

落星寺　　　　낙성사

浩浩长江水　　　　넓고 넓은 양자강물
东逝无停波　　　　동녘으로 흘러 물결 그침 없네
及此一回薄　　　　여기 와서 한 번 돌아 퍼지니

湖平煙浪多　　　호수가 평평한데 노을 물결도 많아라
孤嶼屹中川　　　외로운 섬이 가운데 내에 솟아
层臺起周阿　　　층집이 일어 두루 언덕이네
晨望爱明滅　　　새벽에 바라보면 보일 듯 말듯 좋고
夕游驚蕩磨　　　저녁에 놀면 질펀한 것 놀라워라
極目青冥茫　　　저 멀리 푸른 하늘 아득한데
回瞻碧嵯峨　　　둘러보니 푸른 산도 높네
不復车马迹　　　다시 말 수레 자취 돌아오지 않으니
唯聞榜人歌　　　오직 뱃사공의 노래만 들리도다
我願辞世紛　　　나의 소원 세상 어지러움 떠남이니
玆焉老渔簑　　　여기에서 늙은 어부 도롱이 쓸까
会有沧浪子　　　마침 물 사람이 있어
鸣舷夜相过　　　뱃전을 울리며 밤에 서로 지나가네

和林择之黄雲之句　　　화임택지황운지구

兼简同游諸兄　　　겸간동유제형

登览日云晏　　　올라가 보니 날씨 좋다 하더니
归车眇重冈　　　돌아가는 차는 아득히 겹산이어라
天风振余旒　　　하늘바람이 나의 깃발 나부끼고
夕露沾我裳　　　저녁 이슬이 나의 옷깃 적시도다
数子情未厌　　　몇 사람들 느낌 싫지 않아
春山杳茫茫　　　봄 산 아득히 망망하여라
還瞻長江白　　　돌아보니 긴 강이 하얀데
迥眺飛雲黄　　　멀리 보니 나는 구름 노란색이네
當念塵中友　　　그때 먼지 속의 벗을 생각할제
心期邈相望　　　마음의 기약 아득히 서로 바라네

無爲跨鴻鵠　　　　　기러기 따오기야 뽐내지 말라
決起淩靑蒼　　　　　결단코 일어나 푸른 공중 날리라

和彭月夜汎舟落星湖　　화팽월야범주낙성호

長占煙波弄明月　　　길이 물안개 점쳐 밝은 달을 희롱하려
　　　　　　　　　　하였더니
此心久矣從誰說　　　이 마음 오래도록 누구에게 말하리
只今一舸漾中流　　　이제 한 큰 배가 물 가운데서 출렁거리니
上下天光兩奇絕　　　위아래 하늘빛이 둘 다 기묘하여라
回頭忽見西郭門　　　머리를 돌려 문득 서쪽 성문 바라보니
尙喜蘇仙有遺烈　　　아직도 소양직 신선의 남은 모습 있는
　　　　　　　　　　것 기쁘도다
問予何事卻回船　　　나에게 무슨 일로 문득 배를 돌리냐고
　　　　　　　　　　물어서
塵土涴君頭上雪　　　티끌세상이 그대의 머리 위에 하얀 머리
　　　　　　　　　　를 더럽히도다

熹罷官观康王谷水簾　　　희파관관강왕곡수렴
夜饮山月轩分韻得主字　　야음산월헌분운득주자
奉別送行诸君　　　　　　봉별송행제군

嗟余老不才　　　　　안타까워라 내가 늙고 재주 없어
记忆谢明主　　　　　밝은 임금이 이 산과 물의 군을
畀兹山水郡　　　　　내려 주시어 북쪽으로 가까이
北邇通玄府　　　　　중앙정부에 통한 것 감사함을 기억하면

一官再温凉	하나의 벼슬을 두 해 하고 보니
十日九塵土	열흘에 아흐레는 티끌세상이었네
迨茲解章綬	이에 미쳐 벼슬을 내놓고
絶境方快覩	절묘한 경치 바로 유쾌하게 보도다
殷勤故人厚	은근한 벗들 두터운 마음
追送崖寺古	낭떠러지 옛 절까지 따라와 보내 주네
把酒聽鳴泉	술잔을 잡고 흐르는 물소리 들으며
相看淚如雨	서로 보니 눈물이 비오듯

游天池　　유천지

三年落星渚	3년을 은하수 물가에 떨어졌는데
北望天池山	북쪽을 바라보니 천지산이네
临风几浩叹	바람을 안고 몇 번이나 크게 탄식했나
欲往無飞翰	가고 싶어도 날개가 없도다
今朝復何朝	오늘 아침이 또 어떤 아침인가?
陟此青雲端	이 푸른 구름 끝에 올랐도다
高寻已奇绝	높이 찾으니 이미 기막히게 절묘한데
俯瞰何其宽	내려 보니 어찌 그리 넓은가?
西穷濂溪源	서쪽 끝은 염계의 근원이요
东尽湓城关	동녁 끝은 분성의 관문이네
渺然沧波外	아득히 푸른 물결 밖에
淮山碧连環	회산이 푸르게 이어 둘렀도다
我意殊未極	나의 생각 유달리 다함없는데
更思出尘寰	다시 먼지 세상 벗어날 것 생각하네
何當驾轻鸿	어찌 마침 가벼운 기러기 타고
八表須臾間	온 세상을 잠깐 둘러보리

視此長江水　　　　이 양자강물 보니
滔滔儻西還　　　　넘실넘실 서쪽에서 돌아오네

觀野燈　　　　　관야등

飛螢腐草尋常事　　나는 반딧불, 썩은 풀 반짝임 보통일인데
怪底茲山獨耀芒　　괴상하게도 이 산은 홀로 빛나도다
須信地靈資物化　　땅 신령이 만물 변화 바탕을 둔 것 모름
　　　　　　　　　지기 믿을진대
金膏隨處発明光　　쇠와 기름이 곳에 따라 밝은 빛 내도다

山北紀行十二章章八句　　산북기행12장장8구

祇役盧山陽　　　　오직 려산 남쪽에서만 일하다가
矯首盧山陰　　　　머리를 들어 려산 북쪽을 쳐다보네
雲峯不可覿　　　　구름 봉우리 볼 수도 없는데
碧澗何由尋　　　　푸른 골짜기 물 어디에 가 찾으리
昨朝解印章　　　　어제 아침에 벼슬 내놓고
結友同窺臨　　　　벗을 모아 함께 찾아가도다
盡彼巖壑勝　　　　거기에 다가니 바위 골짜기 아름다워
滿茲仁知心　　　　이에 어질고 아는 마음 가득하구나

其二　　　　　　2

窺臨事若何　　　　들여다본 일 어떠하던가?
請從圓通說　　　　둥글게 통하는 이야기 청컨대 따르소
逶迤山門路　　　　비틀거리는 산에 들어가는 길

悄蒨修篁列	얼크러진 긴 대나무 벌여 섰네
溪仍侯家名	시내의 이름은 후씨가 지었고
屋是屓王設	집은 이에 어리석은 임금이 지었도다
何救黍離歌	어찌 나라 망한 노래를 찾으리
喟焉傷覆轍	탄식하며 뒤집어진 바퀴 아파하네

其三　　　　3

行逢石門雨	가는 길에 돌문에서 비를 만나
解驂寒澗東	찬 골짜기 물 동쪽에서 고삐를 풀도다
朝隮錦繡谷	아침에 비단 수놓은 골짜기에 올라
俯仰春㝠濛	위아래 쳐다보니 봄빛이 아롱졌네
懸泉忽淙琤	매어 달린 물줄기 갑자기 소리치니
雜樹紛靑紅	온갓 나무가 어지러이 푸르고 붉었네
屢憩小亭古	옛 작은 정자에 자주 쉬며
幽探思無窮	끝없는 생각 그윽이 더듬도다

其四　　　　4

竦身長林端	긴 숲 끝으로 몸을 높이고
策足層崖表	층진 절벽 위에 발을 세워
仰瞻空界濶	우러러보니 공중도 넓은데
俯歎塵寰小	내려다보고 티끌세상 작은 것 탄식하네
天池西歆嵞	하늘 연못은 서쪽에 우뚝하게 솟았는데
佛手東窈窕	불수감나무는 동녘에 그윽이 자라도다
杖屨往復來	지팡이와 신발이 갔다 다시 와서
憑軒瞰歸鳥	난간에 기대어 돌아가는 새를 보도다

其五

5

斯須暮雲合

잠깐 동안에 저녁 구름 합해져

白日無餘暉

붉은 해 남은 볕이 없어졌네

金波從地湧

금빛 파도 땅을 따라 휘돌고

寶燄穿林飛

아름다운 불꽃은 숲을 뚫고 날도다

僧言自雄誇

중이 말하기를 스스로 웅장함을 과장하
는데

俗駭無因依

속인은 까닭 없이 놀래도네

安知本地靈

본래 지령은 하늘 기틀 따라

発見隨天機

나타남을 어찌 알리오

其六

6

深尋兩林間

깊이 양쪽 숲 사이 찾아가니

清波貫華屋

푸른 물결이 아름다운 집을 지나가네

蓮社有遺蹤

연꽃 모임 남은 자취 있는데

草堂非舊築

초가집은 옛날 지은 것 아니로다

修廊餘故刻

긴 마루에 옛날 조각한 글씨 남았는데

好醜雜珉玉

좋은 것과 조잡한 것이 돌과 옥처럼 섞
였네

亦復記經行

또다시 지난 길 기록하니

深慙後人讀

뒤에 사람 읽을까 깊이 부끄럽노라

其七

7

行軒復東鶩

가는 수레 다시 동쪽으로 달려

祠城當晚遊

사당재에 저녁을 맞아 놀도다

胡然冠蓋集

어쩐 일로 관 쓴 선비들 모여들어

不盡心期幽　　마음에 기약한 그윽함 다하지 못하나
夜厭百谷喧　　밤은 100골짜기 시끄러움 싫어하고
旦失千峰稠　　아침은 1,000봉우리 첩첩이 겹침을 잃
　　　　　　　었도다
出門有遺恨　　문을 나와 남은 한이 있어
回首空綢繆　　머리를 돌려 부질없이 얽도다

其八　　　8

山水誠乃奇　　뫼와 물이 참으로 이에 기묘한데
云誰究終始　　누구에게 일러 모두 밝히리
曇遠亦何人　　담원은 또한 어떤 사람인가?
神君豈其鬼　　귀신이 어찌 그 넋이리
東西妄采獲　　동쪽 서녘에서 망령되이 거두어서
誣諂共恢詭　　속이고 아첨하여 함께 거짓 꾸미도다
百世踵謬訛　　3,000년을 그릇 전해 오니
彝倫日頹圮　　떳떳한 윤리 날로 무너지네

其九　　　9

以玆遊覽富　　이로써 돌아다니며 본 것 많으나
翻令懷抱傷　　도리어 하여금 회포가 아프네
誰哉可告語　　말해 주리 그 누구일까
舉俗昏且狂　　온 세속이 어둡고 또한 미쳤도다
乾坤有眞心　　하늘땅에 참마음 있어
日月垂休光　　해와 달이 아름다운 빛 드리우네
茫茫宇宙內　　아득한 우주 속에
此柄孰主張　　이 진리를 그 누가 주장하리

其十 10

北度石塘橋　　　　북쪽 돌 연못다리 건너
西訪濂溪宅　　　　서쪽에 주염계 선생 집을 찾아갔네
喬木無遺株　　　　큰 나무는 남아 있는 것 없고
虛堂唯四壁　　　　빈집은 오직 네 벽뿐이로다
竦瞻德容睟　　　　웅크리고 쳐다보니 덕성스런 모습 넘치
　　　　　　　　　는데
跪薦寒流碧　　　　무릎 꿇고 술잔을 올리니 찬물도 푸르러라
幸矣有斯人　　　　다행히 이런 사람 있어
渾淪再開闢　　　　우주가 다시 열리었도다

其十一 11

平生勞仰止　　　　한평생 수고롭게 우러러보았더니
今日登此堂　　　　오늘 이 방에 올라왔네
願以圖象意　　　　원컨대 주역의 그림 뜻을
質之巾几傍　　　　모자와 책상 옆에서 묻나이다
先生寂無言　　　　선생은 고요히 말이 없어
賤子涕泗滂　　　　천한 제자 눈물만 줄줄
神聽儻不遺　　　　신비하게 들은 것 마땅히 버리지 못하니
惠我思無疆　　　　은혜롭게 나를 끝없이 생각게 하네

其十二 12

明晨江磯寺　　　　다음날 새벽에 강기사에 가니
尊酒聊對說　　　　병술을 놓고 애오라지 마주 이야기하네
就是十日遊　　　　그 누가 10일의 놀이에
遽成千里別　　　　문득 1,000리를 이별했나

英僚樹嘉政　　　　　　영특한 관리들 아름다운 정치하는데
素友勵孤節　　　　　　평소 벗들은 외로운 절개 지키네
努力莫相忘　　　　　　힘을 써서 서로 잊지 말고
淸宵共明月　　　　　　맑은 하늘에 밝은 달 함께하소

買船至演平拜建康劉公　　매선지연평배건강유공
墓下遂入城假館梅山堂　　묘하수입성가관매산당
感涕有作　　　　　　　감체유작

維舟新曆口　　　　　　오직 배 타고 신력구에 와서
步上秣陵阡　　　　　　말능 언덕을 걸어 오르도다
高丘忽嵯峨　　　　　　높은 언덕 갑자기 높은 곳에
宿草迷荒煙　　　　　　묵은 풀이 어지러이 거칠도다
拜起淚再滴　　　　　　절하고 일어나니 눈물 다시 적시고
哀哉不能言　　　　　　슬퍼서 말할 수 없도다
驅車且復東　　　　　　수레를 몰아 다시 동쪽으로 가서
借此虛堂眠　　　　　　이 빈집 빌려 자도다
念昔堂中人　　　　　　옛날 방 가운데 사람 생각노니
經營幾何年　　　　　　경영한 지 그 몇 해던가?
一旦舍之去　　　　　　하루아침 버리고 간 뒤
千秋不言還　　　　　　1,000년에 돌아온다는 말 없네
露井益淸渫　　　　　　흐르는 우물 더욱 맑게 쳤는데
風林更修鮮　　　　　　바람 숲은 다시 가꾸어 깨끗해라
思公獨不見　　　　　　생각하니 공만 홀로 보이지 않아
涕下如奔川　　　　　　눈물이 냇물처럼 흘러내리네
感慨西州門　　　　　　감개한 건 서주의 문이요
愴恨山陽篇　　　　　　쓸쓸한 건 산양편이로다

晤嘆日隱樹　　　　마주하여 탄식함은 낮에 숨은 나무요
悲歌月當軒　　　　슬픈 노래는 달 맞은 집이로세
堂堂忠孝心　　　　씩씩한 충효의 마음
終古諒弗諼　　　　옛날부터 참으로 잊지 못하니
尙與吳門子　　　　일찍이 오씨 가문의 아들과 더불어
歸來故山巓　　　　고향 산꼭대기로 돌아왔도다

晚雨凉甚偶得小詩請問　　만우량심우득소시청문

遊山之日並請劉平父作　　유산지일병청유평보작

主人二首　　　　　　주인2수

幾年不踏仙洲路　　　몇 해를 신선 사는 길 걷지 않았나
夢入靑藤古木間　　　꿈속에 푸른 등나무 고목 사이에 들도다
好趁新秋一番雨　　　신나게 초가을 한 번 비오니
畫寒亭下弄潺湲　　　주한정 아래에서 흐르는 물 희롱하네

其二　　　　　　　　2

盧阜歸來秖短筇　　　여산 언덕에 돌아옴은 다만 짧은 지팡이요
解包茶茗粗能供　　　포장을 풀어 차를 끓임은 조잡해도 괜찮
　　　　　　　　　　으니
若須載酒邀賓客　　　만약에 술을 실어 손님맞이한다면
付與屛山七者翁　　　병산에 일곱 늙은이와 더불으리

宿密菴分韻賦詩得衣字　　　숙밀암분운부시득의자

不到仙洲歲月移　　신선 땅을 가지 못하고 세월만 흘러
攜壺特地款巖扉　　술병 가지고 아름다운 땅 사립문 닫았네
已驚素雪淸人骨　　하얀 눈에 놀라 사람 뼈가 맑은데
更喜蒼煙染客衣　　푸른 노을이 나그네 옷 물들인 것 기쁘
　　　　　　　　도다
新賞不妨頻徒倚　　새로운 경치 자주 옮기는 것 막지 않거니
舊題何事獨噓嚱　　옛날 시구 어찌하여 홀로 탄식하나
明朝馺騎黃塵裏　　내일 아침 말 달려 누런 티끌 속에 들어
莫待迷塗始賦歸　　길 잃어 비로소 시 짓고 돌아오리라 기
　　　　　　　　대하지 마소.

讀子厚步月詩時方聞呂　　독자후보월시시방문여
伯恭訃後數日賦此　　　　백공부후수일부차

晚步曲池上　　저녁 때 굽은 연못 위를 걷노라니
西風吹我裳　　서쪽 바람이 내 옷깃에 불어오네
仰觀天宇闊　　우러러보니 하늘도 넓은데
愛此明月光　　이리도 밝은 달빛 사랑스럽도다
念我素心人　　나의 결백한 사람 생각하니
眇焉天一方　　아득히 하늘 끝에 가버렸네
沒者永乖隔　　죽은이는 길이 저세상에 갔거니와
存者爲參商　　산 사람도 서로 헤어져 만날 수 없도다
飄零百歲期　　어느덧 100년의 기약이
寂寞幽鬢霜　　쓸쓸히 남몰래 늙어 버렸네
還坐三太息　　돌아와 앉아서 세 번 크게 탄식하니

高林欝蒼蒼　　　　　높은 숲만 울창하도다

次子厚秋懷韻　　　　차자후추회운

秋風何方來　　　　　가을바람은 어디로 와서
爲我滌殘暑　　　　　나를 위하여 남은 더위 씻어가나
庭梧亦何與　　　　　뜰 앞에 오동나무 또한 누구와 더불어
索索終夜雨　　　　　뚝뚝뚝 밤새도록 빗소리 내나
冥思感物變　　　　　눈 감고 생각하니 만물의 변화 느끼는데
念此離索苦　　　　　이것을 기억하니 쓸쓸히 괴로워라
浩蕩信莫量　　　　　호탕함이야 참으로 헤아릴 수 없거늘
幽紛那得覩　　　　　그윽이 어지러운 것 어찌 보리오
丁年舍我去　　　　　젊은 날에는 나를 버리고 가더니
憔悴故其所　　　　　늙어서는 그 자리로 돌아오도다
廓落濟時心　　　　　넓고 높았던 세상 구제하려던 마음
頹然復安取　　　　　무너져 버렸으니 다시 무엇 취하리
永懷平生友　　　　　한평생의 벗을 길이 사모하여
夢想見眉宇　　　　　꿈속에도 얼굴이 나타나네
今晨枉秀句　　　　　오늘 아침에 지은 빼어난 시구
爛若朝霞擧　　　　　아침노을 퍼지듯 찬란하여라
去去同采芝　　　　　가면서 함께 난초를 깨고
高軒坐凝行　　　　　높은 수레에 앉아 움직여 가는 듯하도다

黎嶺西南水石佳處　　　여령서남수석가처

不減盧阜戲呈子厚　　　불감려부희정자후

谷深石瘦水潺潺　　　　골 깊고, 돌 말라 물 졸졸하니

便是楞伽折桂間　　　문득 능가의 계수나무 꺽은 사이로세
珍重下邳圯上客　　　진중한 하비 땅의 흙다리 위에 손이여!
一年幾度到盧山　　　한 해에 몇 번이나 여산에 이르는가?

讀子厚詩卷用其卒章　　　독자후시권용기졸장

晨起之韻作詩寄之　　　신기지운작시기지

晝永倦殘暑　　　낮이 길어 남은 더위 지루한데
宵分喜新凉　　　밤이 나뉘어 새로 서늘함 기쁘도다
天雞一振翼　　　별이 한 번 날개를 펴니
爛爛曉月光　　　반짝반짝 달빛에 빛나도다
病榻感虛徐　　　병들어 방석에서 더디게 느꼈더니
中庭起翶翔　　　가운데 뜰에 일어나 높이 날도다
懷哉穀城子　　　그리워라 곡성 땅에 사람
物外久不忙　　　사물 바깥에서 오래 바쁘지 안했네
掩抑琴調希　　　가리고 억눌러 가야금 곡조 드물지만
激烈歌聲長　　　우렁차게 노랫소리 길도다
契闊恨淸賞　　　오래 못 만나니 기분 좋았던 것 한 되고
佳期未渠央　　　좋은 기약 어찌 끝이 있으리
緘詞托歸鳥　　　글월을 봉하여 돌아가는 새에게 부치노니
側佇何能忘　　　옆에 우두커니 서서 어찌 잊으리

登盧山峯二首　　　등로산봉2수

循磵躋危磴　　　산골시내를 돌아 높은 돌사다리 기어올라
披雲得勝遊　　　구름을 헤치고 아름다운 놀이터 얻었네
蓬茅增舊葺　　　띠풀을 베어 옛 지붕 이으니

竹樹喜新稠　　　　대나무 숲이 새로 빽빽한 것 기쁘도다
夢想三秋別　　　　한가을에 헤어질 것 꿈속에 그리고
裵回十日留　　　　10일 동안 머물며 천천히 거닐리
餘年端可料　　　　남은 해를 바로 짐작할 수 있거니
此地欲長休　　　　이 땅에 길이 쉬고 싶어라

其二　　　　　　　2

佳友紛來集　　　　아름다운 벗이 어지러이 와서 모여노니
欣然會宿心　　　　유쾌하게 묵은 마음 만나도다
風泉陪徙倚　　　　바람과 물을 따라 옮겨 놓고
雲月共窺臨　　　　구름과 달을 함께 바라보도다
雅唱情俱勝　　　　운치 있는 노래에 정분 모두 아름답고
微言思獨深　　　　은미한 말씀 생각 홀로 깊네
茲遊非逸豫　　　　이번 놀이 즐거움만 누리자는 것 아니니
邂逅得良箴　　　　만나서 좋은 경계 깨달았도다

蘆峯次韻　　　　노봉차운

澗水流千仞　　　　골짜기 물은 1,000길을 흐르는데
巖姿起萬般　　　　바위 모습은 10,000가지로 솟았네
扶藜雖有興　　　　지팡이를 짚고 비록 신바람 나지만
駐屐諒難安　　　　발길을 멈추기 참으로 편하기 어려워라
好客能同趣　　　　좋은 나그네가 능히 취미 같아
群峯肯縱觀　　　　여러 봉우리를 두루 둘러보도다
蒼茫却無際　　　　아득히 푸르러 문득 끝이 없는데
誰與話愁端　　　　누구와 더불어 근심을 이야기하리

次瑞泉詩韻   차서천시운

興懷來賞趣   생각이 나기에 와서 구경하거늘
對景却忘言   경치를 대하고 문득 말을 잊었네
偶與同遊客   우연히 함께 노는 나그네와 더불어
行逢幽澗原   거닐다가 그윽한 골짜기 물을 만났도다
淺泓排積腐   잔잔하게 맑아 썩은 풀잎 없고
暗竇溢流渾   어두운 구멍에서 넘쳐흐르도다
終待寒泉食   마침내 찬물 먹을 것 기다리며
無憂水鏡昏   물거울 흐려진 것 근심 없어라.

五禽言和王仲衡尚書   5금언화왕중형상서

提胡蘆沽美酒   큰 갈대 들고 맛있는 술 사오게
春風浩蕩吹花柳   봄바람이 호탕하게 꽃버들에 불도다
不用沙頭雙玉瓶   사기 그릇 쌍옥병 소용없나니
鳥歌蝶舞爲君壽   새가 노래하고, 벌이 춤추며, 그대의 수
                    명 빌도다
秪今一醉是君恩   이제 한 번 취함이 그대의 은혜거늘
昨日之愁愁殺人   어제의 근심이 사람을 쓸쓸히 죽게 하리라

不如歸去   돌아감만 같지 못하네
孤城越絶三春暮   외로운 성에 소식 없이 석 달 봄이 늦어
                    지네
故山只在白雲間   고향의 산은 오직 흰 구름 사이에 있거니
望極雲深不知處   바라보아도 구름이 깊이 알 수 없어라
不如歸去不如歸   돌아감만 같지 못해, 돌아감만 같지 못해

千仭江頭一振衣　　　천길 강 머리에서 한 번 옷깃 털도다.

泥滑滑泥滑滑　　　　진흙탕 미끄러워, 진흙탕 미끄러워
秦望雲荒鏡湖闊　　　볏논을 바라보니 구름 걷힌 거울 호수 넓기도 하여라.
綠秧刺水水拍堤　　　푸른 모 물에 꽂으니 물이 출렁
牙旗畫舸凌風発　　　상아깃대 그림배 바람 뚫고 나가니
使君行樂三江頭　　　그대로 하여금 세 강 머리에서 놀게 하도다
泥滑水深君莫憂　　　진흙탕 미끄럽고, 물 깊어도 그대는 근심하지 말라

脫袴脫袴　　　　　　바지를 벗네, 바지를 벗네
桑葉陰陰墻下路　　　뽕잎이 우거진 담장 아래 길
回頭忽憶舍中妻　　　머리를 돌려 홀연히 집의 아내 생각하니
去年已逐它人去　　　지난해에 쫓아서 다른 사람에게 갔도다
舊袴脫了却不辭　　　낡은 바지 벗기는 싫지 않지만
新袴知教阿誰做　　　새 바지는 누구를 시켜 만들게 하리

麥熟吟　　　　　　　보리가 익어 노래하네
去年種麥有德音　　　지난해 심은 보리 좋은 결실 있도다
秖今種熟誰快活　　　이제 보리 익으니 그 누가 즐거운가?
種者已臥官墻陰　　　심은 사람은 이미 관청 담 밑에 누웠도다
仁公有政惠存没　　　어진 관리의 정치 덕분에 살고 죽거니
肯使催租更獠突　　　어찌 세금을 독촉하여 다시 다닥치리오

酬黃子厚見訪　　　　수황자후견방
歸途惠詩韻　　　　　귀도혜시운

櫪驥倦千里　　　　외양간의 천리마는 1,000리가 지루한데
籠鶴思九皐　　　　우리 속의 학은 아홉 언덕 생각하네
念昔田舍日　　　　지난날 농사하던 날을 생각하니
不知山林高　　　　산 숲이 높은 줄 알지 못했도다
一朝逢世紛　　　　하루아침에 세상 어지러움 만나
故丘得潛逃　　　　옛 동산으로 숨어서 피하였도다
平生棲遁志　　　　한평생 살면서 뜻을 감추고
玆焉始堅牢　　　　이제는 비로소 굳어졌도다
故人穀城翁　　　　옛 벗 곡성 땅에 늙은이
高情北窓陶　　　　높은 정취로 북쪽 창에서 울적이
亦復喜我歸　　　　또한 다시 내가 돌아오는 것 기뻐하니
巾車款林巢　　　　포장마차는 숲 속 집을 즐거워하네
申旦更離闊　　　　아침이 되어 다시 멀리 헤어지니
中情重切切　　　　마음속이 거듭 괴로워라

遊密菴分韻賦詩得淸字　　　유밀암분운부시득청자

誤落塵中歲序驚　　티끌세상에 잘못 떨어져서 세월에 놀라고
歸來猶幸此身輕　　돌아오니 오히려 다행히 이 몸이 가벼워라
便將舊友尋山去　　문득 옛 벗을 데리고 산을 찾아가니
更喜新詩取意成　　다시 새로운 시로 뜻 이룬 것 즐기도다
暖翠乍看渾欲滴　　따뜻한 푸른 하늘 잠깐 보니 모두 적시
　　　　　　　　　었는데
寒流重聽不勝淸　　찬물이 흐르는 소리 다시 들으니 맑음을

이기지 못해라

箇中有趣無人會　　그 가운데 정취 있어 아는 사람 없으니
琴罷尊空月四更　　가야금 그치고 술잔 비웠는데 달만 4경
　　　　　　　　　이로다

遊密菴得空字　　　유밀암득공자

欲覓仙洲路　　신선 땅에 가는 길 찾으려거든
須乘萬里風　　모름지기 10,000리의 바람 타야지
飮泉雲出岫　　우물물 마시니 구름이 돌에서 나오고
臥嶺月流空　　산마루에 누우니 달빛이 공중에 흐르네
永夜渾無寐　　긴 밤 오로지 잠 못 이루고
悲歌莫與同　　슬픈 노래 함께 부르지 마소
起來殘樹影　　일어나 나오니 이지러진 나무 그림자
淸絶小樓東　　맑고 아름다운 작은 누대 동쪽이어라.

昨爲許進之書胎仙字　　작위허진지서태선자

因以名其室或疑欠舞字　　인이명기실혹의흠무자

者故作此以解之　　자고작차이해지

寒山寒月冷颼颼　　찬 산 추운 달 싸늘한 바람소리
隻影孤桐萬里遊　　외 그림자 쓸쓸한 오동잎 10,000리에 흩
　　　　　　　　날리네
帝樂夢回三疊遠　　순임금의 음악 꿈속에 돌아 세 겹 춤이
　　　　　　　　멀고
胎僊舞罷一簾秋　　학이 춤을 그치니 한 대발에 가을이로세

未愁悄寂無人會	근심 없이 고요함 아는 이 없어
只恐蹁躚不自休	오로지 너울너울 춤추며 그치지 않을까 두려워라
却笑蕊珠何處所	문득 비웃노니 신선 사는 곳이 어디인가
兩忘蝴蝶與莊周	나비도 장주도 둘 다 잊도다.

正月五日欲用斜川故事　　　정월5일욕용사천고사

結客載酒過伯休新居風　　　결객재주과백휴신거풍

雨不果二月五日始克踐　　　우불과2월5일시극천

約坐間以陶公卒章二十　　　약좌간이도공졸장20

字分韻熹得中字賦呈諸　　　자분운희득중자부정제

同遊者　　　　　　　　　　동유자

玄景彫暮節	겨울은 끝 철을 다듬는데
青陽變暄風	파란 봄볕은 따뜻한 바람 몰고 오네
忽尋斜川句	홀연히 사천의 시구 찾아
感此勝日逢	좋은 날에 만나는 것 반기도다
駕言當出遊	수레를 탔으면 마땅히 나가서 놀며
一寫浩蕩胷	한번 호탕한 가슴을 쏟아야지
雲物疑異候	구름이 끼어 날씨 변할까 걱정하고
凄迷久連空	스산하게 가는 길 오래였더니
今朝復何朝	오늘 아침이 어느 아침인가
頓覺芳景融	문득 아리따이 경치도 좋아라
疇曩庶復踐	그때 그 사람들 거의 다시 가거니
鄰曲歡來同	이웃 사람도 기쁘게 와서 함께하네
伊雅一籃輿	저기서 한 번 수레 타고

連翩數枝筇　　　　　번뜩이며 자주 지팡이 짚도다
綠野生遠思　　　　　파란 들판은 먼 생각 나고
淸川照衰容　　　　　맑은 물은 늙은 모습 비추도다
遙瞻西山足　　　　　멀리 서산 날을 바라보니
突兀彌敞宮　　　　　우뚝하게 솟은 집이어라
庭宇豁淸曠　　　　　뜰과 집이 활짝 맑고 넓은데
林園欝靑葱　　　　　숲 동산은 울창하게 푸르렀네
於焉一逍遙　　　　　어느덧 한 번 거니노니
芳樽間鳴桐　　　　　술병 사이에 거문고를 울리네
旣爵日樹隱　　　　　모두 마시니 해 넘어가고
班荆汀草豊　　　　　무더기 싸리나무 물가에 풀이 더풀더풀
纖鱗動微波　　　　　작은 고기떼 가는 파도 일고
新黃冠幽叢　　　　　새싹은 묵은 뿌리에서 돋아나도다
惆悵景易晏　　　　　쓸쓸히 경치 절로 바뀌니
徘徊思無窮　　　　　거닐면서 생각도 끝없어라
願書今日懷　　　　　원컨대 오늘의 회포 기록하여
遠寄柴桑翁　　　　　멀리 나무하고, 뽕 따는 늙은이에게 부
　　　　　　　　　　치리
仰止固窮節　　　　　곤궁할수록 굳은 절개 우러르니
愧玆百年中　　　　　100년 속의 인생이 부끄럽도다

次呂季克東堂九詠　　　차려계극동당9영

野塘小隱　　　　　　야당소은

傳得希夷九卦圖　　　희이의 아홉 괘도를 전하여 얻어
歸來不復夢榮途　　　돌아와서 다시는 벼슬길을 꿈꾸지 않네
野塘竟日無人到　　　들판 연못에 하루 종일 사람 오지 않아

讀盡床頭種樹書　　　모두 읽은 책상머리에 나무 심는 책이로세

敬義堂　　　경의당

高堂巨牓意何如　　　높은 집에 큰 문패 생각 어떨지
住此知非小丈夫　　　여기에 살면 작은 사나이 아님을 알리
浩氣擴充無內外　　　드높은 기운 확충하면 안팎 없나니
肯誇心月夜同孤　　　마음과 달이 즐거이 밤에 함께 뜨리

方拙寮　　　방졸료

一室歸來萬事新　　　한 방으로 돌아오니 온갖 일이 새로운데
窓間橫竹掛朝紳　　　창틈에 비스듬한 대나무 관복을 걸쳤네
九流未讓圜機士　　　온갖 학문을 모두 배운 우주의 기틀 선비
四海寧慙巧宦人　　　세상에 고묘한 벼슬아치 어찌 부끄러우리

吟哦室　　　음아실

蒲團竹几睡薝騰　　　띠 자리, 대나무 책상에 졸며 멍하니 앉
　　　　　　　　　았노니
客問君今幾折肱　　　나그네가 묻기를 그대는 지금 몇 번이나
　　　　　　　　　팔이 부러졌느냐고 하네
身世兩忘無可答　　　몸과 세상을 모두 잊어 대답할 수 없노
　　　　　　　　　라 하고
起尋詩句遶階行　　　일어나 시구를 찾아 뜨락을 거닐도다

愛蓮	애련

聞道移根玉井旁　들건대 뿌리를 옥 우물 옆에 옮겼다니
開花十丈是尋常　열 길 꽃피는 거야 보통일일세
月明露泠無人見　달 밝고 이슬 찬데 보는 이 없어도
獨爲先生引興長　홀로 주염계 선생을 위하여 흥을 길이
내도다

月臺	월대

臺上無人伴苦吟　누대 위에 사람 없어 노래를 짝했더니
歸鴉過盡日西沈　돌아가는 갈까마귀 다하니 해가 서쪽으
로 지네
須臾玉匣開塵鏡　조금 있으려니 옥 상자에 먼지 거울 열
리니
却有孤光共此心　문득 외로운 달빛 이 마음과 함께함이
있도다.

菜畦	채휴

雨餘菜甲翠光勻　비온 뒤에 나물 싹이 파릇파릇
杞菊成畦亦自春　구기자가 뒤덮인 밭도 다시 봄이어라
骨相定知非食肉　생김새를 보니 뿌리는 먹지 못하겠으나
可能長伴箇中人　길이 그 속에 사는 사람과 짝할 수는 있
으리

海棠屛　　　　　해당병

蜀樹成行翠作圍　　촉 땅에 나무 자라서 파란 울타리 되었
　　　　　　　　　는데
花開時節更芳菲　　꽃피는 철에는 더욱 아름다워라
主人夢亦尋春去　　주인은 꿈속에서도 봄을 찾아가거늘
栩栩深穿錦障飛　　훨훨 속에 들어 비단 휘장에 날도다

橘堤　　　　　　　귤제

君家池上幾時栽　　그대 집 못 위에 그 어느 때 심었나
千樹玲瓏亦富哉　　1,000나무 아롱져 많기도 하여라
荷盡菊殘秋欲老　　연꽃 지고 국화 시들어 가을 깊어 가는데
一年佳處眼中來　　한 해의 아름다운 곳 눈 속에 열리도다

〈역자〉 서정기 ───────────────────────────────────

▌약 력

4·19혁명 선봉 및 민족통일전국학생 성대조직위원장

한국유학연구회 유교사상 편집인, 동양문화연구소 연구실장, 성균관 전학(典學)

한국청년유도회 회장 : 예법(관례, 향음주례, 사상견례)부흥운동 전개

동양문화연구소 부소장 및 소장 : 세계 속의 한국학운동 전개

건국대학교 대학원 철학과 박사학위 심사위원

민중유교연합 의장 : 한글제사축문 보급운동 전개

성균관유교진흥대책위원회 위원장 : 도덕성 회복과 새사람운동 전개

성균관유교문화연구위원회 위원장, 태학지 번역분과 위원장

민주평화통일 자문위원회 상임위원, 성균관 유교신보 편집인 겸 주간 역임

삼경역주 성균훈로상 수상, 성균관 태학지 번역공로상 수상

현) 동양문화연구소 소장
　　(사)한국예절교육협회 상임고문
　　김동식 장군 기념사업회 상임고문
　　충의무예원 고문

▌주요 저서

『世界 속의 韓國文化』, 『世界 속의 韓國精神』, 『世界 속의 韓國儒教』,

『世界 속의 韓國禮節』, 『世界 속의 韓國流風』, 『정통가정의례』, 『민중유교사상』,

『實錄기소설 공자』, 『새시대를 위한 大學·中庸·禮運』, 『새시대를 위한 春秋』(上·中·下),

『새시대를 위한 詩經』(上·下), 『새시대를 위한 書經』(上·下),

『새시대를 위한 周易』(上·下), 『새시대를 여는 길』, 『根源探索』, 『道學統論』,

『成婚錄』, 『김동식 장군』, 『아침 햇살 영롱한 대나무 열매』,

『하늘로 날아라, 못으로 뛰어라』,

훈로 서정기 선생 『유교대전』 35권 외 다수

국역 주자시선

초판인쇄 | 2010년 7월 21일
초판발행 | 2010년 7월 21일

지은이 | 주　희
역　자 | 서정기
펴낸이 | 채종준
펴낸곳 | 한국학술정보㈜
주　소 | 경기도 파주시 교하읍 문발리 파주출판문화정보산업단지 513-5
전　화 | 031) 908-3181(대표)
팩　스 | 031) 908-3189
홈페이지 | http://ebook.kstudy.com
E-mail | 출판사업부　publish@kstudy.com
등　록 | 제일산-115호(2000. 6. 19)

ISBN　978-89-268-1215-0 94150 (Paper Book)
　　　　978-89-268-1216-7 98150 (e-Book)
　　　　978-89-534-2428-9 94150 (Paper Book Set)
　　　　978-89-534-2459-3 98150 (e-Book Set)

이 책은 한국학술정보(주)와 저작자의 지적 재산으로서 무단 전재와 복제를 금합니다.
책에 대한 더 나은 생각, 끊임없는 고민, 독자를 생각하는 마음으로 보다 좋은 책을 만들어갑니다.